Peter Gemeinhardt

ANTONIUS

Peter Gemeinhardt

ANTONIUS

DER ERSTE MÖNCH

Leben – Lehre – Legende

VERLAG C.H.BECK

Mit 20 Abbildungen und 1 Karte

© Verlag C.H.Beck oHG, München 2013
Satz: Fotosatz Amann, Aichstetten
Druck und Bindung: GGP Media GmbH, Pößneck
Gedruckt auf säurefreiem, alterungsbeständigem Papier
(hergestellt aus chlorfrei gebleichtem Zellstoff)
Umschlaggestaltung: Geviert – Büro für Kommunikationsdesign, München, Michaela Kneißl
Umschlagabbildung: Hieronymus Bosch, Die Versuchung des heiligen Antonius, 1505/06 (Ausschnitt, vgl. S. 178 f.), © akg-images
Printed in Germany
ISBN 978 3 406 64658 4

www.beck.de

INHALT

EINLEITUNG: ANNÄHERUNGEN AN ANTONIUS

Wüstenvater, Weiser, Wundertäter

Ägypten, irgendwann in der ersten Hälfte des 4. Jahrhunderts nach Christus. Zwei Männer begegnen sich in der Einsamkeit der Wüste, Hilarion aus Palästina und Antonius aus Ägypten. Zwischen ihnen entspinnt sich ein knapper Dialog:

> Abbas Antonius sprach zu Abbas Hilarion: «Zu guter Stunde bist du gekommen, du Morgenstern, der in der Frühe aufstrahlt!» Da sagte Abbas Hilarion zu ihm: «Friede sei mit dir, du Lichtsäule, die den Erdkreis erleuchtet!»[1]

Wer auch immer das Gerücht in die Welt gesetzt hat, Wüstenväter seien ungehobelte Gesellen und besäßen keine Umgangsformen, wird hier eines Besseren belehrt. Natürlich gab es raue Gesellen unter den frühen Eremiten, und mancher Besucher aus den zivilisierten Städten und Gegenden Ägyptens kehrte irritiert, ja sogar beschämt von der Direktheit und Schnörkellosigkeit ihrer Sprüche nach Hause zurück. Doch verbarg sich darin stets ein Körnchen der Wahrheit, die sich aus dem Leben in der Wüste, allein mit Gott, speiste. Hier – und nur hier – war nach Ansicht der «Altväter» gottgemäßes Leben möglich. Und wo zwei von diesen Altvätern aufeinander trafen, blitzte ein Lichtstrahl dieser geistlichen Weisheit auf. Zugleich wurde die Verbundenheit zwischen Menschen erhellt, die sich ihren Titel *abbas* durch lange, harte und entbehrungsreiche Askese erworben hatten. Bis heute fasziniert diese Art christlichen Lebens viele Menschen, auch wenn damals wie heute die allerwenigsten von ihnen selbst in der Wüste hätten leben mögen. Von antiken Lebensbeschreibungen über mittelalterliche Bilderzyklen bis in die moderne Ratgeberliteratur lässt sich die Faszination der Wüste nachverfolgen.

1 *Die Wüstenväter Antonius (links) und Amun (rechts) auf einer Wandmalerei im Apollonkloster Bawit, Ägypten, 8. Jahrhundert*

Wenn die Väter (und Mütter) der Wüste ein Ziel *nicht* erreicht haben, dann ist dies die absolute Abgeschiedenheit von den Menschen. Ihr Ruf und auch ihr Ruhm verbreitete sich seit der Mitte des 4. Jahrhunderts über das Römische Reich und darüber hinaus. Unter ihnen war und blieb der *abbas* Antonius der berühmteste. Sogar fromme Männer wie Hilarion, die selbst asketische Schüler hatten, nahmen die Pilgerreise durch den Nahen Osten auf sich, um ihn zu treffen. Seinerzeit kamen Pilgerreisen zu heiligen Menschen und ihren Wohnstätten regelrecht in Mode, und Antonius und der Berg, auf dem er lebte, spielten dabei eine zentrale Rolle – bis heute:

Seit anderthalb Jahrtausenden ist die Wohnhöhle des Antonius – ganz gleich, ob der Ort historisch korrekt lokalisiert ist – eine Wallfahrtsstätte.

Warum löst Antonius damals wie heute solche Faszination aus? Die Gebete zum Antoniusfest der byzantinischen Kirche machen deutlich, was bis heute das Besondere an diesem Einsiedler ist:

> Von göttlichem Glanze bestrahlt,
> in allerhellster Weise die Mönche erleuchtend,
> warst du Lichtgeber und Urheber
> der ersten Lebensweise in der Wüste,
> auch der Leiden kundigster und ehrwürdiger Arzt,
> Urbild und Inbegriff der Tugend,
> unser Erzieher und Vater Antonius.[2]

Vorreiter (oder eher: Vorläufer) auf dem Weg in die Wüste, Vorbild in der Askese, Heiler und Wundertäter: Antonius ist *die* prägende Gestalt der Frühzeit des eremitischen Mönchtums. Nicht nur sein Berg wurde schon zu seinen Lebzeiten zur Pilgerstätte für «Heiden» und Christen, für Bischöfe, Mönche und Kleriker, Frauen und Männer. Mit den von ihm überlieferten Sentenzen beginnt die Sammlung der *Apophthegmata Patrum*, der «Wüstenvätersprüche»; und mit der Lebensbeschreibung, die Bischof Athanasius von Alexandria unmittelbar nach Antonius' Tod verfasste, beginnt die christliche Heiligenbiographie. Durch die Übersetzung dieser *Vita Antonii* ins Lateinische und in die Idiome des christlichen Orients entfaltete Antonius eine Wirkung über Sprachen und Kulturen hinweg, die ihn zu einer wahrhaft «ökumenischen» Persönlichkeit macht, nicht nur für die orthodoxen Kirchen und die römisch-katholische Kirche, sondern auch für evangelische Christen. Zwar übten Luther und seine Zeitgenossen Kritik an der Ansicht, das Leben als Mönch sei in höherem Maße als das Leben «in der Welt» für das Seelenheil förderlich. Dennoch konnte Antonius auch hier als vorbildlicher Christ – gelegentlich sogar kritisch gegen die Mönche – in

Anspruch genommen werden. Und über Konfessionsgrenzen hinweg fanden und finden sich seither zahlreiche Bewunderer von Antonius' Lebensstil, Weisheit und Bedürfnislosigkeit.

Das religiöse, manchmal auch feuilletonistisch gefärbte Interesse an den frühchristlichen Asketen speist sich – wie es scheint – vor allem aus ihrer Distanz zu den Errungenschaften der damaligen (und auch der heutigen) Zivilisation und aus dem Umstand, dass diese Distanz die Voraussetzung für eine außergewöhnliche, ja sogar «spannende» Lebensform darstellt. Das suggeriert jedenfalls der Titel *Als die Religion noch nicht langweilig war*, unter dem der Journalist und ehemalige Dominikaner Hans Conrad Zander ein farbenfrohes, teils grelles Bild von den Einsiedeleien, Eremitenkolonien und Klöstern im antiken Ägypten und Syrien zeichnet. Dort habe mehr Rummel als Kontemplation geherrscht, so dass Antonius' Ideal tatsächlich kaum verwirklicht worden sei. Denn der Verfasser bekennt: «Persönlich halte ich es mit dem Archetyp Antonius: Alleinsein als ungezähmtes Abenteuer.»[3] Tatsächlich entpuppe sich der Einsiedler aber leider bei näherem Hinsehen «als ‹stella deserti›, als ‹Star der Einsamkeit›, als Disney-Einsiedler zum Anfassen»; und die Attraktivität der Wüste habe in der Antike vor allem in dem Umstand gelegen, dass sich hierher niemals der Steuereintreiber verirrt habe.[4] Die Lektüre der *Vita Antonii* und der *Apophthegmata Patrum* lohne sich dennoch: «Das Abenteuer der Wüstenväter ist Europas klassische religiöse Unterhaltung!»[5] Und in der Tat: Heiligenviten wurden schon in der Spätantike als erbauliches Entertainment gelesen. Ob mit dem «Abenteuer der Einsamkeit» aber der Kern des Rückzugs in die Wüste getroffen ist, wird zu fragen sein.

Ganz anders, nämlich pastoral, motivieren die Theologen Günther Schulz und Jürgen Ziemer ihren Versuch, die Menschen der Moderne zum Gespräch mit den «Wüstenvätern und Wüstenmüttern», wie sie in den *Apophthegmata Patrum* begegnen, einzuladen:

> Wenn es irgendwo einen Ort gibt, an dem Menschen versucht haben, ihren Glauben authentisch zu leben, dann hier. Dazu gehört gerade auch das Wissen um die Möglichkeit des Scheiterns, die Erfahrung zeitweiliger geistlicher Leere und seelischer Finsternis. Mit all dem ist es leicht möglich, an moderne Sehnsüchte und Erfahrungen anzuschließen.[6]

Erschlossen werden soll die Wüste als «Ort der Freiheit» und als «Ort der Stille»;[7] und entgegen dem weit verbreiteten Eindruck, das Leben in der Einöde sei so etwas wie asketischer Hochleistungssport, halten die Autoren die Wüste für einen Ort, an dem den damaligen Menschen und ihren heutigen Nachfolgern «das Heil als Geschenk widerfährt».[8] Das Eremitentum birgt also geradezu reformatorisches Potenzial; damit wird die ökumenische Anschlussfähigkeit einer Gestalt deutlich, die sich für ihr Auftreten einen Winkel weit außerhalb der bewohnten Welt, der «Oikoumene», gesucht hat.

Schließlich wurde der Einsiedler auch zu einem wandlungsfähigen Sujet der bildenden Kunst der Moderne. Am Übergang vom späten Mittelalter zur Neuzeit treten Antonius' Kämpfe mit den Dämonen und Versuchungen des Teufels, die ihn von seinem Weg zum Heil abbringen sollen, in den Vordergrund. Hieronymus Bosch und seine Zeitgenossen begründeten eine Ikonographie, die Antonius' Alleinsein mit Gott und sich selbst als Grundzug eremitischer Spiritualität in den Hintergrund drängt und stattdessen die Wüste als Tummelplatz von Fabelwesen, materiellen Verlockungen und verführerischen Frauen in Szene setzt – mit einem Asketen, der zwischen Teilnahmslosigkeit und expressiver Angefochtenheit schwankt.[9] Die Versuchungen sind gewiss schon in der *Vita Antonii* präsent, werden aber erst in der neuzeitlichen Kunst bis hin zu Max Ernst und Salvador Dalí zu einem eigenständigen Thema. Die Gestalt des Antonius löst sich damit von ihrer religiösen Sinndimension und wird zum Medium, dass die Bedrohungen in der modernen Lebenswelt künstlerisch zu verarbeiten erlaubt. Der Weg in die Wüste bietet auch nach über anderthalb Jahrtausenden ein noch nicht annähernd ausgeschöpftes Reservoir an geistigen und geistlichen Anstößen für menschliches Denken und Erfahren – auch da, wo von einer Wüste im eigentlichen Sinne keine Rede sein kann.

Wie schreibt man die Biographie eines Heiligen?

Warum ausgerechnet ein solches Leben damals wie heute Interesse, ja Faszination auslöste, ist die Grundfrage dieses Buches. Freilich bilden hierfür nicht moderne Vorstellungen von der Spiritualität der Wüstenväter den roten Faden, sondern die Gestalt des Antonius selbst und ihre Wirkungsgeschichte. Das vorliegende Buch setzt sich ein begrenztes, ja bescheidenes Ziel: Es will weder den Erdkreis in das Licht tauchen, das von Antonius ausgeht, noch diesen als Urvater aller monastischen Aufbrüche präsentieren; es will auch weder satirisch unterhalten und zugleich belehren noch dabei helfen, spirituelle Suchbewegungen in die richtige Bahn zu lenken. Im Mittelpunkt steht vielmehr, samt seiner vielfältigen Rezeption, Antonius, der erste Mönch – sein Leben, seine Lehre, seine Legende. Zur Geschichte der Wüstenaskese und ihren Elementen – Dämonen, Nahrungsverzicht, Keuschheit – gibt es umfangreiche Literatur,[10] auch zu Antonius' Rezeption in der modernen Kunst.[11] Was es dagegen seit einem Dreivierteljahrhundert (jedenfalls in deutscher Sprache) nicht mehr gegeben hat,[12] ist eine (kirchen-)historische Monographie zu Antonius selbst. Diesem Defizit soll hier abgeholfen werden.

Warum gibt es kein neueres Antonius-Buch? Das mag zunächst in der Quellenlage begründet sein, die so unterschiedliche Gattungen umfasst wie eine Biographie, mehrere Sammlungen von mündlich überlieferten und erst später verschriftlichten Wüstenvätersprüchen und Antonius' eigene Briefe, die in ihrer Authentizität umstritten sind.[13] Es könnte auch daran liegen, dass die Forschung über viele Fragen des Lebens und Wirkens von Antonius noch keinen Konsens hat erzielen können. Der entscheidende Grund dürfte allerdings sein, dass der individuelle Mensch Antonius schon hinter seiner Legende zu verschwinden begonnen hatte, als die genannten Quellen niedergeschrieben wurden, so dass es schwierig, wenn nicht unmöglich erscheint, Dichtung und Wahrheit zu scheiden. Eine Biographie im modernen Sinne, die aus Selbst- und Fremdzeugnissen ein schlüssiges Bild eines Individuums samt einer Charakterstudie und Entwicklungsgeschichte rekonstruiert, ist für antike Persönlichkeiten in den meisten Fällen unmöglich; und dies gilt umso mehr, wenn es um *religiöse* Erfahrungen und deren Deutungen geht.

Antonius galt schon seinen Zeitgenossen als Heiliger. Kennt die antike Historiographie ganz allgemein keine unparteiische Sicht geschichtlicher Zusammenhänge im modernen Sinne, so heißt dies konkret im Fall eines Heiligen: Wer über ihn schreibt, will deutlich machen, dass man es mit einem besonderen Menschen zu tun hat, in dessen Leben Gott in außergewöhnlicher Weise am Werke war, so dass dieser Mensch als heilig zu gelten hat. Was Gott selbst dem Volk Israel befohlen (Lev 19,2: «Ihr sollt heilig sein, denn ich bin heilig, der Herr, euer Gott») und Jesus in der Bergpredigt als Möglichkeit des Menschen aufgezeigt hat («Seid vollkommen, wie euer Vater im Himmel vollkommen ist», Mt 5,48), erscheint im Leben dieses einen Menschen als realisiert.[14]

Nicht das Bedürfnis, historische Informationen zu vermitteln, lässt den Autor also zur Feder greifen und eine *Vita* schreiben, vielmehr soll das Wirken Gottes an einem herausragenden Beispiel aufgezeigt werden. Dabei greifen Allgemeingültiges und Besonderes ineinander: Was ein für allemal durch Christus geschehen ist – die Überwindung von Sünde und Tod durch Christi Leiden, Sterben und Auferstehen –, erscheint als Hoffnungsperspektive für jeden Einzelnen. Wie das Wirken Christi in einem individuellen Leben Gestalt gewonnen hat, wird zum Vorbild für andere Menschen. Die Hoffnung auf Erlösung durch die Nachfolge Christi führt zur Nachahmung derer, bei denen dieser Zuspruch Gottes erkennbar realisiert worden ist – bei den Heiligen. Die *imitatio Christi* konkretisiert sich also als *imitatio sanctorum*.

Genau dies ist aber die Erzählperspektive der *Vita Antonii* des Athanasius: Nur die Gnade Christi lässt Antonius erfolgreich fasten, lehren und gegen Dämonen kämpfen und so zum Nachfolger Christi werden (*imitatio Christi*). Antonius, der selbst den biblischen Heiligen nacheifert, wird so zum Vorbild aller, die nach Heiligkeit streben (*imitatio sanctorum*), sei es in der Wüste, im Kloster oder in urbanem Umfeld.

Historisch lässt sich lediglich feststellen, welche Menschen ihren Zeitgenossen als heilig galten und welche dieser Vorstellungen von Heiligkeit eine längere Nachwirkung gehabt haben. Ob ein Mensch, der als heilig *gilt*, aber auch vor Gott heilig *ist*, kann unter irdischen Bedingungen nie abschließend beurteilt werden. Doch ist es legitim und geboten, solche Zuschreibungen von Heiligkeit als Ausdruck der Wahrnehmung der Zeitgenossen ernst zu nehmen. Das Anerkennen solcher Heiligkeit war für antike christliche Religiosität zentral: Das Vorbild der Heiligen (Asketen, Märtyrer, Jungfrauen, Bischöfe oder gar heilige Narren) war konstitutiver Bestandteil des geistlichen Lebens und – sei es durch geistliche Gemeinschaft mit den Heiligen im Gebet, sei es durch von Gott auf Fürbitte der Heiligen gewirkte Wunder – ein Element der Erfahrungswirklichkeit.[15]

Als Athanasius die *Vita Antonii* schrieb, musste er also nicht prinzipiell begründen, dass einem Menschen heiligmäßiges Leben zugeschrieben werden konnte, wohl aber, dass dies tatsächlich auf einen Asketen in der ägyptischen Provinz zutraf. War für die «Erzväter» und Propheten des Alten und für die Apostel des Neuen Testaments und auch für die Märtyrer der frühen Kirche bereits ihre besondere Zugehörigkeit zu Gott etabliert, so stand dies für die neuen Typen von Heiligen – den Eremiten, den Mönch, den Bischof – noch aus.

Heilige Menschen wurden seit dem 4. Jahrhundert vermittels einer Fülle von literarischen Formen und Gattungen beschrieben; man spricht daher von einem «hagiographischen Diskurs», in dem in unterschiedlichen Formen über das Wirken Gottes an Menschen kommuniziert wurde.[16] So berichten über Antonius neben der *Vita Antonii* und den *Apophthegmata Patrum* weitere Mönchsgeschichten (die anonyme *Historia monachorum in Aegypto*, Palladius' *Historia Lausiaca*) und andere Geschichtswerke (zum Beispiel Sozomenus' *Historia ecclesiastica*), aber auch monastische Biographien wie Hieronymus' Viten der Mönche Paulus und Hilarion und (indirekt) Sulpicius Severus' Vita des Martin von Tours, Callinicus' *Vita Hypatii* und die *Vita Sabae* des Kyrill von Scythopolis – Texte, die andere Leitbilder als Antonius etablieren wollen, ihn dabei aber zu seinen Nachfolgern und auch Konkurrenten in Beziehung setzen.

Da hagiographische Texte dem Aufweis von Heiligkeit dienen, sind sie nur eingeschränkt als historische Quellen zu verwenden. Für den Hagiographen ist von vornherein klar, dass sich sein Protagonist am Ende als Heiliger erweisen wird. Wird dies von Lesern akzeptiert, möchte ich von *hagiographischer Plausibilität* sprechen, die sich im literarischen, theologischen und frömmigkeitspraktischen «Erfolg» des (oder der) Heiligen niederschlägt. Diese Plausibilität hat sowohl einen synchronen als auch eine diachronen Aspekt: Einerseits erscheint der oder die Heilige eingebunden in die eigene Zeit, ihre Hoffnungen, Ängste und Herausforderungen; andererseits aber repräsentiert er oder sie die Kette der Christuszeugen durch die Geschichte hindurch, ist also kein Solitär, sondern zugleich *imitator Christi* und *imitator sanctorum*. Die Frage nach hagiographischer Plausibilität ist daher angemessener als die nach historischer Faktizität, da letztere von den antiken (und mittelalterlichen) Quellen über Heilige schlichtweg nicht intendiert ist. Gleichwohl ist den hagiographischen Quellen nicht von vornherein jeder historische Gehalt abzusprechen. Vielmehr zeichnen sie den Protagonisten in seine Zeit ein: So lässt sich die Chronologie des Lebens des Antonius rekonstruieren, insofern Zeitspannen und datierbare Ereignisse genannt werden.[17] Auch treten Personen auf, die aus anderen Quellen bekannt sind,[18] und Örtlichkeiten werden zum Teil akkurat beschrieben. Selbst wenn also die religiöse Erfahrung des Heiligen als solche nicht greifbar ist, wird sie doch in einer identifizierbaren Welt angesiedelt. Die Quellen zu Antonius vermitteln nicht in erster Linie historische Informationen, wie wir sie in einer neuzeitlichen Biographie zu Recht erwarten dürfen, sondern zeichnen das Bild eines Heiligen – aber nach der Genauigkeit dieses Bildes lässt sich durchaus fragen. Denn in einem Text, in dem es um einen eben erst verstorbenen Menschen geht (Athanasius schrieb die *Vita Antonii* wohl unmittelbar nach Antonius' Tod im Jahr 356), ist mit einer Interpretation seines Lebens, aber nicht mit willkürlicher Verzerrung zu rechnen. Athanasius verweist selbst auf Quellen, die er für seine Darstellung verwendet hat, und macht damit klar, dass das Gerüst seiner Erzählung prinzipiell nachvollziehbar ist.

Dennoch ist die *Vita Antonii* scharf kritisiert worden. Der protestantische Kirchenhistoriker Adolf von Harnack (1851–1930) nannte sie das «vielleicht verhängnisvollste Buch, das jemals geschrieben worden ist». Es sei ja offensichtlich,

> daß kein Schriftwerk verdummender auf Ägypten, Westasien und Europa gewirkt hat als diese ‹Vita Antonii›, obwohl man sie jetzt noch nicht ohne Anteil liest. Aber dieses Werk, welches mit Recht den Namen des gefeiertsten Helden der Orthodoxie trägt, hat neben dem Reliquiencult die Hauptschuld an dem Einzug der Dämonen, der Mirakel und alles Spuks in die Kirche.[19]

Abgesehen davon, dass man über Reliquienverehrung, Wunder und Dämonenglauben in der Antike besser der damaligen Zeit entsprechend urteilen sollte (anstatt wie Harnack ein modernes Verständnis von Gott und Welt als Maßstab anzulegen), bleibt die Frage berechtigt, was ein Historiker mit den Zeugnissen unmittelbarer religiöser Erfahrung anfangen soll. Wunder und Visionen entziehen sich zwar der historischen Verifikation, entsprechen aber zweifellos der Vorstellungswelt der Antike. Schon die Evangelien beschreiben Jesu Austreibung von Dämonen, die die Menschen subtil oder handgreiflich attackieren. Wenn nun die Heiligen Nachfolger Christi sind,

2 *Antonius im abendländischen Mönchshabit mit Tonsur, dargestellt vom «Meister der Darsow-Madonna», 1405. Sandsteinskulptur im St.-Annen-Museum, Lübeck*

ist nichts anderes zu erwarten, als dass auch sie sich ähnlicher Bedrohungen erwehren müssen. Zwar wäre die strikt historische Frage, ob Antonius nachweisbar (an welchem geographischen Ort, zu welchem Zeitpunkt, mit welchen Zeugen) Dämonen besiegt und in Visionen künftige Ereignisse gesehen hat, nicht nur nicht zu beantworten, ja sie wäre grundsätzlich verfehlt.[20] Wohl aber ist es möglich und notwendig, zu fragen, welche religiösen Erfahrungen in diesen Erzählungen aufgegriffen und welche historischen Ereignisse durch die Visionen theologisch gedeutet worden sind. Genau dies soll hier geschehen.

Etwas anders sieht es mit der mündlichen Verkündigung des Antonius aus. Athanasius entwickelt zum Beispiel in Antonius' Rede an die Mönche eine Theorie der Dämonenbekämpfung, die auf seiner eigenen Vorstellung von Christi Inkarnation basiert, die er in früheren Schriften entwickelt hatte. Ebenso wird Antonius als Kronzeuge für Athanasius' Kampf gegen aktuelle Irrlehren aufgeboten; der Bischof versichert sich des Asketen als Mitstreiter in seinen Konflikten mit Arianern und Melitianern, die in den 350er Jahren auf dem Höhepunkt waren. Diese Einsicht in die gestaltende Hand des Hagiographen schließt aber nicht aus, dass Belehrung zu Antonius' Wirken gehörte – und dass die Darstellung der *Vita Antonii* gerade deshalb plausibel wirkte, weil die dort beschriebene Unterweisung sich nicht den jedermann zugänglichen Quellen der antiken Schulbildung verdankte, sondern, wie es schien, der Belehrung des Asketen durch Gott selbst. Die *Vita* stellte die Heiligkeit ihres Protagonisten auch dadurch in überzeugender Weise dar, dass sie zeitgenössische theologische und kirchliche Konflikte aufgriff. Daher ist einer Vita genau dann «hagiographische Plausibilität» zu attestieren, wenn sie ein kohärentes Bild von dem (oder der) Heiligen als Exponenten der Zeit und ihrer Probleme zeichnet. Dann macht die Beobachtung, dass sich der Hagiograph theologisch in seinem Werk verewigt hat, dieses nicht zu einem «nur» theologisch, nicht mehr historisch lesbaren Werk. Denn sonst würde man das Verständnis von Geschichte in der Antike unangemessen engführen, insofern auch in der Geschichte letztlich Gott (oder sein Widersacher) am Werk ist.

Im Fall des Antonius ist es – anders als bei vielen anderen Heiligen – möglich, die hagiographische Plausibilität der *Vita Antonii* anhand anderer Quellen zu überprüfen. Auch diese spiegeln die Perspektive ihrer Autoren; dies gilt insbesondere für die *Apophthegmata Patrum*, die man oft als authentische Berichte über das früheste Mönchtum angesehen hat, während die *Vita Antonii* als Werk des Athanasius als weniger verlässlich galt. Mit Antonius' Briefen sind Selbstzeugnisse erhalten, die zwar in biographischer Hinsicht wenig ergiebig sind, aber einen theologischen Vergleich mit den von ihm überlieferten bzw. ihm zugeschriebenen Apophthegmen und den Reden in der *Vita Antonii* ermöglichen. Keine dieser Quellenarten bietet für sich *den* Zugang zum «wahren» oder «eigentlichen» Antonius. Doch erlauben die Lebensbeschreibung, die Wüstenvätersprüche und die Briefe gemeinsam eine differenziertere Sicht auf Antonius, als sie bisher herausgearbeitet wurde.

Ziel dieser Darstellung ist, klarer hervortreten zu lassen, warum in der Spätantike und weit darüber hinaus Antonius' Leben und Wirken eine derartige Faszination ausübten.[21] Die Zeit ist reif für eine Zusammenschau von Antonius' Leben, Lehre und Legende – die unleugbaren Spannungen der Überlieferung erscheinen dabei nicht als Hindernis, sondern als Herausforderung.[22] Fragen, die bezüglich des Lebens und Nachlebens des Antonius auch weiterhin offen bleiben müssen, werden als solche markiert werden.

Ein erster großer Teil beschreibt Antonius' Leben und Lehre, während der zweite Teil sich der Legende widmet.[23] Die Darstellung orientiert sich in den Kapiteln 1, 2 und 6 an der Chronologie des Lebens des Antonius, zeichnet in Kapitel 3 exemplarisch die «roten Fäden» der *Vita Antonii* nach, führt in Kapitel 4 einen Vergleich der drei Quellenarten vor und stellt in Kapitel 5 die Bildung des Antonius in den Mittelpunkt. Der biographische Zugriff verbindet sich also mit thematischen Querschnitten. Interessant sind dabei vor allem die Übereinstimmungen und Diskrepanzen der Quellen.

Gerade in den Abschnitten, die der *Vita Antonii* folgen, wäre im Prinzip an jeder einzelnen Stelle eigens darauf hinzuweisen, dass und aus welcher Perspektive eine Begebenheit oder Rede des Antonius geschildert und gestaltet wird. Um der Lesbarkeit willen wird dies nur an einzelnen Stellen thematisiert; gleichwohl ist immer vorausgesetzt, dass Athanasius'

Darstellung das Leben des Antonius nicht nüchtern und faktengetreu nachzeichnet, sondern eine Interpretation vorlegt. Es sollte deutlich werden, inwiefern die *Vita* und die anderen Quellen ein vertrauenswürdiges, «hagiographisch plausibles» Bild von Antonius und seiner Welt zeichnen, obwohl ihre Intention nicht in dokumentarischer Präzision zu suchen ist.

Die Fragen, die an die zugrunde liegenden Quellen zu stellen wären, können auf begrenztem Raum nicht erschöpfend diskutiert werden, schon gar nicht im Blick auf die vielfältige Forschung zum antiken Mönchtum. Die Untersuchungen, von denen dieses Buch profitiert hat, werden in den Anmerkungen und im Literaturverzeichnis genannt; ein Forschungsbericht war nicht intendiert. Vielmehr sollen die Quellen selbst ausführlich zu Wort kommen, um die historische Gestalt des Antonius lebendig werden zu lassen. Soweit möglich, sollen Bilder des Antonius rekonstruiert werden, die in der zweiten Hälfte des 4. Jahrhunderts entstanden und seitdem in Kirche, Kunst und Literatur weiterwirkten. Das Fazit schlägt den Bogen zurück zum Anfang: zu dem Menschen Antonius, der in die Wüste ging, dort mit Gott lebte und in der Retrospektive zum «ersten Mönch», zum Vorbild für viele, ja zum Heiligen wurde.

Verlässlich? Quellen von und über Antonius

Die Quellenlage zu Antonius ist gut und schlecht zugleich. Gut, weil wir mit der *Vita Antonii* (VA) des Athanasius von Alexandria eine Biographie aus der Feder eines Zeitgenossen besitzen, der von Antonius' Schülern Informationen hatte einholen können. Schlecht, weil Athanasius die ihm zugänglichen Berichte über Antonius in einen hagiographischen Erzählzusammenhang brachte, der eine klare Agenda des Verfassers erkennen lässt. Insofern darf man die *Vita Antonii* nicht als Biographie im modernen Sinne (miss-)verstehen. Gleiches gilt für die gegen Ende des 4. Jahrhunderts gesammelten «Sprüche der Väter» (*Apophthegmata Patrum*, AP), in denen Antonius als prototypischer «Altvater» eine prominente Rolle spielt, bei denen aber teils umstritten ist, welche Worte von Antonius selbst stammen. Und es gilt schließlich auch für die Briefe des Antonius (Ep. Ant.), die – wenn sie authentisch sind – ein ganz anderes Bild des vermeintlich ungebildeten, philosophisch unbeschlagenen Einsiedlers vermitteln. Hinzu kommen weitere historiographische und monastische Texte wie beispielsweise die Kirchengeschichte des Sozomenus oder die *Historia Lausiaca* des Palladius, die einzelne Aussprüche und Begebenheiten aus dem Leben des Antonius beisteuern, die aber jeweils im Einzelfall auf ihre historische Verwertbarkeit geprüft werden müssen. Zwischen diesen Quellen sind manche Spannungen zu beobachten – und doch ergibt sich aus unterschiedlichen Traditionen über den Heiligen ein facettenreiches, aber in seinen Grundzügen kohärentes Bild.

DIE VITA ANTONII DES ATHANASIUS VON ALEXANDRIA. Die *Vita* des ersten Einsiedlers, die Athanasius bald nach dessen Tod (356) schrieb, hat eine Wirkungsgeschichte entfaltet, die in der christlichen Literatur nur von Augustins *Confessiones* übertroffen wird; und in diesen spielt wiederum die *Vita Antonii* eine wichtige Rolle für die Bekehrung Augustins.[24] Athanasius schuf damit den Prototyp der Heiligenvita, der für das christliche Verständnis, wie man über Heilige schreiben könne, stilprägend wurde. Er knüpfte an die antike literarische Form des *bios* an, übernahm aber nicht einfach ein biographisches Vorbild. Vielmehr entstand etwas Neues, die *Vita* eines christlichen Heiligen, in deren Hintergrund sowohl die Märtyrerpassionen als auch die Philosophenviten der Kaiserzeit zu erkennen sind. Diese neue biographische Form stand aber nicht isoliert, vielmehr griff der christliche «hagiographische Diskurs» auch auf andere Genres und Medien zurück, etwa Predigten, Hymnen oder Bilder, während zum Beispiel die *Apophthegmata Patrum* in mancher Hinsicht Sentenzen aus dem rhetorischen und philosophischen Lehrbetrieb ähneln.[25]

Dass Athanasius der Autor der *Vita Antonii* ist und diese daher auf Griechisch niedergeschrieben wurde, darf heute (wieder) als gesichert gelten. Erst 1994 wurde der Text kritisch ediert.[26] Ob wir damit das Original vor uns haben, war eine Zeit lang umstritten: René Draguet votierte dafür, dass nicht der Bischof von Alexandria, sondern ein hellenistisch geprägter Kopte den griechischen Urtext der *Vita Antonii* verfasst habe.[27] Dieser Originaltext sei in der syrischen Übersetzung erhalten, während die griechische Überarbeitung des koptischen Textes Athanasius zugewiesen worden sei. Diese These hat sich freilich nicht durchgesetzt.[28] Athanasius' Autorschaft ist nicht nur in der handschriftlichen Überlieferung bezeugt, sondern war schon für die Zeitgenossen nicht fraglich. Dies zeigt die bald nach der Abfassung der *Vita* erstellte lateinische Übersetzung durch Evagrius von Antiochia (vor 372) ebenso wie die Gedenkrede auf Athanasius, die Gregor von Nazianz 380 in Konstantinopel hielt.[29]

Athanasius schreibt seinem Prolog zufolge an «Mönche in der Fremde». Die *Vita Antonii* soll einer aufblühenden Form christlicher Frömmigkeit die Richtung weisen: «Für Mönche ist das Leben des Antonius ein zureichendes Leitbild der Askese» (VA prol. 3). Dass diejenigen, deren Wunsch nach einem Bericht über Antonius' Leben mit der *Vita* erfüllt wird, Asketen im Westen des Reiches seien, wie immer wieder vermutet wurde,[30] stimmt damit überein, dass die Kunde von Antonius dort offenbar schon verbreitet war (VA 93,5). Athanasius selbst hatte die Jahre 335–337 und 339–346 im Exil in Trier und Rom zugebracht, Kontakte geknüpft und möglicherweise auch von den Wüstenvätern berichtet. Die adlige Asketin Marcella erzählte später, sie habe als junges Mädchen Athanasius in Rom über Antonius sprechen gehört.[31] Dass die *Vita Antonii* in kurzer Zeit gleich zweimal ins Lateinische übersetzt wurde und Hieronymus bald darauf die Geschichte des Antonius noch einmal neu erzählte (integriert in die Vita des Paulus von Theben),[32] belegt, dass der Boden für eremitische Leitbilder bereitet war. Allerdings ist auch nicht auszuschließen, dass die «Fremde» metaphorisch gemeint ist.[33] Athanasius war zur Zeit der Abfassung im Exil in der Wüste, so dass ihm die ganze übrige, von Arianern[34] dominierte Welt als «fremd» erschienen sein mag. Der Hinweis, der Bote dränge, weil die für die Schifffahrt günstige Zeit ablaufe, so dass das Werk sprachlich unpoliert geblieben sei (VA prol. 5), ist ein bekannter Topos der antiken Literatur, der für sich genommen nicht auf die wirklichen Adressaten schließen lässt.

Athanasius klagt, er könne nur sehr Weniges von seinem reichen Stoff berichten. Dabei verfügte er über eine erstklassige Quelle: Er kannte nämlich jemanden, der Antonius «lange gefolgt ist und Wasser über seine Hände gegossen hat»,[35] womit auf Elisa als Schüler des Elia (2 Kön 3,11) angespielt wird. Ob Athanasius den Einsiedler persönlich «sehr oft gesehen» (VA prol. 5) habe, ist zweifelhaft: Als Antonius 337 in Alexandria zugunsten des Bischofs intervenierte, weilte dieser noch im Exil.[36] Von Wüstenaufenthalten des Athanasius vor 356 wissen wir nichts. Es wäre sonst auch zu erwarten, dass Athanasius öfter selbst in der *Vita Antonii* aufträte, zumal die Konflikte mit den Arianern, die ihn zur Abfassungszeit beschäftigten, sehr wohl in der Erzählung zur Geltung kommen. So dürfte die zuletzt zitierte Stelle eher als allgemeine Versicherung der Glaubwürdigkeit zu verstehen sein. Wichtiger ist, wie der Verfasser Traditionen und Augenzeugenberichte verarbeitet.

Den oben genannten anonymen Gewährsmann hat Martin Tetz mit Serapion von Thmuis identifiziert.[37] Dieser war ein treuer Freund und Mitstreiter des Athanasius in seinen Konflikten mit Arianern und Pneumatomachen[38] und zugleich ein enger Vertrauter des Antonius (VA 82,3; 91,9). Serapion, so Tetz, habe Worte des Einsiedlers und Erzählungen über ihn verschriftlicht, so dass Athanasius allenfalls als Kompilator Meriten erworben habe. Die These von Tetz geht in dieser Form allerdings zu weit.[39] Zwar steht außer Frage, dass Athanasius Erzähltraditionen und auch geformte Texte verarbeitet hat.[40] Die *Vita Antonii* muss aber in ihrer kompositorischen und theologischen Ausgestaltung als genuines Werk des Bischofs, nicht nur als geschickte Kompilation gelten.

Was können wir von Antonius aus der *Vita* verlässlich wissen? Karl Heussi hat den Befund wie folgt klassifiziert:[41]

- Den geringsten historischen Wert haben die Reden (VA 16–43, 72–80 u. a.); sie sind, wie in allen antiken Biographien, «Eigentum des Verfassers».
- In signifikant höherem Maße historisch aussagekräftig sind die erzählenden Partien (VA 1–14, 49–53, 89–93),[42] die zwar vom Autor gestaltet wurden, aber überliefertes Gut enthalten.
- In die Nähe der historischen Gestalt des Antonius gelangt man am ehesten mit den «perikopenartigen Einzelgeschichten», die schon in der Tradition vor Athanasius geformt und in monastischen Kreisen überliefert worden sind – auch hier ist freilich stets zu prüfen, wie es um die «Geschichtlichkeit des Berichteten» steht.

Man muss also unterscheiden, welche Traditionen Athanasius bereits vorlagen, welche Textteile er hinzufügte und wie er das Material über Antonius zu einem Gesamtwerk verband. Auch wenn eine Quellenbenutzung nicht zu bestreiten ist und einzelne Traditionen oder Texte Serapion oder anderen Personen der frühen monastischen Welt zuzuweisen sein mögen, erweist sich die *Vita Antonii* nicht nur punktuell, sondern grundlegend als von der Theologie des Athanasius geprägt.[43] Das heißt aber nicht, dass ihr pauschal Unglaubwürdigkeit zu attestieren wäre: Vielmehr muss – auch im Vergleich mit den anderen Quellen zu Antonius – gefragt werden, welchen historischen Aussagewert und theologischen Sinn eine konkrete Passage oder ein größerer Erzählzusammenhang haben. Athanasius schrieb die *Vita* unmittelbar nach Antonius' Tod, als noch zahlreiche Menschen lebten, die diesen besucht oder durch Dritte von ihm gehört hatten. Dies lässt vermuten, dass der Hagiograph seinem Werk ein Datengerüst zugrunde legte, das nicht frei erfunden war[44], sondern in Grundzügen historische Plausibilität beanspruchen darf und, wie der Vergleich mit den Briefen und den *Apophthegmata Patrum* zeigt, darüber hinaus auch theologische Gedanken von Antonius selbst überliefert.

Eine andere, viel diskutierte Frage lautet: Benutzte Athanasius bei der Abfassung der *Vita Antonii* eine nichtchristliche Gattung als Vorbild? Standen gar spätantike Philosophenviten an der Wiege der christlichen Hagiographie? Richard Reitzenstein wies 1914 auf eine Parallele zu VA 14,3 f. in der *Vita Pythagorae* des Porphyrius (ca. 234–305) hin – die Erscheinung des Antonius nach zwanzig Jahren Abgeschiedenheit in einer verlassenen Festung.[45] Auch Pythagoras tritt hier wie aus einem «Heiligtum» hervor, weist keine körperlichen Veränderungen auf, ist weder aufgedunsen noch zermürbt von der Einsamkeit und hat absolut denselben Seelenzustand wie zuvor.[46] Er verkörpert damit perfekt das asketische Ideal, das der Neuplatoniker Jamblich (ca. 240/45–325) nur wenige Jahrzehnte vor der Abfassung der *Vita Antonii* in *De vita pythagorica* entfaltete.[47] Es ist denkbar, dass Athanasius diese Philosophenviten kannte; doch lassen sich die Ähnlichkeiten eher als Vertrautheit mit dem herkömmlichen Ideal des Philosophen als eines Asketen erklären, als dass sie eine direkte Textbenutzung belegen.

Entscheidend ist die Frage, was Athanasius mit einer solchen Bezugnahme hätte bewirken wollen. Reitzenstein meinte, Antonius habe diesem philosophischen Ideal entsprechen und es zugleich überbieten sollen. Samuel Rubenson sieht darin hingegen ein apologetisches Unternehmen: Das Grundmuster der antiken Philosophenvita werde rezipiert, aber zugleich kritisch gewendet – Antonius sei nicht nur besser, sondern *anders* als die Philosophen.[48] Athanasius erweise sich als vertraut mit der paganen Philosophie, entwerfe aber gerade in Abgrenzung zu dieser sein asketisches Leitbild. Antonius sei gerade kein durch «weltliche» Kunst gelehrter Philosoph (VA 93,4), sondern ein «Theodidakt». Athanasius zeichnet den «Gottesmann» (VA 93,1) – Rubenson zufolge – als Gegenbild zu anderen Gottesmännern der Spätantike wie Apollonius von Tyana oder eben Pythagoras.

Die Bedeutung zeitgenössischer Philosophenviten für den Aufbau und die literarische Gestaltung der *Vita Antonii* ist nicht zu bestreiten, aber wohl geringer einzuschätzen, als Reitzenstein und Rubenson das jeweils getan haben. Auch wenn Athanasius an der genannten Stelle ein geläufiges Philosophenideal heranzieht, so nutzt er doch weit öfter biblische und martyrologische, also genuin christliche Motive, um Antonius' Leben und Wirken zu konturieren.[49] Die Dämonenkämpfe, das Wechselspiel von «innerem» und «äußerem» Berg, das Wirken in der Öffentlichkeit – all das lässt sich weder als Rezeption noch als Abgrenzung von (neu)pythagoreischen Konzepten verstehen. Dass Athanasius in seinen sonstigen Schriften keine tiefergehende Vertrautheit mit der zeitgenössischen Philosophie erkennen lässt, kommt hinzu.

Was jedoch die *Vita Antonii* mit seinem eigenen Œuvre verbindet, ist die biblische Grundprägung, die in Zitaten und Anspielungen auf praktisch jeder Seite präsent ist.[50] Wenn man nach dem literarischen Gestaltungsprinzip der *Vita Antonii* sucht, dürfte man hier fündig werden. Dann aber teilt die *Vita* ein zentrales Charakteristikum mit den Briefen und den *Apophthegmata:* Bestehen jene zum großen Teil aus Bibelzitaten und ihrer Auslegung, so fordern diese: «Was du auch tust oder was du auch redest: Für alles suche ein Zeugnis in der Heiligen Schrift!»[51] Athanasius scheint dies durchweg beherzigt zu haben, sowohl in der Darstellungsweise als auch für die Profilierung «seines» Heiligen.

DIE APOPHTHEGMATA PATRUM. Hier treten wir in eine andere Welt ein, in der Bischöfe gar keine Rolle spielen.[52] Ein «Apophthegma» ist ein kurzer Ausspruch, der narrativ gerahmt sein kann (nicht muss) und der Autorität besitzt, weil er den Hörer oder Leser in seiner Situation «trifft». Oft steht am Anfang die Bitte «Gib mir ein Wort!», die dann mit einer Sentenz, einem Gleichnis oder einem Bibelwort erfüllt wird.[53] Die Fragesteller sind oft Mönche, aber auch Menschen, die eigens in die Wüste reisen, um einem «Vater» (*abbas*) – oder auch einer «Mutter» (*amma*) – eine sie bedrängende Frage zu stellen. Was deren Antwort mit der Frage zu tun hat, ist nicht in allen Fällen unmittelbar ersichtlich; und ob sie die (meist anonym bleibenden) Fragesteller befriedigt hat, erfahren wir kaum einmal.

Diese Grundstruktur wird gelegentlich abgewandelt: Wir finden längere Erzählungen zur Begründung einer Sentenz, umfangreichere Dialoge oder Aussprüche ohne vorherige Frage. Die Dialogsituation ist dabei aber immer vorausgesetzt, und damit auch die spezifische Hierarchie, die sich nicht auf formale Autorität oder Titel stützt, sondern auf die geistliche Erfahrung des jeweiligen *abbas*. Die Autorität ergibt sich aus der Situation: Ein «Altvater» kann auch selbst als Fragesteller auftreten.[54] Sie gründet im asketischen Charisma, nicht in einem Amt. Entscheidend ist, dass der einzelne Asket anstatt nur auf sich zu schauen, seine eigene Leistung überzubewerten und in «Verwirrung des Geistes» zu fallen die biblische Weisung beherzigen soll: «Frage deinen Vater, und er wird es dir verkünden» (Dtn 32,7; AP/G Antonius 37).

Die *Apophthegmata Patrum* sind in Sammlungen überliefert, deren Anfänge im Dunkeln der mündlichen Tradition liegen. Prägnante Aussprüche der Altväter wurden vielleicht seit der ersten Hälfte des 4. Jahrhunderts unter dem Namen des *abbas* von Schülern gesammelt. Aus diesen kleinen Sammlungen der Sprüche je *eines* Vaters entstand nach dem Jahr 400 ein umfassendes, nach dem Alphabet geordnetes Konvolut, das so genannte *Alphabetikon* (oder, nach der Bezeichnung *gerōn [«Greis»], Gerontikon*). Allerdings gab es Sprüche, die nicht einem Vater zuzuordnen waren und die in einem thematisch sortierten Anhang gesammelt wurden. In der zweiten Hälfte des 5. Jahrhunderts wurden dann die *Apophthegmata Patrum* insgesamt systematisch angeordnet. Dieser zweite Typ, die «Systematische Sammlung», wurde im 6. Jahrhundert ins Lateinische übersetzt und prägte als Buch 5 und 6 der *Vitae Patrum* maßgeblich das Bild der Wüstenväter im Mittelalter.[55] Literarisch erhalten sind also nur die

Sammlungen des 5. und 6. Jahrhunderts, doch geht das darin enthaltene Material zum Teil viel weiter zurück.

Diese Sammlungen haben ihre eigene Überlieferungsgeschichte. So enthält die älteste Handschrift der «alphabetischen Sammlung»[56] nur 23 der in den späteren Versionen enthaltenen 38 Apophthegmen des Antonius. Dagegen sind in der ältesten «Systematischen Sammlung» 32 Antonius-Sprüche überliefert. Die Apophthegmensammlungen in orientalischen Sprachen bieten noch weitere Aussprüche, bei denen nicht immer auszuschließen ist, dass es sich um authentische Überlieferungen handelt.[57] Einen Forschungskonsens über die Apophthegmentradition gibt es bislang nicht. Herangezogen wird hier die griechische Tradition, die in ihrer lateinischen Übersetzung die Antonius-Rezeption des europäischen Mittelalters mit geprägt hat.

Wie das Verhältnis von *Vita Antonii* und *Apophthegmata Patrum* beurteilt wird, hängt nicht zuletzt davon ab, welches Bild der jeweilige Autor von den Anfängen des Mönchtums hat. Ein Beispiel ist das in beiden Quellen (AP/G Antonius 10 und VA 85,3 f.) überlieferte Bildwort vom «Fisch im Wasser» (hier zitiert nach den AP):

> Wenn die Fische auf dem Trockenen liegen bleiben, verenden sie; so auch die Mönche. Verweilen sie außerhalb der Zelle (*kellion*) oder treten in Kontakt mit Weltleuten (*kosmikoi*), dann lösen sie sich aus der Spannung (*tonos*) der Ruhe (*hēsychia*). Wie der Fisch ins Wasser, so müssen also auch wir zurück in die Zelle streben, um nicht durch das Verweilen dort draußen (*exō*) die Wachsamkeit für das Innere (*phylakē tēs endon*) zu vergessen.

Versteht man hierbei die «Sitzruhe» (*hēsychia*) als *Grundform* der asketischen Existenz der Wüstenväter, die «Bewahrung des Inneren» (*phylakē tēs endon*) als *Ziel* der Einsamkeit und die Zelle (*kellion*) als den *Ort* ihrer Ermöglichung, wird man das Apophthegma als genuin und die in der Fassung der *Vita Antonii* fehlenden Begriffe *hēsychia*, *phylakē* und *kellion* dort als «gestrichen» ansehen.[58] Es ist aber ebenso gut vorstellbar, dass in der *Vita* die älteste Fassung überliefert und das Apophthegma erst später in der mittlerweile gewachsenen monastischen Terminologie reformuliert wurde.[59] Die Priorität der Apophthegmentradition ist nicht so zwingend gegeben, dass man behaupten könnte, in der *Vita* seien «gerade die charakteristischen Züge des Zellenmönchtums aufgegeben» und die Fassung des o. g. Apophthegmas in der *Vita* sei «fraglos sekundär». [60] Dass wir – so Hermann Dörries – in den *Apophthegmata* den wirklichen Mönchsvater zu fassen bekämen, in der *Vita* dagegen nur dessen von Athanasius gestaltetes *Bild*, das eine «Erhebung des Geschichtlichen ins Ideale» sei,[61] lässt sich in dieser Schärfe nicht aufrechterhalten. Vielmehr ist im Einzelnen nach dem historischen Aussagewert von *beiden* Quellen zu fragen – und nach deren Verhältnis zu einer dritten, von Dörries und anderen als nicht authentisch beurteilten Quellenart,[62] den Briefen.

DIE BRIEFE DES ANTONIUS. Athanasius zufolge war Antonius ungebildet; in den *Apophthegmata* kommuniziert er ausschließlich mündlich. Nun ist das Bild des illiteraten Einsiedlers schon in der *Vita Antonii* zu modifizieren (siehe S. 119–121). Zeitgenössische Quellen schreiben ihm darüber hinaus ein ganzes Briefcorpus zu. Schon Hieronymus bezeugt um 393 in seinem Verzeichnis christlicher Schriftsteller sieben Briefe des Antonius in koptischer Sprache.[63] Wenn es sich dabei um das überlieferte Corpus handelt, so dass wir damit die *viva vox Antonii* vor uns haben, zeichnen die Briefe allerdings ein durchaus anderes Bild als die beiden anderen Quellen.

Die Diskussion über die Authentizität der Antoniusbriefe kann und muss hier nicht ausführlich referiert werden.[64] Die Überlieferungslage macht die Angelegenheit sehr unübersichtlich. Erhalten sind:[65]

- koptisch: ep. 4, das Ende von ep. 3 und der Anfang von ep. 5;
- syrisch: ep. 1;
- georgisch: alle sieben Briefe;

- lateinisch: die im Jahr 1475 erstellte Übersetzung aller sieben Briefe nach einer heute verschollenen griechischen Version;
- arabisch: alle sieben Briefe im Rahmen eines größeren Corpus von insgesamt zwanzig dem Antonius zugeschriebenen Briefen;
- griechisch: ein Fragment von ep. 1 in AP/G Antonius 22.

1990 hat der schwedische Kirchenhistoriker Samuel Rubenson die erste umfassende Untersuchung der Briefe und ihrer Überlieferung vorgelegt und daraus zwei weit reichende Folgerungen abgeleitet:[66] Zum einen gebe es keinen schlagenden Grund dagegen, die Briefe dem Autor zuzuweisen, als dessen Werk sie traditionell verstanden wurden, nämlich Antonius. Zum anderen erweise sich dieser Antonius als gebildeter Kopf, der mit der theologischen Tradition Alexandrias, die sich mit den Namen Clemens (gest. ca. 215) und Origenes (gest. 251/54) verbindet, vertraut gewesen sei und eine Art christlichen Platonismus gelehrt habe, der alles andere als den Mangel in Bezug auf schulische Bildung verrate, den Athanasius in der *Vita Antonii* suggeriere. Nach Rubenson haben wir also authentische Texte des Wüstenvaters vor uns, wohl aus den 330er Jahren, als Antonius in Alexandria zugunsten von Athanasius in dessen Auseinandersetzung mit den Arianern intervenierte.[67] Athanasius selbst erwähnt Briefe des Antonius an den Gegenbischof Gregor und an die Kaiser,[68] und im «Brief des Ammon» ist ein weiterer kurzer Brief erhalten.[69] Es spricht also nichts dagegen, dass er auch weitere Briefe verfasst haben könnte. Dann gewinnen wir mit den sieben Antonius-Briefen einen Einblick in das Denken eines Koptisch sprechenden und sogar schreibenden Einsiedlers, der in seine Briefe griechische Fachtermini einbaute, in der Erwartung, dass auch seine Adressaten diese verstehen würden.[70]

Rubensons These ist nicht unwidersprochen geblieben und von ihm selbst wiederholt verteidigt worden. Der Gesamttrend der Forschung neigt derzeit dazu, die Antoniusbriefe für authentisch zu halten, auch wenn zuletzt wieder die Zusammengehörigkeit des Corpus und damit auch Antonius' Autorschaft bestritten worden sind.[71] Ich halte jedoch bis auf Weiteres Rubensons Argumente für tragfähig und ziehe daher im Folgenden das Briefcorpus als Quelle für das Denken des Antonius heran und setze es zu den anderen, oben beschriebenen Schriften ins Verhältnis. Wo sich Spannungen zwischen den Texten ergeben, wird zu fragen sein, auf welcher Stufe der Überlieferung (in den verschriftlichen Texten? in der diesen vorhergehenden Tradition? oder möglicherweise sogar in unterschiedlich akzentuierten Aussagen des Antonius selbst?) diese zu verorten sind.

ERSTER TEIL

LEBEN UND LEHRE

1. EIN DORF IN MITTELÄGYPTEN

Kindheit in einer koptischen Familie

Antonius war es nicht an der Wiege gesungen worden, dass er zum Archetyp des Wüstenmönchtums werden sollte. Sein Leben begann ganz unspektakulär: Geboren wurde er in Mittelägypten, nach einer späteren Tradition in einem Dorf namens Koma nahe Herakleopolis am Fayyum.[1] Seine Muttersprache war Koptisch, nicht Griechisch; mit Gebildeten verständigte er sich über einen Dolmetscher.[2] Anders als bei den meisten Menschen der Antike ist nicht nur sein Todesjahr bekannt, Athanasius überliefert auch sein präzises Alter: Antonius starb 356 n.Chr. im stolzen Alter von 105 Jahren, so dass er 251 geboren sein muss.[3] Er war damit Zeitgenosse und Augenzeuge der «Konstantinischen Wende», aber auch der letzten Christenverfolgung. Ob seine Familie unter der Verfolgung durch Kaiser Valerian (257–260), die in Ägypten viele Opfer forderte, zu leiden hatte, ist nicht überliefert. Da christliche Hagiographen solche Vorgeschichten meist ausführlich schilderten, sofern sie ihnen bekannt waren,[4] darf man vermuten, dass Antonius von dieser Verfolgung nicht betroffen war.

Seine Eltern waren «wohlgeboren» und «vermögend» (VA 1,1). Das bedeutet in einem kleinen Dorf keinen übermäßigen Reichtum, die Familie gehörte allerdings zu den Grundbesitzern: Nach seinem Entschluss zum asketischen Leben schenkte Antonius der Dorfgemeinschaft dreihundert Aruren Land (etwa achtzig Hektar: VA 2,4). Interessanter ist Folgendes: «Da seine Eltern Christen waren, wurde auch er selbst christlich aufgezogen» (VA 1,1). Anders als die meisten prominenten Christen der Antike – das berühmteste Beispiel ist Augustin – erfuhr Antonius nicht erst als Erwachsener die Bekehrung zum Christentum, sondern wuchs bereits als getaufter Christ auf.[5] Das war in der Mitte des 3. Jahrhunderts nicht ganz außergewöhnlich, aber noch lange nicht die Regel, und es ist für die Darstellung von Antonius' Lebensweg von Bedeutung: Dieser Weg erscheint in der *Vita Antonii* als steter Aufstieg zum Leben mit Gott. Es gibt zwar Stufen, die jeweils mit geographischen Veränderungen verbunden sind, aber keine «heidnische» Vergangenheit, keine radikale Bekehrung.

Anders sieht es bei manchen biblischen Gestalten und Schülern des Antonius aus: Saulus etwa, der Christenverfolger, wurde bekanntlich vor Damaskus mit Blindheit geschlagen, erlebte also seinen Irrtum leibhaftig und musste sich ausgerechnet von einem der Christen, die er hatte gefangennehmen wollen, die Augen öffnen lassen (Apg 9,1–19), um zu einem Boten Christi – und später zum Paulus (Apg 13,9) – zu werden. Unter den Wüstenvätern hatte Arsenius eine Vergangenheit als Prinzenerzieher in Konstantinopel, wirkte also zunächst in denkbar größter Entfernung zum eremitischen Leben,[6] und Moses der Äthiopier war sogar ein berüchtigter Krimineller gewesen.[7] Eine so dramatische Bekehrung scheint Antonius nicht erlebt zu haben. Auch er ließ mit seiner Konversion zur Askese die Welt hinter sich; aber er hatte sich von Anfang an so wenig wie möglich auf sie eingelassen.

Athanasius beschreibt den kleinen Antonius als ein besonderes Kind: Nicht nur war er seinen Eltern gehorsam, er besuchte auch regelmäßig mit ihnen die Kirche, wo er aufmerksam der Schriftlesung folgte (VA 1,3). Das war damals wie heute nicht unbedingt zu erwarten: Zahlreiche Prediger klagten über die Unaufmerksamkeit ihrer Gemeinde. Über das Interesse ihres Sohnes an der Bibel konnten sich die Eltern also freuen – ob sie aber über einen anderen Entschluss glücklich waren, darf man bezweifeln:

> Als er zum Jungen herangewachsen war und zu reiferem Alter voranschritt, weigerte er sich, Bildung (*grammata*) zu erwerben, denn er wollte sich nicht mit anderen Kindern abgeben. Seine ganze Sehnsucht richtete sich darauf, wie geschrieben steht, «unverbildet (*aplastos*) in seinem Hause zu weilen» (Gen 25,27 LXX). (VA 1,2 f.)

Diese Sätze sind Programm: Schon der kleine Antonius will nicht den für ihn vorgesehenen Platz in seiner Welt einnehmen. Ein Kind, das mit anderen Kindern spielt, ein Schüler, der Bildung erwirbt, wie es für einen Sohn aus gutem Hause selbstverständlich war, ein Mitglied der Dorfgemeinschaft, in die er hineingeboren wurde – all das möchte Antonius nicht sein. Stattdessen will er sich von klein auf von der Welt fernhalten und «unverbildet» bleiben – was ihm letztlich jedoch nicht durch den geistigen, sondern erst durch den physischen Rückzug aus der Zivilisation gelingen wird.

«Unverbildet» (*aplastos*) bedeutet: naturbelassen, nicht von außen beeinflusst. Der Biograph spielt damit auf Gen 25,27 (in griechischer Übersetzung) an: Jakob sitzt, im Gegensatz zu dem umherstreifenden Esau, in seinem Zelt, ohne sich der «Welt» auszusetzen und sich von ihr prägen zu lassen.[8] Für Antonius hieß das, sich nicht mit anderen Kindern abzugeben, und darum verzichtete er ganz auf Schulbesuch und Bildung und blieb ein *agrammatos*. Diese Naturbelassenheit gehört zum traditionellen Bild des Antonius, obwohl sein Verhältnis zur Bildung komplexer ist, als es auf den ersten Blick scheint: In der *Vita* (VA 81,5 und 86,2) wird seine Schreibkompetenz explizit genannt, hinzu kommen die ihm bereits von seinen Zeitgenossen zugeschriebenen Briefe und die Anweisung (VA 55,9), ein jeder Eremit möge seine Seelenbewegungen schriftlich festhalten. Die Pointe bei Athanasius liegt allerdings an einer anderen Stelle: Ein *agrammatos* war nicht notwendigerweise des Lesens und Schreibens völlig unkundig, er war aber auf jeden Fall nicht mit literarischer und philosophischer Bildung vertraut – und genau dies betont Athanasius in VA 72–80 (s. u. S. 112–120) mit großem Nachdruck.[9] Antonius setzt hiernach schon als Kind auf Abgeschiedenheit und Unverbildetheit: Der künftige Asket, so wie ihn sein Hagiograph den «Mönchen in der Fremde» präsentieren möchte, wird in Umrissen erkennbar.

«Verkaufe alles, was dein ist». Der Entschluss zur Askese

Den Schritt vom maßvollen Leben zur konsequenten Askese vollzog Antonius erst als Erwachsener, nachdem seine Eltern verstorben waren (VA 2,1). Es bedurfte dafür eines Anstoßes von außen. Hatte er zuvor den Weg, den er gehen wollte, noch nicht erkannt? Wartete er nur auf den richtigen Moment, Besitz und Verpflichtungen hinter sich zu lassen? Oder hielt ihn die Fürsorgepflicht für seine Schwester zurück, die er zuerst versorgt wissen musste (VA 3,1)? Auf jeden Fall war Antonius fasziniert von der Gütergemeinschaft der Jerusalemer Urgemeinde (Apg 4,35–37; VA 2,2), von der Radikalität der Christusnachfolge der Apostel und «von der Hoffnung, die ihnen im Himmel bereitet sei» (Eph 1,18; Kol 1,5). Ein Bibelwort brachte ihn dazu, diese «Erinnerung an die Heiligen» (VA 2,4)[10] lebenspraktisch umzusetzen:

> Während er dies bei sich bedachte, betrat er die Kirche, und es traf sich, dass gerade das Evangelium verlesen wurde und er den Herrn zu dem Reichen sagen hörte: «Wenn du vollkommen sein willst, geh hin, verkaufe alles, was dein ist, gib (den Erlös) den Armen und folge mir, und du wirst einen Schatz im Himmel haben» (Mt 19,21). (VA 2,3)

Antonius schenkte sein ererbtes Land der Dorfgemeinschaft, verkaufte alles andere und gab den Erlös den Armen – bis auf einen Rest, der dem Lebensunterhalt seiner Schwester dienen sollte. Aber erst ein weiteres Bibelwort, das er als ihm persönlich zugesprochen empfand («Sorget euch nicht um das Morgen», Mt 6,34; VA 3,1), gab ihm den Anstoß, sich auch der letzten Geldmittel zu entledigen.

Besitzlosigkeit war aber nur der Anfang des Weges, den Antonius beschreiten und der ihn nach und nach hinaus in die Wüste bringen sollte. Entscheidend ist als Grundmotiv die Nachahmung der Apostel, die in der Nachfolge Christi standen und daher als «Heilige» galten, deren Gedächtnis die Kirche pflegte und die für den einzelnen Christen als Vorbild dienten (vgl. VA 55,3). Ein Heiliger ist in erster Linie ein nach dem Vorbild der Apostel lebender und handelnder Mensch; er kann, muss aber nicht ein Einsiedler sein. Die *Vita Antonii* verfolgt vielmehr das doppelte Ziel, sowohl das asketische als auch das alltägliche christliche Leben nach biblischen Vorbildern zu gestalten; sie etabliert zugleich das Ideal des Eremiten als Leitbild des Mönchtums.

Askese bedeutete für Antonius zunächst: frei zu werden für ein gottgefälliges Leben. Er entledigte sich nicht nur seiner materiellen Güter, sondern auch seiner familiären Verantwortung, indem er seine Schwester «bei vertrauenswürdigen Jungfrauen» unterbrachte, die sie zum jungfräulichen Leben erziehen sollten (VA 3,1) – offensichtlich mit Erfolg: Viele Jahre später traf Antonius seine Schwester wieder, «in Jungfräulichkeit gealtert, selbst Vorsteherin anderer Jungfrauen» (VA 54,8). Schon hier wird deutlich, dass Antonius keine völlig neue Lebensform erfand, sondern sich einer schon bestehenden Tradition der Enthaltsamkeit von Besitz, Bildung und Sexualität anschloss. Er «widmete sich vor seinem Haus der Askese» (VA 3,1). Offensichtlich hatte er das Haus zurückbehalten, um einen festen Ort für seine neue Lebensform zu haben. Das hierfür gebrauchte Verb *scholazein* heißt zunächst «Muße haben». Wie sich in der *scholē* diejenigen einfanden, die Zeit und Geld hatten, sich mit literarischer Bildung «schulmäßig» zu beschäftigen,[11] so begann Antonius mit *geistlicher* Bildung, sobald er die zeitliche und materielle Unabhängigkeit dafür besaß.

Auch für ein solches Leben gab es bereits Vorbilder: In der Gegend von Antonius' Heimatdorf führten zahlreiche Männer ein Leben «in Einsamkeit», und ein solcher *monachos* wollte auch er werden. Dabei wird dieser Begriff von Athanasius anders gebraucht als zu Antonius' früheren Lebzeiten: Athanasius meint damit die Einsiedler oder eher Semianachoreten, die in Kolonien jenseits der Zivilisation lebten (VA 14,7; 15,3; 16,1 u. ö.). Dass aber «der Mönch», als er sich zur Askese entschloss, «von der Wüste noch nichts wusste» (VA 3,2), spiegelt – möglicherweise ohne dass Athanasius dies klar war – die Situation zu Beginn des 4. Jahrhunderts: Die ersten Belege für *monachos* beziehen sich auf Menschen, die innerhalb einer christlichen Gemeinschaft als «Vereinzelte» leben.[12] Die Idee, dass nur räumliche Abgeschiedenheit wirkliche Askese ermögliche und dass man diejenigen, die sich in die Wüste zurückzogen, «Mönche» (*monachoi*) nennen sollte, setzte sich erst ein halbes Jahrhundert später durch – und Athanasius' Darstellung des Antoniuslebens trug entscheidend dazu bei.

Wie wird man aber ein Asket, wenn es dafür noch gar kein klares Leitbild gibt? Mit einem in der Antike beliebten Bild wird Antonius als «kluge Biene»[13] bezeichnet: Er besuchte zahlreiche andere Asketen und lernte von jedem etwas, das ihn selbst «auf dem Weg zur Tugend» weiterbrachte (VA 3,4). So zeichneten sich erste Konturen eines asketischen Lebens ab: Handarbeit (wiederum motiviert durch ein Bibelwort: «Wer nicht arbeitet, soll auch nicht essen», 2 Thess 3,10; VA 3,6), das beständige individuelle Gebet und das Memorieren der Heiligen Schrift durch das Hören der Lesungen im Gottesdienst. Hatte Antonius als Kind den Erwerb der üblichen Bildung abgelehnt, so sog er die biblischen Texte nun regelrecht ein: «Alles behielt er, ja das Gedächtnis ersetzte ihm die Bücher» (VA 3,7).

Bereits jetzt sind die entscheidenden Komponenten des Lebens in der Einsamkeit zur Sprache gekommen: Arbeit, Gebet und Bibel. Von der Wüste, dem *erēmos*, der Lebenswelt des späteren «Eremiten», war hingegen noch gar keine Rede. Antonius blieb vorerst innerhalb der Zivilisation, achtete auf seine ökonomische Selbständigkeit (die es ihm selbst erlaubte, den Armen Gaben zukommen zu lassen), aber auch auf seine geistliche Autarkie. Er legte sich im Gedächtnis einen biblischen Vorrat an, von dem er sein Leben lang zehren konnte. Von einem Gottesdienstbesuch hören wir dagegen erstaunlicherweise nie wieder. Ein einziges Mal überhaupt ist von einer Kirche die Rede, als der von Dämonen schwer verletzte Antonius aus seiner Wohnstatt in einem Grab evakuiert und in die Dorfkirche gebracht wird – aus der er allerdings sogleich wieder entweicht, um ins Grab zurückzukehren (VA 8,3 f.). Ob und wie Eremiten am liturgischen Leben teilnehmen sollten, war im 4. Jahrhundert heftig umstritten. Ein koptisches Apophthegma des *abbas* Macarius, das sich eben diesem Problem stellt, nimmt auf ein sonst unbekanntes Wort des Antonius Bezug:

> Es ist recht, dass jeder Mensch zu dieser Zeit seine eigene Kirche ist – das heißt, es ist recht, dass jedermann all seine Kraft zur Reinigung seiner Seele, der Kirche Gottes, nutzt.[14]

Mit dem Hören der Predigt und dem Empfangen von Sakramenten hat dieser Reinigungsprozess offenbar nichts zu tun. Athanasius – der sich als Bischof für die Bindung des Mönchtums an die Kirche engagierte! – geht als Hagiograph über dieses Problem jedenfalls schweigend hinweg.

Antonius kopierte zunächst die Verhaltensweisen anderer Asketen: Er betete eifrig, schlief auf der bloßen Erde und fastete streng. Am meisten gefielen ihm aber deren Christusfrömmigkeit und Liebe zum Mitmenschen (VA 4,1): Die Asketen erfüllten damit das Doppelgebot der Liebe (Mt 22,37–39), sie lebten in einem harmonischen Verhältnis zu Gott und zum Nächsten. Gerade letzteres ist entscheidend, denn die Gottesnähe, die durch Askese entsteht, hat nichts mit eigenbrötlerischer Distanz zu den Mitmenschen zu tun, wie auch in den *Apophthegmata Patrum* betont wird.[15] Hierin (und nicht in besonderen Verzichtsleistungen) liegt die Pointe der Askese, die Antonius übte.

Antonius nahm diese Impulse so engagiert auf, dass er bald den Zeitgenossen als *theophilos* erschien (VA 4,4), was zugleich «von Gott geliebt» und «Gott liebend» bedeutet – die Doppeldeutigkeit ist kein Zufall. Das bot aber auch Konfliktpotenzial: Athanasius betont, Antonius sei nicht «streitsüchtig» gewesen, sondern habe nur versucht, in allem, was ihm gut erschien, am besten zu sein, doch ohne dabei anderen Asketen zu nahe zu treten (VA 4,3). War noch im Prolog von einem asketischen Wettstreit die Rede (VA prol. 1), so zeigt sich hier, dass der Ruf der Gottesnähe auch den Verdacht nähren konnte, die eigene asketische Leistung höher als die der Zeitgenossen zu bewerten. Es dürfte auch der Zerstreuung solcher Verdachtsmomente dienen, dass Antonius in der *Vita* wiederholt als Empfänger der Gnade Christi, als Wohltäter der Christen und als demütiges Glied der Kirche beschrieben wird.

Frühchristliche Vorbilder

Woher kommt das Streben von Christen, sich von vorgezeichneten Lebensläufen zu verabschieden und ein Leben in der Vereinzelung zu führen? Und was heißt überhaupt «Askese»? Verfolgt man den Begriff *askēsis* bis ins klassische griechische Denken zurück, so bedeutet er «Einübung in eine bestimmte Lebensform», die zuerst dem Körper, dann aber auch der Seele gilt.[16] Ein «Asket» war hier ein Mensch, der seinen Körper im Gymnasium trainierte und auf die Reinheit seiner Seele achtete. Erst in der römischen Kaiserzeit kamen Verzicht und Weltabwendung hinzu. Gnostiker und Neuplatoniker zogen aus einer dualistischen Sicht von Mensch und Welt die Konsequenz der Weltflucht und Abwertung alles Körperlichen: Die Bedürfnisse des Leibes müssen kontrolliert werden, damit die Seele des Menschen für den intellektuellen Aufstieg zu Gott oder zum «Einen» frei wird. Eine solche Enthaltsamkeitsaskese wurde allmählich charakteristisch für die philosophischen Schulen, mit denen sich das frühe Christentum konfrontiert sah und zu denen es sich teils zählte. «Philosophie» hatte seit jeher nicht nur mit Denken und Lehren, sondern auch mit Leben im Sinne von ganzheitlicher Praxis zu tun: Enthaltsames Leben beglaubigt die philosophische Lehre, erst beides zusammen macht den Ruf der Weisheit aus.[17]

Spielte Askese bereits in der hellenistischen (und jüdischen)[18]

Umwelt des Christentums eine wichtige Rolle, so bieten auch die Schriften des Neuen Testaments zahlreiche Impulse für den Verzicht auf Besitz, Nahrung, Karriere oder Familie.[19] Neben dem «reichen Jüngling» (Mt 19,21) stehen Jesu Aufforderung, für die Nachfolge die eigene Familie zurückzulassen, ja zu hassen (Lk 14,26), und die für antikes und jüdisches Ethos ungeheuerliche Forderung, «die Toten ihre Toten begraben» zu lassen und sich zugunsten des Reiches Gottes nicht um familiäre Pietät zu scheren (Lk 9,57–62), im Mittelpunkt. Mit der eschatologischen Orientierung ist schon bei Jesus und Paulus das Kriterium gegeben, nach dem die asketische Praxis zu beurteilen ist: Nicht aus funktionalen, etwa diätetischen Gründen (wie bei den Pythagoreern) soll gefastet werden. Vielmehr möge man sich um des Himmelreiches willen all dessen entledigen, was die ungeteilte Hingabe an dieses Reich beeinträchtigt (Mt 13,44 f.) und im Kampf gegen dämonische Mächte (Eph 6,10–17) ein Hindernis darstellt. Den Dämonen werden wir bei Antonius wieder begegnen. Dabei ist der Leib nicht ein Problem, sondern vielmehr der «Tempel des Heiligen Geistes» (1 Kor 6,19), in dem sich aber die «Begierden des Fleisches» regen (Gal 5,16 f.), die der Christ im Zaum halten muss. Den dafür erforderlichen Kampf vergleicht Paulus mit dem Wettstreit im Stadion (1 Kor 9,24–27).

Dazu gehört auch die Forderung nach sexueller Enthaltsamkeit, die in dem Satz Jesu in Mt 19,12 kulminiert, mit dem er das Verbot der Ehescheidung (Mt 19,6) kommentiert:

> Einige sind von Geburt an zur Ehe unfähig; andere sind von Menschen zur Ehe unfähig gemacht; und wieder andere haben sich selbst zur Ehe unfähig gemacht um des Himmelreiches willen. Wer es fassen kann, der fasse es!

Die meisten antiken Theologen fassten diesen Satz bildlich im Sinne sexueller Enthaltsamkeit auf.[20] Zwar wird berichtet, dass ein Christ in Alexandria förmlich beim Statthalter um die Erlaubnis nachsuchte, sich kastrieren zu lassen (als ihm dies verweigert wurde, gab er sich damit zufrieden, keusch zu leben),[21] und am selben Ort soll sich auch der große Theologe Origenes aufgrund einer fatalen Missdeutung der Bibelstelle entmannt haben.[22] Selbst wenn das stimmt, handelt es sich doch um Ausnahmen von der Regel, dass die Christen in der sexuellen Askese überwiegend Paulus folgten. Dieser hatte angesichts der nahen Wiederkunft Christi Enthaltsamkeit gefordert, um sich in der kurzen (!) Zwischenzeit dem Beten zu widmen (1 Kor 7,5), und strikte Keuschheit nur denen empfohlen, die dazu fähig waren: «Es ist besser, zu heiraten, als sich in Begierde zu verzehren» (1 Kor 7,9). Die Ehe wurde damit in eschatologischer Perspektive relativiert: «Fortan sollen die, die Frauen haben, sein, als hätten sie keine ... denn das Wesen dieser Welt vergeht» (1 Kor 7,29.31).

Nun verging die Welt aber durchaus nicht, und die asketischen Praktiken entwickelten ein Eigenleben. Bereits 1 Tim 4,2 f. kritisiert Heuchler, «die nicht heiraten und die Speisen meiden, die Gott geschaffen hat», doch zog strikte Enthaltsamkeit (*enkrateia*) offenbar viele Christen an,[23] sei es der Verzicht auf Weingenuss in der Eucharistie[24] oder sexuelle Abstinenz.[25] Nach den apokryphen Paulusakten (um 200 n.Chr.) predigt der Apostel «das Wort Gottes über Enthaltsamkeit und Auferstehung».[26] Die Grenzen zwischen Askese im weiteren Sinne und «Enkratismus» als ihrer radikalisierten Form blieben allerdings fließend und drängten auf eine theologische Klärung: Im 4. Jahrhundert schrieben daher Ambrosius von Mailand, Johannes Chrysostomus, Athanasius von Alexandria und andere «Über die Jungfräulichkeit».

Diese theoretische Reflexion über Askese stand wiederum in Wechselwirkung mit den Viten der ersten Asketen (Antonius, Paulus von Theben, Hilarion von Gaza, Martin von Tours u. a.). Schon bei Cyprian von Karthago (gest. 258) erfolgt eine hierarchische Ordnung: Im Anschluss an das Gleichnis vom Sämann und der dreifachen Frucht (Mt 13,1–9) wird den Märtyrern – das heißt den um ihres Glaubens willen hingerichteten «Zeugen» Christi – hundertfache Frucht zugewiesen, den Jungfrauen sechzigfache und den «normalen» Christen lediglich dreißigfache.[27] Und je mehr Christen es gab, desto wichtiger wurde das heiligmäßige Leben der Asketen als individuelles Zeugnis für die Heiligkeit der Kirche insgesamt, die im Alltag oft nicht recht zu erkennen war.[28]

Askese sollte also den Christen von allem befreien, was ihn an einem gottgefälligen Leben hinderte, und das hieß, sich von der (Um-) Welt zu trennen. War in den Evangelien den Nachfolgern Christi das Reich Gottes verheißen worden, wurde diese Nachfolge nun rasch zur privilegierten, ja sogar elitären Lebensform, was sie wiederum mit den antiken Philosophenschulen verband. Entscheidende Komponenten waren Keuschheit und Armut; die dritte asketische Tugend, der strikte Gehorsam, kam hinzu, als im 4. Jahrhundert Klöster mit einer straffen hierarchischen Verfassung entstanden.[29] Zunächst übten sich Männer und Frauen institutionell ungebunden im asketischen Leben, lebten einzeln oder in Hausgemeinschaften in ihrem Heimatort. Der Boden war also bereitet, als sich Antonius zum asketischen Leben entschloss. Warum er aber in die Wüste ging – das erklärt sich aus der Geschichte der frühchristlichen Askese nicht. So gilt es nun, den Weg genauer zu betrachten, der ihn von der zivilisierten Welt fort und in die Wüste hinein führte, wo er erlebte, dass Askese tatsächlich die Einübung in einen Kampf war, den der Asket bestehen musste, um ein christlicher Philosoph *und* Nachahmer Christi zu werden.

2. DER WEG IN DIE WÜSTE

Die «Versuchung des heiligen Antonius» ist ein Hauptthema in der europäischen Malerei seit der Renaissance. Geld, Macht, Überfluss und natürlich Sexualität sind dabei die Hauptmotive, personifiziert in den vielgestaltigen Fabelwesen, bei denen Hieronymus Bosch und seine Nachfolger ihrer Phantasie die Zügel schießen ließen. All das finden wir auch in der *Vita Antonii* und den zeitgenössischen Texten über das frühe ägyptische Mönchtum – nur nicht in deren Zentrum. Wohl begegnet Antonius auf seinem Weg in die Wüste Versuchungen in mannigfaltigen Erscheinungsformen; schöne Frauen und schwarze Knaben sind ebenso dabei wie Gold- und Silberschätze. Auch in den *Apophthegmata Patrum* wird ausgiebig über die Probleme der Wüstenväter mit weiblichen Verführungen, weltlichen Schätzen und kulinarischen Freuden berichtet. Das voyeuristische Element, das die Rezeption des Antonius in der Moderne prägt, fehlt jedoch.

In der Wüste stehen vielmehr Einsamkeit und Gottunmittelbarkeit im Vordergrund. Warum aber ging Antonius in die Wüste? Welche religiösen und sozialen Faktoren waren dabei ausschlaggebend, und weshalb fand sein eigener Weg so viele Nachfolger? Das spätantike Phänomen der Wüstenaskese kann nicht einlinig aus ökonomischen Notlagen, verklemmter Sexualität oder einer «Verweltlichung» der Kirche nach dem Ende der Verfolgungen erklärt werden. Einige Deutungsmöglichkeiten, besonders das «Martyrium im Gewissen», bietet die *Vita Antonii* selbst an. Wir folgen auf der Suche nach den Motiven der Darstellung des Athanasius, beziehen aber auch die Briefe des Antonius und die *Apophthegmata Patrum* mit ein, um möglichst viele Facetten seiner asketischen Existenz zu beleuchten. Darin haben dann auch die Versuchungen ihren Ort.

Antonius und der Teufel

Der Asket kommt dem Reich Gottes näher als andere Christen, aber er lebt weiterhin in der Welt, in der sich das Gute der Missgunst des Bösen erwehren muss. Antonius, geschätzt von jedem, «der das Gute liebt» (*philokalos*, VA 4,4), geriet ins Blickfeld dessen, «der das Gute verachtet» (*misokalos*, VA 5,1; vgl. 9,4; 11,3) – des Teufels. Für Athanasius steht außer Frage, dass die antike Welt von Dämonen aller Art bevölkert ist und dass der Teufel als Verführer par excellence sich besonders an die Asketen heranmacht, die ein «engelgleiches Leben» zu führen versuchen.[1] Entscheidend ist, *wie* der Teufel dies versucht – und dass Antonius ihn, so viel sei vorweggenommen, erfolgreich in die Schranken weist.

Drei Anläufe unternahm der Teufel, um den jungen Antonius von seinem Weg abzubringen:

Hatte den Jüngling die «Erinnerung an die Heiligen» zur Askese motiviert, so weckte nun der Teufel die «Erinnerung an den Besitz», an die Verantwortung für die Schwester, an die Freuden des Lebens und wies ihn geradezu fürsorglich darauf hin, «wie rau das Ziel der Askese sei und wie gering die (Lebens-)Zeit» (VA 5,2). Er zielte also auf den Verstand (*dianoia*) des Asketen, dem der Teufel Gedanken (*logismoi*) eingab, die vordergründig vernünftig wirkten, die ihn aber tatsächlich zum weltlichen und damit sündhaften Leben zurückbringen sollten.

Als das fehlschlug, setzte der Teufel auf «die Waffen ‹am Nabel des Bauches›» (VA 5,3; Hiob 40,16 LXX): auf geschlechtliche Reize. Diesmal waren es «schmutzige Gedanken» (*logismoi rhyparoi*, VA 5,4), und als diese nichts fruchteten, erschien der Teufel selbst dem Asketen des Nachts in Gestalt einer verführerischen Frau. Antonius «umgab sich durch Glauben und Fasten wie mit einer Mauer» und «bedachte bei sich die Wohlgeburt und die geistige Wesensart der Seele» (VA 5,4 f.), vertraute also seinen durch Askese erlangten Widerstandskräften gegen das Böse. Dabei hatte er einen Beistand:

> Mit ihm wirkte der Herr, der für uns das Fleisch getragen und dem Leib den Sieg über den Teufel geschenkt hat, so dass nun jeder, der dergestalt kämpft, sagt: «Nicht aber ich, sondern die Gnade Gottes, die in mir ist». (1 Kor 15,10). (VA 5,7)

Damit ist ein *cantus firmus* angestimmt, der die *Vita Antonii* durchzieht: Nicht Antonius alleine besiegt Dämonen, wirkt Wunder und überlebt in der Einöde, sein Leben, Reden und Handeln lässt vielmehr die *synergeia*, das Mitwirken Christi, erkennen. Antonius ist kein Heros, Halbgott oder «göttlicher Mensch», sondern ein von Christus beschenkter und getragener «Mensch Gottes» – und insofern ein christlicher Heiliger.[2] Bösen Gedanken und sexuellen Verführungen widerstehen zu können ist das Zeichen dieser Gottesnähe. Damit wird auch die Ordnung der Welt wieder ins Lot gebracht: Der Teufel, «der gedacht hatte, Gott gleich zu werden», wird überwunden von einem Menschen, «der im Fleisch lebte» (VA 5,7). Wahre Macht entsteht aus Demut – und diese aus Einsicht.

Zuletzt erschien der Teufel, Antonius «nun auch äußerlich so, wie er in seinem Inneren ist, nämlich als schwarzer Knabe» (VA 6,1). Als «Herr der Welt, der in der Finsternis herrscht» (Eph 6,12), oder als «der Schwarze»[3] war der Teufel in der christlichen Tradition bekannt. Hier trat er nun sogar als Kind auf, was seine Schwachheit betonte.[4] Der Teufel, der als «Geist der Unzucht» (Hos 4,12) zahllose Menschen verführt hatte, war an Antonius gescheitert: «Ich, der ich dich so oft belästigt habe, bin ebenso oft von dir überwunden worden» (VA 6,3). Antonius dankte Christus dafür und entgegnete dem Teufel:

> Du bist wahrlich leicht zu verachten; denn einen schwarzen Sinn hast du und bist schwach wie ein Knabe. Deinetwegen habe ich keine Bedenken mehr, «denn der Herr ist meine Hilfe, und auf meine Feinde werde ich herabsehen!» (Ps 117,7 LXX). (VA 6,4)

Mit Christi Hilfe vermochte Antonius auch diesen Sieg über den Teufel zu erringen. Weder konnten ihm weltliche Verlockungen etwas anhaben noch sexuelle Versuchungen, die in der neuzeitlichen Antonius-Rezeption in den Vordergrund treten. Nach der *Vita Antonii* «floh der Teufel, erschrocken über diese Worte, und fürchtete sich fortan, sich dem Mann[5] zu nähern» (VA 6,5). Die einfache Frage: «Wer bist du?» (VA 6,2) zwingt den Teufel dazu, sich zu erkennen zu geben. Knapp und treffend zu fragen wird hier in der Praxis als Waffe gegen das Böse vorgeführt, die Antonius später auch seinen Schülern empfiehlt (VA 43,1–3). Damit ist deutlich: Jeder Christ ist mit Christi Hilfe zur Zurückweisung des Teufels in der Lage – aber es bedarf der Askese als Vorbereitung auf die Begegnung mit dem Bösen.

Verschärfte Askese

Athanasius zieht bereits früh ein erstes Zwischenfazit:

> Dies war der erste Kampf des Antonius gegen den Teufel, vielmehr war es in Antonius der Sieg des Heilands, «der die Sünde im Fleisch verdammte, damit die Gerechtigkeit des Gesetzes in uns erfüllt würde, die wir nun nicht mehr nach dem Fleisch wandeln, sondern nach dem Geist». (Röm 8,3 f.). (VA 7,1)

Der Sieg des Asketen wird als Sieg Christi qualifiziert, der zugleich die Bedingung der Möglichkeit ist, dass Menschen überhaupt aus ihrer Befangenheit im Fleisch ausbrechen und «geistlich» leben können – was wiederum die Voraussetzung dafür ist, dem Teufel standhaft begegnen zu können.[6] Gegenüber früheren (Enkratiten) und späteren (Styliten) Formen einer extremen Verzichtsaskese unterstreicht Athanasius, dass nur Christus den Menschen zu diesem Widerstand fähig macht; das entspricht der Christozentrik, die auch sonst für Athanasius' Theologie prägend ist. Jedoch wird betont, dass es nur der *erste* Sieg war. Das ist nach dem eben Erzählten erstaunlich und wird daher umgehend erläutert: Der Teufel ist zwar hier und jetzt, aber nicht ein für allemal überwunden, so dass der Asket weiter wachsam bleiben muss, um nicht erneut in Versuchung geführt zu werden, «denn der Dämon ist ein

Liebhaber der Sünde» (VA 7,3). Der Kampf, den der Asket mit Christi Hilfe zu bestehen hat, ist also ein lebenslanger Kampf: «Tag für Tag, als ob er ganz neu mit der Askese anfinge, nahm er um des Fortschritts willen noch härtere Entbehrungen auf sich» (VA 7,11; vgl. 89,4; 91,2).

Als Vorbild zitiert Athanasius den Propheten Elia: «Es lebt der Herr, vor dem ich *heute* stehe» (1 Kön 17,1; 18,15).[7] Auch Elia habe «gleichsam immer einen neuen Anfang gemacht» (VA 7,12), und wie der Prophet müsse der Asket stets bereit sein, vor seinem Schöpfer und Richter zu erscheinen, und dafür «vom Lebenswandel des großen Elia lernen, das eigene Leben beständig wie in einem Spiegel (zu sehen)» (VA 7,13).[8] Das biblische Vorbild soll also zeigen, dass das Ziel der Askese nicht darin besteht, eine bestimmte Stufe der christlichen Vollkommenheit zu erreichen und darauf zu verweilen. Vielmehr gilt es, das asketische Niveau durch beständige Arbeit an sich – durch Verzicht auf Schlaf, Wein und Körperpflege – zu halten und noch zu erhöhen (was sich, wie VA 93,1 f. betont, keineswegs in Verwahrlosung des Leibes auswirkte!). Sozomenus brachte es auf den Punkt: «Da Antonius argwöhnte, das sittlich gute Leben werde durch die Gewohnheit trotz anfänglicher Schwierigkeiten angenehm, ersann er Methoden einer verschärften Askese.»[9] Das kompetitive Element blieb dabei bestehen: Antonius benötigte nur einen kleinen Anstoß von außen, «um daraufhin seinen vollen Eifer unter Beweis zu stellen» (VA 7,5).

Dämonische Angriffe

Im eigenen Schlafgemach den Teufel bezwungen zu haben war für Antonius das Zeichen zum Aufbruch. Er verließ Haus und Dorf und siedelte sich an der Grenze der Zivilisation an. Der künftige Eremit kam der Wüste erst allmählich näher, und zwar in drei Schritten: Er bezog zuerst ein Grab am Rande des Dorfes (VA 8,1), verweilte dann zwanzig Jahre lang an der Grenze von Kulturland und Wüste in einer verlassenen Festung (VA 12,3) und gelangte schließlich durch göttliche Führung auf einen Berg in der «inneren Wüste» (VA 49,7), drei Tagesreisen vom Nil, der Lebensader Ägyptens, entfernt.[10] Mit jedem Schritt nahm die Einsamkeit zu; die Kämpfe mit den Dämonen blieben dagegen eine Konstante im asketischen Alltag. Und es waren handfeste Kämpfe, bei denen der Asket körperliche Qualen erleiden musste.[11] Die Dämonen stellen in der *Vita Antonii* eine physische Realität dar und personifizieren nicht nur – wie überwiegend in den *Apophthegmata Patrum* und eine Generation später bei dem Mönchstheologen Evagrius Ponticus (gest. 399) – die im Asketen selbst wirkenden «bösen Gedanken».[12]

Eine dramatische, in der Kunst der Neuzeit detailreich und farbenfroh verarbeitete Szene spielte sich bereits an der ersten Station, im Grab, ab.[13] Der Teufel wollte nicht dulden, dass Antonius sich anschickte, ihm in sein ureigenstes Reich zu folgen:

> Der Feind fürchtete, dass binnen kurzem auch die Wüste durch die Askese zur Stadt würde. So kam er in einer Nacht mit einer Menge Dämonen und schlug Antonius so heftig, dass er sprachlos auf dem Boden liegen blieb. (VA 8,2)

Antonius drohte eine Grenze zu überschreiten: Die Wüste war das Reich der Dämonen, der Asket kam als ihr Eroberer. Die Befürchtung des Teufels, die Wüste würde durch den Zuzug vieler Asketen zur *polis* werden (vgl. VA 41,4), war begründet: Genau dies passierte, als mehr und mehr Asketen in die Wüsten zogen (VA 15,3; 44,2), so dass es Antonius selbst zu eng wurde (VA 49,1). Der Asket lässt also die von Menschen gemachte *polis* hinter sich und geht in den *erēmos*, in die unbewohnte, unwirtliche, ja menschenfeindliche Wüste. Er macht aber gerade diese von Gott und Menschen verlassene Gegend zu einer bewohnbaren Heimstatt, ja er «zivilisiert» sie. Zwar bleibt die Wüste eine karge Welt, in der nur die hartgesottensten Asketen überleben. Aber Antonius' Auftreten wies die Dämonen in die Schranken – bis zu ihrem endgültigen

«Fall» (VA 53,3). Der Teufel beurteilte die Lage also ganz richtig: Das Reich der Dämonen geriet in Bedrängnis.

Der brutale Angriff im Grab konnte Antonius nicht vom Weg in die Einsamkeit abbringen: Von einem Freund in die Kirche getragen, bestand der Schwerverletzte darauf, schon in der folgenden Nacht wieder ins Grab gebracht zu werden, wo er die Dämonen nun eigens herausforderte:

> Hier bin ich, Antonius! Ich fliehe nicht vor euren Schlägen. Und wenn ihr auch noch Ärgeres tut – nichts wird mich trennen von der Liebe Christi. (Röm 8,35). (VA 9,2)

Je größer der Mut des Asketen, desto heftiger die Angriffe auf ihn: Der Teufel mobilisierte seine «Hunde»,[14] die in Gestalt von Tieren auf Antonius einstürmten und ihm heftige körperliche Schmerzen bereiteten. Sein Vertrauen auf Christus aber blieb:

> Wenn in euch Kraft wäre, würde es ausreichen, wenn auch nur einer von euch käme. Aber da euch der Herr entmachtet hat, mögt ihr ruhig versuchen, mir durch eure Vielzahl Angst einzujagen! Es ist aber ein Zeichen eurer Schwäche, dass ihr die Gestalten von vernunftlosen Wesen nachahmt. (VA 9,9)

Die Kraft (*dynamis*) oder Vollmacht (*exousia*, VA 9,10) kommt von Christus und fehlt den Dämonen, die sich letztlich wie ihr Meister als kraftlos entpuppen. Antonius fragte sich allerdings (VA 10,2), warum Christus ihm nicht diese körperlichen Angriffe ersparte. Erst nachdem die Dämonen ihre Niederlage hatten eingestehen müssen, öffnete sich das Dach des Grabes für eine Audition Christi:

> Antonius, ich war hier, aber ich habe deinen Kampf abgewartet. Da du (diesen) nun bestanden hast und nicht unterlegen bist, will ich stets dein Beistand sein, und ich werde dafür sorgen, dass dein Name überall berühmt werden wird. (VA 10,3)

3 Antonius wird von sieben Dämonen gepeinigt: Gemälde von Bernardo Parentino, um 1494. Rom, Galleria Doria Pamphilj

Trotz Christi Hilfe gegen die dämonischen Angriffe hat der Asket demnach den Kampf selbst zu führen und zu gewinnen. Die ihm von Christus verliehene Kraft, den Dämonen zu widerstehen, muss individuell in der Leidensnachfolge Christi eingesetzt werden. Dass Christus ein für allemal Teufel und Dämonen überwunden hat, dass dieser Sieg aber von den einzelnen Menschen immer wieder neu zu erringen ist, damit sie sich als würdige Nachahmer Christi erweisen, entspricht der Botschaft der Märtyrerakten des 2. und 3. Jahrhunderts, in deren Nachfolge sich Athanasius stellt: Auch hier ist es Christus, der mit den Märtyrern leidet, ihnen die Kraft zum Bekenntnis vor dem Richter und zum Erdulden von Foltern und Hinrichtung schenkt. Doch die damit gegebene Möglichkeit, ein Blutzeugnis abzulegen, muss von jedem Menschen einzeln realisiert werden.[15] Wie ein Märtyrer, so lässt auch der Asket an seinem Leib das Heilsereignis von Christi Passion noch einmal Wirklichkeit werden. Der Unterschied besteht allerdings darin, dass Antonius nicht stirbt – wir werden noch sehen, warum dies in der *Vita Antonii* nicht als Defizit, sondern als Chance verbucht wird (siehe S. 60 f.).

Mit seiner Nachahmung des Zeugnisses und des Leidens der Märtyrer während seines Aufenthalts im Grab hatte Antonius den ersten Schritt in Richtung Wüste getan, zwar unter großen Qualen, aber getragen vom Vertrauen auf Christus. Auf diese Weise setzt Athanasius ein Vorzeichen vor alles, was weiterhin zu berichten sein wird: Wer sich durch Askese vorbereitet hat, kann sich getrost in die Wüste wagen – aber er muss in jedem Fall damit rechnen, dass es ein hindernisreicher und schmerzhafter Weg sein wird.

Zwanzig Jahre Einsamkeit

Der Weg vom Dorf hinaus ins Grab hatte einschließlich der Wanderungen zu den anderen Asketen rund fünfzehn Jahre gedauert: Mit der Askese begonnen hatte Antonius im Alter von zwanzig Jahren (VA 2,1); mittlerweile war er fünfunddreißig (VA 10,4) und «noch eifriger auf Gottesfurcht bedacht» (VA 11,1). Offenbar hatte ihn die Erfahrung des siegreichen Kampfes im Grab zu dem Entschluss gebracht, nun den Dämonen in ihrem eigenen Reich entgegenzutreten und in die Wüste zu gehen. Er versuchte, den «Alten», nach dessen Vorbild er die ersten Schritte als Asket getan hatte (VA 3,3), zum gemeinschaftlichen Auszug aus der Zivilisation zu bewegen. Der lehnte jedoch ab, «aufgrund seines Alters und weil es damals diesen Brauch noch nicht gab» (VA 11,2). Wie in den *Apophthegmata Patrum* geht also auch in der *Vita* der noch junge Antonius zu einem «Greis» (*gerōn*), der ihn anleiten soll, muss sich hier aber alleine auf den Weg machen. Mit dieser kurzen Sequenz macht Athanasius klar, dass Antonius nicht unüberlegt oder aus Selbstüberschätzung, sondern nach akribischer Vorbereitung in die Wüste aufbrach.

Die nächsten Versuche des Teufels, Antonius aufzuhalten,

wirken nach dem bereits Erzählten recht harmlos, sind aber durchaus ernst zu nehmen, denn es handelt sich dabei um Werke «einer höheren Macht, die den Athleten trainieren wollte» (VA 12,1): Wer sich nachts im Grab den Dämonen aussetzt, wird sich kaum von einer wertvollen Silberscheibe (VA 11,2) noch von einem Haufen Gold (VA 12,1), die auf dem Weg liegen, irritieren lassen. Nüchtern erwog Antonius, dass solche Schätze kaum einem Wanderer aus der Tasche fallen würden und dass es sich also um eine List des Teufels handeln müsse (VA 11,3 f.). Wie die simple Frage «Wer bist du?» den Teufel zwang, sich zu zeigen, so war es hier der gesunde Menschenverstand, der die Einflüsterungen des «Bösen» entlarvte. Die Erzählung trägt hier einen satirischen und dabei aufklärerischen Zug: Es bedarf gar keiner wunderbaren Eingebung, sondern nur vernünftiger Überlegung, um sich vor materiellen Versuchungen zu bewahren.

Antonius' Vorsatz, in die Wüste zu gehen, wurde dadurch nur noch stärker – «und so eilte er auf den Berg» (VA 12,3). Gemeint ist der Berg Pispir, 75 Kilometer südlich von Memphis.[16] Erstmals wird hier «der Berg» zum Synonym für den Aufenthaltsort des Antonius und zum Ort seiner Begegnungen mit Gott; hierin ist er Mose am Sinai vergleichbar.

Antonius ließ sich in einer alten Festung nieder. Das dort lebende Getier entfloh beim Nahen des Asketen, ein Motiv, das bereits aus den Apostelakten bekannt ist.[17] Zweimal pro Jahr lieferte man ihm Brot. Es gab also Freunde oder Bewunderer, die seinen Weg mit Interesse verfolgten, ob seiner Kämpfe mit den Dämonen erschauderten und ihn verschiedentlich schon für tot hielten (VA 13,3.7). Zwar attackierten ihn weiterhin die Dämonen und drohten: «Verlass unser Reich! Was hast du mit der Wüste zu schaffen? Du hältst unsere Anschläge ohnehin nicht aus!» (VA 13,2). Nun aber standen nicht mehr die Leiden des Antonius selbst, sondern sein Schutz für die Besucher im Vordergrund: Ihn «riefen sie an», als sie Angst überkam, und er ermahnte sie, sich «mit dem Zeichen des Kreuzes» selbst zu besiegeln (VA 13,5) – eine apotropäische Praxis, die schon in früheren Schriften des Athanasius als Hilfsmittel gegen die Dämonen empfohlen wird.[18] Von Antonius' eigenen Kämpfen und den Visionen, die ihm dabei zuteil werden (VA 13,6), ist nur summarisch die Rede. Die Dämonen sind seit der Zeit im Grab zwar nicht harmloser geworden, werden aber von ihm routiniert abgewehrt (weshalb er sie in Kap. 16–43 zum Gegenstand einer ausführlichen Unterweisung machen kann, siehe S. 85–92). Für Antonius sind sie keine wirkliche Bedrohung mehr, wenn er nur seiner asketischen Praxis treu bleibt – und das ermöglicht es ihm, anderen Menschen hilfreich zur Seite zu stehen.

Mönchssiedlungen in der Wüste

Selbst in der Zeit größter Abgeschiedenheit war der Kontakt zur Welt nicht abgebrochen. Es zeichnete sich vielmehr bald ab, dass Antonius gerade durch ein Leben in Genügsamkeit und Einsamkeit ungeahnte Popularität gewinnen würde.[19] Er war als Asket «ganz sich gleich» (VA 14,4: *holos ēn isos*), und das faszinierte viele, «die seiner Askese nacheifern wollten». Manche konnten es nicht erwarten, bis Antonius sich wieder zeigen würde, und brachen seine Tür mit Gewalt auf (VA 14,1 f.). Was in der Darstellung des Athanasius nun folgt, trägt Züge einer Epiphanie: Antonius «trat wie aus einem Heiligtum hervor – in tiefe Mysterien eingeweiht und gottbegeistert» (VA 14,2). In dem «heiligen Gemach» (*adyton*), das er zwanzig Jahre zuvor betreten hatte, war Antonius zu einer vollkommenen Form asketischen Lebens gelangt, hatte Visionen erfahren und war zum «Gottesträger» (*theophoros*) geworden. Und das Wunderbare war, dass man ihm das auf den ersten Blick ansah:

> Jene nun, als sie ihn sahen, wunderten sich, dass sein Leib genau in demselben Zustand war (wie zuvor),[20] weder aufgedunsen wie bei einem, dem Bewegung fehlt,[21] noch mürbe vom Fasten und von den Kämpfen mit den Dämonen, sondern so, wie man ihn vor

> dem Rückzug gekannt hatte. Die Verfassung der Seele aber war rein. Denn weder war sie durch Unlust niedergehalten noch vor Freude überströmend heiter oder gar bedrängt von Lachen und Trauer. Die Menschenmasse zu sehen verwirrte ihn nicht, aber er freute sich auch nicht, dass er von so vielen begrüßt wurde, vielmehr war er ganz sich selbst gleich,[22] wie einer, der vom Logos geleitet wird und sich in der naturgemäßen Verfasstheit befindet. (VA 14,3 f.)

Aus dem «Heiligtum» tritt – ein Stoiker. So hat es den Anschein, und unter Anleitung des Logos zu leben ist in der Tat ein stoisches Ziel. Aber seit dem Prolog zum Johannesevangelium ist der Logos auch ein zentraler christlicher Begriff (wie schon im hellenistischen Judentum), den die Apologeten des 2. Jahrhunderts und Athanasius in seinen Frühschriften als Brücke zur paganen Philosophie benutzten. Antonius hatte nun sowohl körperlich als auch seelisch das Ebenmaß erreicht, das der Asket in der hellenistischen Philosophie ebenso anstrebt wie der christliche Mönch: ein Leben in Harmonie mit sich und – gemäß der christologischen Deutung des Logosbegriffs – mit Gott. Es entsteht dabei ein scharfer Kontrast zwischen der aufgeregten und ungeduldigen Menge, die sich vor seinem Refugium versammelt hat, und dem davon völlig unbeeindruckten Asketen. Darin kann man einen erneuten Reflex der Grundthese aus den vorherigen Kapiteln sehen: Nicht der Asket erwirbt, sondern Christus schenkt das Leben in Abgeschiedenheit und Seelenreinheit; und so konnte und durfte Antonius den Applaus gar nicht auf sich beziehen.

Entsprechend mahnte er sogleich, dass man «nichts von dem, was es in der Welt gibt, der Liebe zu Christus vorziehen» dürfe und bei allen Handlungen «der kommenden (himmlischen) Güter eingedenk sein» möge (VA 14,6 f.). Wieder einmal spielt die Erinnerung (*mnēmē*) eine zentrale Rolle – nun sogar in der paradoxen Form als Gedenken dessen, was noch kommt! «Mit dieser Unterweisung überzeugte er viele, das Leben in der Abgeschiedenheit zu wählen» (VA 14,7), und so kam es, wie der Teufel von Anfang an gefürchtet hatte:

> Auf den Bergen entstanden Mönchsansiedlungen,[23] und die Wüste wurde zu einer Stadt[24] der Mönche, die ihren Besitz zurückgelassen und sich für die Bürgerschaft im Himmel eingeschrieben hatten. (VA 14,7)

Man sollte diese Notiz nicht so verstehen, als hätte man ab sofort in der unteren Thebais keinen Schritt mehr tun können, ohne dabei auf einen Einsiedler zu treten.[25] Athanasius will vielmehr deutlich machen, dass Antonius' asketische Lebensweise ungeheure Ausstrahlungskraft entfaltete und viele dazu brachte, «die Askese zu lieben», ja sogar «Mönchsansiedlungen in großer Zahl» entstehen zu lassen, «die er alle wie ein Vater leitete» (VA 15,3). Antonius wurde zum geistlichen Lehrer und Mentor einer eremitischen Bewegung, und Athanasius deutet hierfür eine lockere institutionelle Struktur an (ähnlich wie in den *Apophthegmata Patrum*[26]). Antonius wirkte aber auch als Ratgeber, Helfer und Heiler für Menschen, die aus der Zivilisation in die Wüste zogen und dann wieder nach Hause zurückkehrten. Und er unterstützte sogar den Bischof von Alexandria, seinen späteren Biographen, in dessen Kampf gegen Spaltungen und Irrlehren in der ägyptischen Kirche. Die Biographie des Einsiedlers und seine Stilisierung zum vorbildlichen Kirchenglied und Helfer der Bischöfe durchdringen sich in der *Vita Antonii* vielfältig. Von Anfang an ist für Athanasius nicht nur Antonius' individuelle Askese wichtig, sondern auch sein Wirken für die Gemeinschaft. Das und mehr werden wir im folgenden Kapitel im Detail untersuchen.

3. ABBAS ANTONIUS

Der verhinderte Märtyrer

Antonius verließ seine Wohnstatt auf dem Berg Pispir etwa im Jahr 305. Mit Mitte fünfzig war er schon überdurchschnittlich alt und hatte allen Grund, an die «Wohnungen im Himmel» (Joh 14,2) zu denken und die «Vergänglichkeit des menschlichen Lebens» zu erwägen (VA 45,1). Das Nahziel war aber die Fortführung, ja Radikalisierung des asketischen Lebens, vor allem was die Sorge für den Leib betraf:

> Antonius sagte, man solle alle verfügbare Zeit mehr der Seele als dem Körper widmen und dem Körper zwar aus Notwendigkeit ein wenig Zeit zugestehen, die Fülle aber der Seele widmen und nach dem streben, was ihr nützlich ist, damit sie nicht hinabgezogen werde von den Freuden des Körpers, sondern vielmehr den Leib zu ihrem Diener mache. (VA 45,5 f.)

Die Sorge für Nahrung und Kleidung des Körpers ist nicht die Sorge der Asketen, die sich auf das Reich Gottes konzentrieren sollen (vgl. Lk 12,22–31; VA 45,7). Nicht Leibfeindlichkeit, sondern die Reduktion aller Bedürfnisse des Körpers steht im Blickpunkt, wobei dieser aber auch nicht völlig vernachlässigt werden darf; das wird noch in der Sterbeszene des Antonius betont (VA 93,1 f.). Der Leib muss von der Seele «geknechtet» werden, «damit diese nicht von den Lüsten des Leibes hinabgezogen wird» (VA 45,6; vgl. 1 Kor 9,27). Asketische Existenz nimmt also den Leib für die Seele in Dienst und liefert sich nicht seinen Bedürfnissen aus. Von hier aus ist der Weg zum radikalen Verzicht als Inbegriff der Askese freilich nicht weit.

Dass allerdings ein Asket der Idealtyp des konsequenten Lebens in der Nachfolge Christi sein würde, war zu Antonius' Lebzeiten noch gar nicht selbstverständlich. Seit 303 tobte eine Christenverfolgung unter Kaiser Diokletian (284–305) und seinen Mitregenten, die sich im Rückblick als schärfste, allerdings auch letzte reichsweite Verfolgung erweisen sollte. Als Athanasius die *Vita Antonii* schrieb, fast fünfzig Jahre später, war es aber noch gar nicht ausgemacht, ob es nicht doch noch einmal einen «heidnischen» Kaiser geben würde. Tatsächlich unternahm Julian «Apostata» (361–363) – der erste getaufte Christ als Kaiser, der daher als «Abtrünniger» diffamiert wurde – den Versuch einer Restauration der alten hellenischen Kulte und der Verdrängung des Christentums aus der Öffentlichkeit und wurde nur durch seinen vorzeitigen Tod während seines Krieges gegen die Perser gestoppt.[1] Die Leitbilder des authentisch Christlichen waren in dieser Situation (und blieben es noch lange darüber hinaus) die Märtyrer: Christen, die trotz der Todesandrohung ihr Bekenntnis zu Christus nicht widerrufen hatten und deshalb hingerichtet worden waren.[2] Ihre Gräber wurden verehrt, die Berichte über ihr Leiden und Sterben wurden an ihren Gedenktagen im Gottesdienst verlesen. Wer ein Nachahmer Christi sein wollte, musste sich an den Märtyrern messen lassen.

Die Verfolgung, die in Ägypten unter Kaiser Maximinus Daja (305–313) besonders heftig tobte, war der Anlass für den ersten von zwei Besuchen des Antonius in Alexandria. Er rief seine Gefährten auf, mit ihm in die Hauptstadt zu ziehen, «damit auch wir kämpfen, wenn wir berufen werden, oder wenigstens die Kämpfenden sehen» (VA 46,1). Antonius «hatte den dringenden Wunsch, mit seinem Blut Zeugnis abzulegen, ohne sich aber selbst ausliefern zu wollen» (VA 46,2). Über «Selbstauslieferer» hatte es im frühen Christentum lange Debatten gegeben,[3] unterschied sich ein Martyrium vom Selbstmord doch vor allem dadurch, dass die Initiative zu Verhaftung, Prozess und Hinrichtung bei den Verfolgern lag. Nur wer ohne eigenes Zutun ergriffen und verurteilt wurde, konnte als Märtyrer gelten. Dass dies im Einzelfall nicht immer eindeutig zu entscheiden war, zeigt der Fall des Antonius selbst: Er «diente den Bekennern (das heißt verhafteten, aber nicht hingerichteten Christen) in den Bergwerken und Gefängnissen» (VA 46,2), übte also zunächst einen eher unauffälligen Liebesdienst. Er begleitete dann aber auch Christen, die ein Blutzeugnis ablegten, zum Gericht und zur Hinrichtung. Das wurde von den Behörden registriert, so dass der zuständige Richter befahl, sämtliche Mönche aus Alexandria zu entfernen (VA 46,3). Dass Antonius dieses Gebot missachtete und sich mit eigens gewaschenem Obergewand in aller Öffentlichkeit (das heißt vor den Augen des Richters) präsentierte (VA 46,4), grenzte nun schon an Selbstauslieferung. Athanasius bringt hier seinen Protagonisten so nahe wie möglich an das Martyrium heran, um dann freilich dessen Ausbleiben umso eindrücklicher zu schildern:

> Antonius wünschte sich, wie gesagt, selbst Zeugnis abzulegen. Es schien ihn ganz offensichtlich zu schmerzen, dass er kein Märtyrer geworden war. Der Herr aber war es, der ihn zu unserem und zum Nutzen anderer bewahrte, nämlich damit er auch in der Askese, die er selbst aus der Schrift gelernt hatte, ein Lehrer für viele würde. (VA 46,6)

Athanasius gibt hier zu erkennen, dass es noch fünfzig Jahre nach der letzten reichsweiten Verfolgung wichtig war, den ersten Eremiten als martyriumsbegeistert darzustellen. Der Eigenwert der asketischen Existenz, an deren Ende nicht der Tod durch die Hand der Verfolger, sondern meistens ein friedliches Entschlafen stand, musste erst noch als gleichberechtigt etabliert werden. Umgekehrt betonen schon einige Märtyrerakten, dass ihre Protagonisten gerade deshalb standhaft in den Tod gehen konnten, weil sie sich durch «Übung» (*askēsis*) auf das Martyrium vorbereitet hatten.[4] Für Athanasius ist entscheidend, dass es nicht an Antonius selbst lag, dass ihm das Martyrium verweigert wurde. Vielmehr stand dahinter Gottes heilsgeschichtlicher Plan, in dem Antonius nicht zum Zeugen (*martys*), sondern zum Lehrer (*didaskalos*) bestimmt war. Der Bericht in der *Vita* reagierte möglicherweise auf kritische Anfragen, weshalb ausgerechnet dieser herausragende Nachfolger Christi nicht den Siegeskranz eines

Märtyrers erlangt habe. Die Antwort lautete: weil Gott mit ihm anderes, ja sogar vielleicht mehr vorhatte, als ihn sterben zu lassen.[5]

Der innere und der äußere Berg

Wann genau Antonius nach Alexandria kam, wissen wir nicht, doch seine Abreise datiert Athanasius exakt: «als die Verfolgung schließlich aufhörte und der selige Bischof Petrus das Martyrium erlitten hatte» (VA 47,1), also nach dem 25. November 311. Antonius zog sich wieder auf den Berg Pispir zurück. «Dort legte er täglich ein ‹Zeugnis im Gewissen› ab (2 Kor 1,12) und kämpfte in den Kämpfen des Glaubens» (ebd.). Hatte Gott ihm das blutige Martyrium verwehrt, so wurde Antonius nun zum asketischen Märtyrer.[6] Schon die ersten Dämonenkämpfe wurden in der klassischen Martyriumsterminologie erzählt: jetzt stellte er sich vollends als «Athlet» den «Wettkämpfen» der Askese. Der vordergründige Fehlschlag der Reise nach Alexandria wurde überreichlich kompensiert, was Antonius' Ruhm nur mehrte.

Die öffentliche Beachtung wurde ihm bald zu viel, drohte sie ihn doch von der Askese abzuhalten. In dem einzigen Apophthegma, das zugleich auch in der *Vita* überliefert ist,[7] heißt es, der Mönch müsse «wie der Fisch ins Meer auf den Berg eilen», um sich auf sein Inneres konzentrieren zu können. Zwar saß Antonius schon auf einem Berg, doch war ihm auch dort nicht die ersehnte Einsamkeit vergönnt. Daher machte er sich auf den Weg den Nil aufwärts, wo ihn – so seine Hoffnung – niemand erkennen würde (VA 49,1).

Der Oberlauf des Nils war zu Beginn des 4. Jahrhunderts noch keine monastisch geprägte Landschaft (erst einige Jahre später sollte Pachomius das erste Kloster in Tabennisi nahe Theben gründen), aber natürlich keine unbesiedelte Gegend. Schreckte Antonius also davor zurück, die Zivilisation ganz hinter sich zu lassen, oder war es einfach ein pragmatischer Gedanke, der Belästigung durch Besucher zu entfliehen, aber nicht auf die regelmäßige Versorgung mit Nahrung zu verzichten? Im Fortgang der Erzählung wird deutlich, dass erneut nicht primär der eigene Entschluss, sondern eine göttliche Offenbarung aus dem Asketen in Rufweite der Zivilisation einen Einsiedler inmitten der Wüste machte. Während Antonius auf ein Schiff wartete, das ihn in Richtung Theben mitnehmen würde, «erging eine Stimme von oben an ihn: ‹Antonius, wohin gehst du, und weswegen?›» (VA 49,2). Die Stimme brachte ihn nicht in Verwirrung, wusste er doch, wie himmlische und dämonische Erscheinungen zu unterscheiden waren,[8] und so setzte er Gott in Ruhe auseinander, welche Entlastung er sich von der geplanten Umsiedlung versprach. Dieser warnte ihn:

> Wenn du in die (obere) Thebais gehst, und selbst wenn du, wie du es vorhast, in die Bukolia hinunter ziehst,[9] wirst du mehr, ja sogar doppelte Mühe auf dich nehmen müssen. Wenn du aber tatsächlich alleine leben (*ēremein*) willst, dann gehe in die innere Wüste (*erēmos*). (VA 49,4)

Es klingt einleuchtend, dass Einsamkeit nur in der Einöde zu finden ist. Aber es passt auch gut zum bisherigen Weg des Antonius, dass er nicht fanatisch nach den größtmöglichen Entbehrungen, sondern nach einem Platz sucht, an dem er in Ruhe als Asket leben kann. Dass dies die «innere Wüste» sein sollte, also das Gebiet jenseits der bewohnten Ansiedlungen, das erklärte ihm Gott selbst. Auf die berechtigte Frage hin: «Und wer zeigt mir den Weg dorthin?» (VA 49,5) schickte Gott ihm ein paar «Sarazenen»,[10] die ihn «wie auf Befehl der Vorsehung» (VA 49,6) mitnahmen und nach drei Tagesmärschen an einem hohen Berg ablieferten, der Antonius' Wohnsitz werden sollte: der Berg Kolzim in der Nähe des Roten Meeres, der fortan in der *Vita* als der «innere Berg» bezeichnet wird[11] (im Unterschied zum Pispir, dem «äußeren Berg»).[12]

Ob der Eremit genau da wohnte, wo heute das Kloster Deir-amba-Antonios liegt, in dessen Nähe man seine Wohnhöhle zeigt, ist nicht mehr zu klären. Athanasius verwischte aus bestimmten Gründen alle irdischen Spuren des Antonius.[13] Vielmehr hat der «innere Berg» (VA 51,1) konzeptionelle Bedeutung: Antonius' eremitische Existenz spielt sich zwischen diesen beiden Bergen ab, die seine selbstgewählte Einsamkeit *und* den bleibenden, aber streng beschränkten Kontakt zur zivilisierten Welt ermöglichen. Den Pispir kennen wir bereits als den Berg, auf den Antonius «eilte» (VA 11,2; 12,3) und auf dem er zwanzig Jahre in Abgeschiedenheit verbrachte. Er wurde ab jetzt als «äußerer Berg» zum Ort der Begegnung des Eremiten mit der Öffentlichkeit. Zum Kolzim, dem «inneren Berg», hatten dagegen nur wenige Auserwählte Zutritt, darunter der spätere Bischof Serapion von Thmuis, aber auch Macarius der Ägypter, der Gründer der Einsiedelei in der Sketis.[14] Der innere Berg blieb dauerhaft von seiner Präsenz imprägniert: Ein jüngerer Zeitgenosse, der *abbas* Sisoes, entfloh bald nach Antonius' Tod aus der übervölkerten Sketis auf den Kolzim und blieb dort 72 Jahre – nur hier fand er die Seelenruhe (*hēsychia*).[15]

Der innere Berg stand außerhalb der Lebenswelt der Menschen und war das exklusive Refugium des Asketen – doch gab es einen kleinen und regelmäßigen Grenzverkehr: Wenn Antonius von seinem inneren Berg hinabstieg und zu den Bewohnern der «äußeren Einsiedeleien» kam, dann «bewirtete er sie mit den Worten, die er wie Wegzehrung vom Berg mitbrachte» (VA 54,6). Und von den Menschen, die ihn auf dem äußeren Berg besuchten, «hatte ein jeder bei seiner Rückkehr einen Nutzen erfahren» (VA 62,1).

Dass Antonius allerdings zwischen den Besuchern Unterschiede zu machen gezwungen war, illustriert eine von Palladius überlieferte Episode: Beim Eintreffen am Pispir habe Antonius die dort lebenden Brüder stets gefragt, ob «Ägypter» oder «Jerusalemer» auf ihn warteten – Chiffren für «Müßiggänger» einerseits, wahrhaft fromme Menschen andererseits. Die einen habe er dann mit Essen und Gebet bewirtet, mit den anderen aber nächtelang gesessen und sie belehrt.[16] Darin blitzt eine gewisse Konkurrenz zwischen Ägypten und

Palästina als «hot spots» frühmonastischer Frömmigkeit auf; es mag aber auch sein, dass der vergleichsweise nahe an der Zivilisation gelegene Pispir zur Touristenattraktion für die Ägypter zu werden drohte.

An diesen vielfältigen Begegnungen wird auf jeden Fall deutlich, dass Antonius nie nur für sich steht, sondern immer auch zugunsten seiner Mitmenschen, seien sie Asketen oder einfache Hilfsbedürftige, wirkt, wozu ihn erst die Existenz in Abgeschiedenheit befähigt. Der darin angelegte Zwiespalt blitzt in einem Summarium auf, das von Massenbekehrungen anlässlich der zweiten Reise des Antonius nach Alexandria (um gegen die Arianer zu predigen) berichtet: Es seien «in jenen Tagen so viele (Heiden) Christen geworden wie sonst in einem Jahr» (VA 70,3) – aus der Perspektive der christlichen Mission ein gewaltiger Erfolg, für einen «Vereinzelten» aber eigentlich eine Horrorvorstellung. Als sich die vielen Neubekehrten um ihn drängten, versuchten daher Antonius' Begleiter die Massen – wie einst Jesu Jünger die Kinder (Mk 10,13–16) – abzudrängen; Antonius freilich «sagte völlig unberührt, alle diese seien auch nicht zahlreicher als die Dämonen, mit denen wir auf dem Berg kämpfen» (VA 70,4).

Der «innere Berg» war das lebensnotwendige Biotop des Asketen. Antonius war auf der Stelle von diesem Berg angetan – zum einen, weil ihm die göttliche Vorsehung diesen Platz gezeigt hatte; zum anderen, weil es eine reichlich sprudelnde Quelle gab, die ihm die Grundlage eines Lebens in der Abgeschiedenheit bot (VA 49,7). Die anfängliche Versorgung mit Brot durch seine Mitbrüder – die ihn natürlich nach nicht allzu langer Suche fanden – erledigte sich, indem Antonius ein Stück Land kultivierte, wo er Getreide für sein tägliches Brot und Gemüse für die wenigen Besucher, die Zugang zum inneren Berg hatten, anbaute (VA 50,6 f.). Diese Besucher sind auch Athanasius' Quelle dafür, dass Antonius – immerhin schon ein *gerōn* (VA 51,1) – weiterhin Kämpfe mit Dämonen zu bestehen hatte:

> Wahrlich war es bewundernswert, dass er – ganz alleine in einer solchen Einöde – weder die sich nahenden Dämonen fürchtete, noch vor der wilden Art der Tiere dort, Vierfüßler und Schlangen, Angst hatte. (VA 51,5)

Dass der Teufel «mit den Zähnen wider ihn knirschte» (VA 52,2, vgl. Ps 35,16 LXX), überrascht ebenso wenig wie das (natürlich vergebliche) Anstürmen wilder Tiere gegen den kampferprobten «Knecht Christi» (VA 52,3). Fast schon hilflos erscheint da das Fabelwesen, das eines Tages vor ihm steht, als Antonius gerade beim Körbeflechten ist. Das Wesen mit Menschenkörper sowie Eselsbeinen und -füßen (VA 53,2) kommt gar nicht dazu, den Mund aufzumachen, sondern wird durch das Kreuzeszeichen und Antonius' nüchternen Gruß: «Ich bin ein Knecht Christi – wenn du gegen mich gesandt worden bist, siehe, hier bin ich!» in die Flucht geschlagen; dabei stirbt es durch einen Sturz. Dieser Tod hatte ungeahnte Auswirkungen:

> Der Tod des Tieres war aber zugleich der Fall der Dämonen. Alles hatten sie versucht, um ihn aus der Wüste zu vertreiben – aber sie vermochten es nicht. (VA 53,3)

Endgültig hatte Antonius die Wüste zivilisiert und die Macht ihrer angestammten Bewohner ein für allemal in die Schranken gewiesen. Die unwirtliche Umgebung wird geradezu zur Vorwegnahme des im Alten Testament verheißenen Friedens zwischen Mensch und Natur:

> Wahrhaftig, wie geschrieben steht, vertraute er auf den Herrn wie der Berg Zion (Ps 124,1 LXX), unerschütterlich und ruhig war sein Geist, so dass vielmehr die Dämonen flohen und die wilden Tiere, wie geschrieben steht, Frieden mit ihm schlossen (Hiob 5,23). (VA 51,5)

Die Wüste erscheint als Paradies für den Asketen, allerdings nur für den, der selbst den Weg des Antonius hinter sich gebracht hat. Denn nicht der Ort an sich macht den Asketen heilig, sondern seine Lebensweise, für die die Wüste wiederum das geeignete Umfeld ist, sofern sie erst einmal von Dämonen befreit ist. Was in der großen «Rede an die Mönche» (siehe S. 85–92) theoretisch begründet wird, erscheint hier in narrativer Gestalt: Im Namen Christi vermag der Asket den Dämonen furchtlos zu begegnen, und wer dies in der Wüste gelernt hat, kann es auch andernorts umsetzen. So fasst Athanasius den fulminanten Erfolg von Antonius' Belehrung in Reden und Taten zusammen: «Ein jeder kehrte heim, wie von ihm gesalbt, gewappnet gegen die Listen des Teufels und seiner Dämonen» (VA 88,2).

Zu Beginn des Abschnitts der *Vita Antonii*, der sich mit Antonius' Wirken in der Öffentlichkeit befasst (VA 54–88), formuliert Athanasius in einer längeren Rede noch einmal *in nuce* die Prinzipien des asketischen Lebens. Grundlegend ist das Hören auf die Bibel:

> Allen Mönchen, die zu ihm kamen, gab er regelmäßig das Gebot, auf den Herrn zu vertrauen und ihn zu lieben, sich vor unreinen Gedanken und fleischlichen Freuden zu bewahren und, wie es im Buch der Sprüche geschrieben steht, «sich nicht betrügen zu lassen von der Sättigung des Bauches» (Spr 24,15 LXX). Fliehen sollten sie die nichtige Ruhmsucht und ohne Unterlass beten, vor und nach dem Schlaf Psalmen singen, sich die Gebote der Schrift einprägen und der Taten der Heiligen gedenken, damit die Seele, indem sie sich die Gebote ins Gedächtnis ruft, ihrem (d. h. der Heiligen) Eifer entsprechend ihren eigenen Rhythmus findet. (VA 55,2 f.)

Erneut wird mit dem «Gedenken der Heiligen» die strikte Orientierung des christlichen Lebens im Allgemeinen und des asketischen Lebens im Besonderen an biblischen Vorbildern betont. Die «Idiorhythmie» der Seele basiert auf der Betrachtung der Heiligen Schrift, wie auch immer das im eremitischen Mönchtum konkret aussehen mochte.[17] Aber die Beachtung der Gebote ist nichts Äußerliches, vielmehr gehört dazu die Introspektion. Von der konkreten Mahnung, dass die Asketen «die Sonne nicht über ihrem Zorn untergehen» lassen mögen

(Eph 4,26; VA 55,4), gelangt Antonius zum Aufruf des Paulus: «Beurteilt euch selbst, prüft euch selbst!» (2 Kor 13,5; VA 55,6) und formuliert dies als Maxime des asketischen Lebens: «Täglich soll also jeder sich selbst Rechenschaft ablegen über seine Handlungen am Tag und in der Nacht!» (VA 55,7). Offensichtlich bestand die Gefahr, sich mit der Erfüllung der Gebote zufrieden zu geben und so zwar ein respektables Leben zu führen, dabei aber zu vergessen, dass der Angriffspunkt der Sünde nicht das äußere Handeln, sondern die innere Verfasstheit ist. «Häufig sind wir uns ja in dem, was wir tun, selbst verborgen – wir wissen es nicht, aber der Herr erforscht alles» (VA 55,8). Darum «soll ein jeder die Handlungen und die Bewegungen der Seele genau prüfen und, als wollten wir sie einander mitteilen, aufschreiben» (VA 55,9).

Was nach den *Apophthegmata Patrum* im Gespräch von Altvätern und Schülern geschehen soll, nämlich die genaue Selbstprüfung des Asketen,[18] empfiehlt Antonius also in der *Vita* als schriftliche Übung. Seine von Athanasius betonte Bildungsabstinenz wird damit relativiert: Zumindest grundlegende Kenntnisse im Lesen und Schreiben mussten Asketen besitzen, die solche Übungen praktizieren sollten! Wichtiger ist in diesem Zusammenhang, dass das individuelle Schreiben hier an der Stelle begegnet, wo die *Apophthegmata* von der persönlichen Aufsicht durch einen *abbas* oder durch andere Eremiten sprechen: Für Athanasius sollte nicht der kritische Blick anderer Mönche, sondern der eigene Blick auf das selbst Aufgezeichnete den Asketen davor schützen, solche Dinge zu denken, die man später lieber nicht mehr geschrieben sehen wollte (vgl. VA 55,12). Flüchtige Gedanken, die sich leicht zu handfesten Versuchungen auswachsen konnten, sollten damit unterbunden werden:

> Wenn wir uns so bilden, dann werden wir es fertigbringen, den Leib in die Knechtschaft zu führen und dem Herrn zu gefallen, die Listen des Feindes aber unter die Füße zu treten. (VA 55,13)

Die Gewissensprüfung ist also beständiger Teil der Askese, ja sogar ihr Kern, insofern sie den «Rhythmus der Seele» daraufhin prüft, ob er im Einklang mit Gottes Geboten steht oder sich von anderen Zielen, Wünschen oder gar Lüsten leiten lässt. Wer in seinem Inneren diese Harmonie herstellen kann, der – und nur der – wird auch nach außen authentisch wirken, ja sogar Wunder vollbringen können.

Der Wundertäter

Wunder durchziehen die *Vita Antonii* wie ein roter Faden. In ihnen erweist sich die Macht Gottes, die in dem Asketen wirkt. Athanasius wird nicht müde zu versichern, dass hierbei Christus selbst handelt und nicht Antonius spektakuläre Wunder vollbringt. Dieser wirkte (wie auch aus den *Apophthegmata* erkennbar wird) für Asketen als geistlicher Mentor und für alle Menschen als Helfer und Heiler – «er war wie ein Arzt, der Ägypten von Gott geschenkt worden war» (VA 87,3). Sein therapeutisches Mittel war allein das Gebet. «Oft und bei vielen erhörte ihn der Herr» (VA 56,1), ohne dass man daraus einen Automatismus hätte ableiten dürfen; vielmehr hing der Erfolg des Gebets, das heißt die Heilung von Kranken oder Besessenen, von Gott ab, dem daher auch zu danken sei (VA 56,2). Man ahnt angesichts der häufigen Ermahnungen, die Wunder Gott anzurechnen und nicht dem Eremiten, dass genau diese Fehlzuschreibung regelmäßig geschah. Auch hier insistiert Athanasius auf der biblischen Begründung des göttlichen Wunderwirkens durch einen Menschen (VA 83,2 f.): Habe doch Jesus seinen Jüngern verheißen, mit einem senfkorngroßen Glauben könnten sie Berge versetzen (Mt 17,20) und von Gott alles erhalten, worum sie ihn im Gebet bitten würden (Joh 16,23 f.). Sogar das Heilen von Kranken und das Austreiben von Dämonen sei von Jesus als explizite Aufforderung formuliert, aber mit der Mahnung verbunden worden: «Als Geschenk habt ihr es empfangen, als Geschenk gebt es weiter!» (Mt 10,8).

Wie die Motivation zum Heilungshandeln allgemein, so spiegeln auch die konkreten Heilungsgeschichten biblische Vorbilder (und wie in den Evangelien bleibt die Frage nach der historischen *Wirklichkeit* der von Athanasius geschilderten Begebenheiten aporetisch, während die Frage nach der hagiographischen *Plausibilität* zu bejahen ist; siehe S. 15). Ein Mädchen, das unter ekelhaften Körperausscheidungen litt, wurde von ihren Eltern «im Vertrauen auf den Herrn, der die Blutflüssige geheilt hatte» (VA 58,2; vgl. Mk 5,24b–34), zu Antonius gebracht; allerdings hielt sich die Familie von ihm fern. Bevor die mitreisenden Brüder ihm dies berichten konnten, war Antonius schon im Bilde und schickte die Mönche zurück, denn das Mädchen sei bereits geheilt, und zwar «auf ihr eigenes Gebet hin». Er selbst sei lediglich das Medium, dem der menschenfreundliche Gott offenbart habe, dass er das Leiden des Kindes heilen wolle (VA 58,5).

Eine Gebetsheilung erfuhr auch Polykratia in Laodicea, für die der Beamte Archelaus Hilfe erbat: «Bewundernswert und christustragend» war die Jungfrau, hatte sich aber offenbar mit allzu strenger Askese übernommen und war schwer erkrankt (VA 61,1 f.). Archelaus schrieb sich Tag und Uhrzeit des Gebets auf, das Antonius für Polykratia an Gott richtete.

> Alle wunderten sich, als sie erkannten, dass der Herr genau dann ihre Schmerzen gelindert hatte, als Antonius sich im Gebet befand und die Güte des Heilands um ihretwillen anrief. (VA 61,3)

Verhinderte hier die Entfernung eine direkte Begegnung zwischen Antonius und der Kranken, so legt eine andere Episode dar, dass es nicht nur nicht nötig, sondern sogar schädlich sei, zu Antonius zu pilgern: Fronto, ein Hofbeamter aus Alexandria, der sich Heilung von seinen schrecklichen Leiden an Zunge und Auge erhoffte, wurde, nachdem Antonius für ihn gebetet hatte, regelrecht fortgejagt: «Geh weg von hier, und du wirst geheilt!» (VA 57,2). Fronto wollte aber unbedingt in Antonius' Gegenwart die Wirkung des Gebets erfahren (und ihn vielleicht, je nach Ergebnis, beschenken oder als Scharlatan bestrafen lassen). Antonius blieb jedoch hart:

> Du kannst nicht geheilt werden, solange du hier bleibst. Geh! Sobald du nach Ägypten[19] gelangst, wirst du das Zeichen sehen, das an dir geschieht. (VA 57,2)

Die Wunder, die sich auf Fürsprache des Antonius ereigneten, sollten also nicht zum Aufbau einer Gemeinschaft von Jüngern führen. Vielmehr gingen die Geheilten zurück in die zivilisierte Welt und verbreiteten dort die Kunde von Gottes gnädigem Handeln an ihnen – und von Antonius als Nachahmer der biblischen Heiligen.

Das zeigt schließlich noch eine weitere Episode. Antonius und anderen Mönchen ging mitten in der Wüste das Trinkwasser aus:

> Als der Greis sah, dass sie alle in Gefahr waren, wurde er sehr traurig und seufzte, dann ging er ein wenig von ihnen weg, beugte die Knie und breitete die Arme aus und betete. Und sogleich schuf der Herr Wasser, wo jener ins Gebet vertieft stand. (VA 54,6)

Der antike Leser der *Vita* erkannte hier Mose wieder, dessen Gebet das Volk Israel auf seiner Wüstenwanderung vor dem Verdursten gerettet hatte (Ex 15,22–25; 17,1–7). Nicht nur Elia, auch Mose war also ein biblisches Vorbild, das in Antonius wiederzukehren schien, und es sind nicht zufällig diese beiden Gestalten, die Jesus auf einem Berg (!) bei dessen Verklärung erschienen (Mt 17,3). Hatte Antonius schon kein Blutzeuge sein dürfen, so reihte ihn Athanasius auf diese eindrückliche Weise in die Gemeinschaft der Christuszeugen ein.

Die Christusnachahmung äußerte sich insbesondere auch in Exorzismen. Konnte Antonius selbst sich dämonischer Attacken mühelos erwehren, so kamen doch immer wieder Menschen zu ihm, bei denen die Dämonen mehr Erfolg gehabt hatten. Die Gabe der Unterscheidung hatte sogar eine olfaktorische Dimension: Auf einem Schiff erkannte Antonius zielsicher, dass ein unerträglicher Gestank nicht von verdorbenem Fisch, sondern von einem Dämon stammte, der einen blinden Passagier befallen hatte (VA 63,3). Während Antonius noch diese Diagnose stellte, fuhr der Dämon aus und verschwand. Nicht viel anders erging es dem Dämon, der von einem vornehmen jungen Mann derart Besitz ergriffen hatte, «dass dieser nicht einmal erkannte, dass er bei Antonius war» (VA 64,1). Nach einer gemeinsam im Gebet durchwachten Nacht stieß der Jüngling den Greis heftig. Den Männern, die ihn zu Antonius gebracht hatten, war dies peinlich. Doch gab Antonius nicht dem Besessenen, sondern dem Dämon die Schuld, der zum Rückzug «in die wasserlose Einöde» (vgl. Lk 11,24) gezwungen worden war und auf der Flucht aus lauter Wut noch einmal unfair nachgetreten hatte (VA 64,4).

Mehr oder weniger im Vorbeigehen brachte Antonius schließlich nach seinem Besuch in Alexandria (siehe S. 80) noch einen weiteren Dämon zur Strecke, der ein junges Mädchen befallen hatte, das sich wie in epileptischen Anfällen auf dem Boden wand (VA 71,2). So großen Eindruck diese Wundergeschichten auf seine Zeitgenossen und noch mehr auf die Nachwelt machten – in der *Vita* sind sie vor allem Zeichen für Antonius' asketischen Lebensrhythmus, der ihm den direkten Kontakt zu Gott im Gebet und die erfolgreiche Bitte um Heilungen und Exorzismen ermöglicht. Wie in den Evangelien, wo die Begeisterung über Jesu Wunder nicht das Eigentliche seiner Sendung, das Reich Gottes, verdecken soll, dient auch in der *Vita* der *cantus firmus*, dass nicht dem Asketen selbst, sondern Gott zu danken sei, der Orientierung auf das Wesentliche. So schließt die zuletzt erwähnte Wundergeschichte:

> Die Mutter (des Mädchens) pries Gott, alle sagten Dank; Antonius selbst aber freute sich, als er sich auf den Berg zurückzog, wie in sein eigenes Haus. (VA 71,3)

Der Visionär

Auch wenn Antonius am Kolzim eine Quelle gefunden hatte, die ihm das Überleben ermöglichte, war der Wassermangel natürlich für alle, die zu ihm reisen wollten, ein Problem. Als einmal zwei Brüder in Todesgefahr gerieten, weil ihnen das Wasser ausgegangen war, wurde dies Antonius im Gebet offenbart. Er schickte sofort Mönche mit Wasser los, nicht ohne sie davon in Kenntnis zu setzen, dass einer der beiden Unglücklichen schon verdurstet war (VA 59,3). Athanasius antizipiert die Frage, warum Antonius nicht früher eingegriffen hatte, um nicht nur den einen, sondern beide Mönche zu retten, und verweist auf Gottes souveräne Entscheidung, «der den einen zum Tode verurteilte und die Not des anderen anzeigte und enthüllte» (VA 59,5). Das dornenreiche theologische Problem der Vorherbestimmung durch Gott wird nicht weiter entfaltet, stattdessen liegt einmal mehr der Akzent auf Antonius als bloßem Werkzeug von Gottes unerforschlichem Ratschluss:

> An Antonius selbst war lediglich staunenswert, dass er – auf dem Berg sitzend – die Klarsicht im Herzen bewahrte, während ihm der Herr zeigte, was fernab geschah. (VA 59,6)

Visionäre Kraft war vor allem in Bezug auf die Weissagungen der Dämonen ein heißes Eisen:[20] Von deren vermeintlichem Wissen um künftige Dinge solle sich niemand beeindrucken lassen, vielmehr gelte es, zwischen dem wirklichen, von Gott eingegebenen Vorherwissen und den angeblichen Weissagungen der Dämonen zu unterscheiden (VA 31,3). Ganz ähnlich verläuft in den *Apophthegmata Patrum* die Begegnung des Antonius mit einigen Brüdern, die sich nicht sicher waren, ob ihre Visionen (*phantasiai*) «echt sind oder von den Dämonen stammen». Antonius machte ihnen klar: Oft ist beides der Fall – und darum ist es gefährlich, nach Visionen zu streben, weil man sich dabei in bester Absicht den Dämonen aussetzt, die ihrerseits keine guten Absichten hegen.[21] Hier stimmen also Biographie und Apophthegmen in ihrer Dämonenkritik überein: Nicht die Gabe der Weissagung als solche erweist den «Gottesmann», wie nach antiker Auffassung,[22] sondern das gottgefällige Leben. Wenn Antonius von Athanasius als Visionär beschrieben wird, dann aufgrund der «Reinheit seiner Seele» (VA 60,11), der von Gott besondere Klarsicht zuteil wurde. Auch in dieser Hinsicht ist also zwischen legitimen und angemaßten Fähigkeiten zu unterscheiden.

Eine besonders eindrückliche Vision wurde Antonius zuteil, als er einen Menschen gen Himmel fahren sah, wo ihn bereits ein «selig zu preisender Chor» erwartete (VA 60,1).[23] Sogleich wurde Antonius vom Himmel her bedeutet, dies sei die Seele des Mönches Amun, eines ebenso betagten wie berühmten Asketen, des Begründers der Einsiedeleien in Nitria.[24] Er lebte dreizehn Tagesmärsche entfernt, hatte aber Antonius oft besucht und auch selbst Wunder getan (VA 60,3 f.).[25] Wie bei der oben erwähnten Jungfrau Polykratia wurde bestätigt, dass Antonius diese Vision genau zum Zeitpunkt des Todes des Amun hatte (VA 60,10). Die Reinheit seiner Seele, die ihm den direkten Kontakt mit Gott ermöglichte, wurde so erneut dokumentiert. Subtil bindet Athanasius mit Amun zudem eine weitere Hauptfigur des frühen Mönchtums als Besucher auf dem «äußeren Berg» in die Antonius-Vita ein.

Antonius hatte nicht nur Visionen von gegenwärtigen Todesfällen, sondern sogar von seinem eigenen, zukünftigen Tod. Athanasius leitet die doppelte Visionsschilderung (VA 65–66) mit der Bemerkung ein, die bisher geschilderten Exorzismen seien gar nicht bemerkenswert im Vergleich zu dem, was nun folge; und das ist in der Tat dramatisch. Als er einmal beten wollte, «fühlte sich Antonius auf einmal im Geist entrückt» und sah sich «von gewissen Wesen in die Luft entführt», die wiederum von anderen, «widerwärtigen und schrecklichen Wesen» aufgehalten wurden, weil sie meinten, dass der auf dem Weg in den Himmel befindliche Asket ihnen, den Herrschern des Luftraumes, untertan sein müsse (VA 65,2 f.). Ein Sündenregister seit seiner Geburt für die Rechenschaftsablage

4 *Martin Schongauer, einer der bedeutendsten Grafiker vor Albrecht Dürer, stellt erstmals den von Dämonen in der Luft gepeinigten Antonius dar, um 1470/75.*

zu verwenden, wurde von den Geistern, die Antonius geleiteten, allerdings verhindert:

> Das, was zur Geburt gehört, hat der Herr getilgt. Von da ab, als er Einsiedler wurde und sich Gott versprach, da sei es euch erlaubt, Rechenschaft einzufordern! (VA 65,4)

Die Prüfung ergab natürlich, dass Antonius aus seiner Zeit als Asket keinerlei Schuld nachzuweisen war. Damit war der Weg in den Himmel frei, und Antonius kam wieder zu sich, voller Erstaunen darüber, «gegen wie viele Feinde uns der Kampf bevorsteht und unter welchen Mühen man in die Luft aufsteigen muss» (VA 65,6). Dass der Teufel der «Herr der Luft» ist, entnahm der Hagiograph Eph 2,2 und fügte an, während Paulus in den dritten Himmel entrückt worden und, nachdem er dort «unaussprechliche Worte» gehört hatte, sogleich zurückgekehrt sei (2 Kor 12,2–4), «sah sich Antonius selbst bis in die Luft kommen und kämpfen, bis er frei war» (VA 65,9).

Den Kampf mit Teufel und Dämonen, den die Märtyrer vor Gericht und bei der Hinrichtung ausgefochten hatten, führte Antonius also nicht erst nach seinem Tod, sondern schon davor in der täglichen Askese als einem «Martyrium im Gewissen». Ohne es lange zu begründen, beschreibt Athanasius die Konversion zur Askese als (zweite) Taufe, die die bisherige Schuld auszulöschen vermag; hier klingt der Gedanke des Martyriums als «Bluttaufe» nach, die in einer Verfolgungssituation die Taufe mit Wasser ersetzt oder diese, wenn sie schon gespendet worden ist, vollendet.[26] Offenbar ermöglichte der Entschluss zum asketischen Leben einen Neuanfang, eröffnete aber keinen direkten Weg in den Himmel (während das Martyrium nach spätantikem Verständnis den Blutzeugen das Warten bis zur Auferstehung am Jüngsten Tag ersparte).[27]

Zu den Quellen von Antonius' geistlicher Bildung gehörten direkte Offenbarungen durch Gott, weshalb der Asket als «von Gott belehrt» (*theodidaktos*, VA 66,2) erschien. Der Kontrast zwischen einem methodisch reflektierten Argumentationsverfahren (*dialexis*) und der direkten Belehrung wird an einer zweiten Visionsschilderung deutlich. Als eine Diskussion mit Besuchern über den Ort der Seele nach dem Tod ohne Ergebnis geblieben war, empfing Antonius des Nachts eine neuerliche Vision: Eine riesige Gestalt, die bis an die Wolken reichte, versuchte mit ihren gewaltigen Armen Wesen, die zum Himmel emporstrebten, abzufangen, mit nur partiellem, doch erschreckendem Erfolg (VA 66,3).[28] Der Aufforderung «Verstehe, was du da siehst» (Dan 9,23; VA 66,5) kam Antonius sogleich nach:

> Das Verständnis (dieser Vision) wurde ihm erschlossen, und er verstand, dass dies der Hinübergang der Seelen sei und dass der stehende Gigant der Feind sei, voller Neid auf die Gläubigen, der diejenigen, die ihm schuldhaft verfallen sind, ergreift und am Hinübergehen hindert, während er die, die ihm nicht gefolgt sind, nicht ergreifen kann, wenn sie über ihn hinweg gehen. (VA 66,5)

Die Vision spornte Antonius in seiner Askese nur noch mehr an. Man fragt sich, wie eine weitere Steigerung noch möglich sein sollte, doch geht es in der Logik der *Vita* darum, dass niemand, nicht einmal der Prototyp des Eremitentums schlechthin, schon in diesem Leben mit der Askese, wörtlich: mit dem «Kampf» (VA 66,6), fertig ist. Darum wurde die Vision zur Belehrung weiter erzählt:

> Er selbst glaubte, dass sein Gewissen rein sei, dass aber für jene die Erzählung nützlich sein könne, indem sie lernten, dass die Frucht der Askese gut sei und dass man zum Trost für die Mühen oftmals Visionen erfahre. (VA 66,8)

Es ist bemerkenswert, dass Antonius die ihm sonst von Athanasius zugeschriebene Skepsis gegenüber Visionen hier relativiert. Diese Zurückhaltung gilt nicht nur für die Rede über die Dämonen in der *Vita*. Auch in den *Apophthegmata Patrum* wird berichtet, wie einigen Brüdern, die zu Antonius reisten, unterwegs ihr Lastesel verendete – was Antonius ihnen auf den Kopf zusagte, bevor sie ihn auch nur hatten begrüßen können. Auf die Frage, wie er das erfahren habe, antwortete er nur lapidar: «Die Dämonen zeigten es mir an.» Die Brüder gaben zu, selbst Gesichte zu sehen, ohne beurteilen zu können, ob diese von Gott oder von den Dämonen seien, zumal man dies selbst bei wirklichkeitsgetreuen Visionen nicht wisse. «So machte ihnen der Greis am Beispiel des Esels klar, dass

Gesichte (*phantasiai*) von den Dämonen kommen.»[29] Während insgesamt in der *Vita* und den *Apophthegmata* die Zurückhaltung gegenüber Visionen überwiegt, weil lange Erfahrung nötig sei, um sie recht beurteilen zu können, bezeugen die beiden Visionen vom Hinübergang der Seelen, dass bei einem rechten Asketen von Gott gesandte Gesichte nicht ausbleiben und dann auch ihren Nutzen haben.

Der Streiter wider die Häretiker

Eine nicht minder eindrückliche, sachlich aber ganz anders gelagerte Vision leitet über zum letzten Aspekt von Antonius' Wirken in der Öffentlichkeit: seine Parteinahme für Athanasius und die nizänische Theologie im Streit gegen die Arianer. Antonius, wieder einmal von einer Vision regelrecht erschüttert, begann zitternd und weinend zu beten, was seine Gefährten – darunter der spätere Bischof Serapion von Thmuis – zutiefst verunsicherte (VA 82,4 f.). Nur mit Mühe brachten sie ihn dazu, von seiner Vision zu erzählen:

> O meine Kinder! Besser wäre es zu sterben, bevor geschieht, was Inhalt meiner Schau war! ... Zorn wird über die Kirche kommen, und sie wird Menschen überantwortet werden, die unvernünftigen Tieren gleichen. Ich habe nämlich den Tisch in der Kirche gesehen – um ihn herum standen im Kreis überall Maultiere, die mit ihren Hufen so nach innen stießen, wie in völliger Unordnung springende Tiere es tun. Gewiss habt ihr bemerkt, wie ich seufzte. Denn ich hörte eine Stimme, die sprach: «Abscheulich wird mein Altar gemacht werden!» (Mal 1,7; VA 82,6–8)

Während etwa die Vision über den Tod des Amun ein zeitgleich eintretendes Ereignis betraf, handelt es sich bei der Vision über die Verwüstung der Kirche um eine Zukunftsansage, die sich umgehend bewahrheitete: «Nach zwei Jahren erfolgte der gegenwärtige Angriff der Arianer und die Beraubung der Kirchen» (VA 82,9). Gemeint sind damit wohl die Ereignisse in Alexandria, nachdem Athanasius in der Nacht zum 9. Februar 356 nur knapp den kaiserlichen Soldaten, die die Theonaskirche mit Gewalt gestürmt hatten, entkommen war und sich fortan in der Wüste, zeitweise auch bei Sympathisanten in der Stadt, verbarg.[30] Über solche Zerstörungen in den Kirchen berichtet Athanasius auch andernorts[31] und schildert die Gräueltaten der Arianer analog zu denen der «Maulesel».[32] Die Visionsschilderung hat also eine doppelte Pointe: Die Leser sollen erkennen, dass die Arianer «unvernünftig wie die Tiere» wüten (VA 82,10), dass dies aber keineswegs das Ende sei, da Gott bald eingreifen und der Kirche wieder ihre ordentliche Gestalt zurückgeben werde (VA 82,12). Bis dahin gelte die ernste Warnung:

> Befleckt euch nur nicht (durch Gemeinschaft) mit den Arianern! Denn dies ist nicht die Lehre der Apostel, sondern der Dämonen und ihres Vaters, des Teufels, und sie ist vollkommen unvernünftig (*alogos*) und unfruchtbar (*agonos*) und nicht von rechtem Verstand, eben wie die Unvernunft der Maulesel. (VA 82,13)

Diese rhetorisch glänzende Polemik, die einerseits mit der *alogia* der Arianer auf ihre Unvernunft und zugleich auf ihre falsche Lehre über den göttlichen *Logos* anspielt und sie andererseits mit dem Maultier, das per definitionem steril, das heißt *agonos,* ist, gleichsetzt, stammt kaum aus dem Mund eines Wüstenvaters. Gerade hier liegen Parallelen zu anderen Schriften des Athanasius vor.[33] Nirgendwo sonst greift der Hagiograph so tief in die Geschichte seines Heiligen ein, doch ohne ihm damit Gewalt anzutun, denn immerhin wird auch in einem der Briefe des Antonius die Lehre des Arius unzweideutig verurteilt:

> Arius, der in Alexandria auftrat, sprach seltsame Worte über den Eingeborenen: Ihm, der keinen Anfang hat, gab er einen Anfang; ihm, der (als einziger) unaussprechlich ist unter den Menschen, gab er ein Ende, und dem Unbeweglichen gab er Bewegung … Hätte er sich selbst erkannt, hätte seine Zunge nicht über Dinge gesprochen, von denen er nichts verstand. (ep. Ant. 4,17 f.)[34]

Die zutreffende Beobachtung von Hermann Dörries, dass in der *Vita Antonii* die «orthodoxe» Lehre, wie Athanasius sie formuliert hatte, enthalten ist,[35] muss also nicht notwendig zu dem Schluss führen, dass die Passagen zum arianischen Streit von vornherein nichts mit dem historischen Antonius zu tun haben können. Es ist aber deutlich, dass Athanasius auf die aktuelle Auseinandersetzung Bezug nimmt und sich einen rechtgläubigen Eremiten nicht anders vorstellen kann als einen, der noch auf dem Sterbebett Brüder und Schüler ermahnt, mit Häretikern (den Arianern) und Schismatikern (den Melitianern)[36] keine Gemeinschaft zu haben (VA 91,4, vgl. 68,1 f.; 89,4). Es war sein Bestreben, das entstehende Mönchtum im Kampf gegen die Arianer auf seine Seite zu ziehen,[37] während in den meisten Eremitenkolonien eher Gleichgültigkeit gegenüber «politischen» Auseinandersetzungen herrschte. Das Zitat aus ep. Ant. 4 (s. o.) lässt darauf schließen, dass es nicht abwegig war, Antonius als Gewährsmann gegen die Häresie der Arianer anzuführen.[38] Und auch in den *Apophthegmata Patrum* ist eine Erinnerung daran aufbewahrt, dass Antonius und Athanasius gemeinsam die Irrlehre als solche zu entlarven vermochten:

> Einmal kamen Arianer zum *abbas* Sisoes auf den Berg des Antonius und fingen an, die Rechtgläubigen zu schmähen. Der Greis antwortete ihnen nichts, sondern er rief seinen Schüler und sagte zu ihm: ‹Abraham, bring mir das Buch des heiligen Athanasius und lies daraus vor.› Und da sie schwiegen, wurde ihr Irrtum offenbar. Er entließ sie in Frieden.[39]

Für Athanasius war klar, dass Antonius ein rechtgläubiger Christ, ein treues Glied der Kirche und zumal ein strikter Gefolgsmann seines Metropoliten gewesen sein musste:

> Wie war er doch in seinem Wesen duldsam und in seiner Seele demütig! Denn wie er nun einmal war, ehrte er die Rechtsordnung der Kirche über die Maßen und wollte jedem Kleriker an Ehre den Vortritt vor sich selbst lassen. Er war sich nicht zu schade, vor den

> Bischöfen und Priestern das Haupt zu neigen. Wenn aber einmal ein Diakon um des erbaulichen Nutzens willen zu ihm kam, sprach er gerne darüber, was von Nutzen sei; im Gebet ließ er jenem aber den Vortritt, da er sich selbst nicht zu lernen schämte. (VA 67,1 f.)

Einen Konflikt zwischen dem charismatischen Mönchtum und der kirchlichen Hierarchie lässt die *Vita* nicht erkennen,[40] während in den Apophthegmen und den Briefen überhaupt keine Bischöfe und Kleriker auftauchen. Ein spezifischer Akzent in der *Vita* liegt auf der Einheit der Kirche, die den Vorrang vor individuellem geistlichem Heroentum besitzt. Allerdings war die Reinheit und Heiterkeit der Seele, durch die Antonius sich vor anderen Asketen auszeichnete (VA 67,6), auch für Bischöfe, Kleriker und Laienchristen vorbildlich. Im Gegenzug ist es für Athanasius sehr wichtig, dass der geistlich herausragende Einsiedler kein Ignorant in Sachen Orthodoxie war, sondern arianisch gesinnte Besucher umgehend von seinem Berg vertrieb (VA 68,3) und dem Gerücht, er sei einer von ihnen, energisch entgegentrat, wozu er sogar eine zweite Reise in die Metropole Alexandria unternahm. Dort lehrte er öffentlich, der Arianismus sei «die letzte Häresie und daher der Vorläufer des Antichristen» (VA 69,2). Ganz in Übereinstimmung mit dem antiarianischen Bekenntnis von Nizäa (325) predigte Antonius, der Sohn Gottes sei «weder ein Geschöpf noch aus Nicht-Seiendem geworden, vielmehr ist der Logos bzw. die Weisheit von Ewigkeit her aus dem Wesen des Vaters». Daher sei es gottlos zu behaupten: «Es gab eine Zeit, da er nicht war» (VA 69,3 f.).

Der Gedanke liegt nahe, dass Athanasius und Antonius bei diesem Besuch zusammengetroffen sind – doch datiert der Index zu den Osterfestbriefen des alexandrinischen Bischofs Antonius' Besuch auf den Sommer 337, während Athanasius erst am 23. November 337 aus seinem Exil in Trier nach Alexandria zurückkehrte.[41] Dass «wir» Antonius bei seiner Abreise geleiteten (VA 71,1), kann sich also historisch nicht auf Athanasius' Anwesenheit bei diesem Ereignis beziehen – ob er sich in Abwesenheit zu den Alexandrinern rechnete oder ob er hier eher ein Quellenstück unbearbeitet übernahm, ist nicht definitiv zu entscheiden (siehe S. 23).

Interessant ist aber allemal, dass Athanasius von Antonius' Reise nach Alexandria berichtet. In den *Apophthegmata Patrum* ist nämlich klar, dass der Asket solche Nähe zur «Welt» tunlichst meiden muss – und wenn ihn der Kaiser persönlich ruft! Genau das widerfährt Antonius: Kaiser Konstantin lädt ihn nach Konstantinopel ein. Als Antonius seinen Schüler Paulus fragt, was zu tun sei, ist die Antwort ebenso kurz wie prägnant: «Wenn du gehst, wirst du Antonius heißen; wenn du aber nicht gehst, *abbas* Antonius!» (AP/G Ant. 31).[42] Selbst der Patriarch des Eremitentums kann sich also nicht der «Welt» aussetzen, ohne seine Seelenruhe und damit seine Rolle als Mentor und Begleiter der anderen Mönche aufs Spiel zu setzen. Das liest sich bei Athanasius ganz anders: Hier wird von brieflichen Kontakten mit Kaiser Konstantin und seinen Söhnen berichtet (VA 81,1–6). Und nach dem Kirchenhistoriker Sozomenus intervenierte Antonius bald nach Athanasius' Verurteilung in Tyrus (335) brieflich bei Konstantin, der ihn jedoch ablehnend beschied.[43] Athanasius bezeugt die umgekehrte Reihenfolge der Briefe und schreibt den Kaisern die Initiative zu.[44] Konstantin, zur Zeit der Abfassung der *Vita Antonii* schon fast zwanzig Jahre tot, erscheint damit als Gegenbild zu seinem Sohn Konstantius, der Athanasius ins Exil getrieben hatte, statt den Rat des Antonius zu beherzigen, «nicht das Gegenwärtige für groß zu halten, sondern des kommenden Gerichts eingedenk zu sein und einzusehen, dass Christus alleine der wahre und ewige Kaiser ist» (VA 81,5). Ob Konstantin und seine Söhne es gerne hörten, dass auch sie nur Menschen seien und ihr Ruhm – wenn überhaupt – darauf beruhe, dass sie Christus verehrten (VA 81,3.5), sei dahingestellt. Antonius' öffentliches Wirken endet jedenfalls – anders als in den *Apophthegmata* – nicht einmal vor dem kaiserlichen Thron, und die Kaiser freuten sich wie alle anderen Menschen über seine Zuwendung (VA 81,6).

Der theologischen Auseinandersetzung mit dem Arianismus steht schließlich eine recht deftige Episode zur Seite, die sich um einen gewissen Balacius, zwischen 340 und 345 *dux Aegypti*, dreht. Balacius, ein Arianer und Rohling, «der sogar Jungfrauen schlagen und Mönche entkleiden und geißeln ließ» (VA 86,2), empfing von Antonius einen Brief, in dem ihm dieser den heraufziehenden Zorn Gottes ankündigte und ihn warnte, Balacius möge seine letzte Chance nutzen. Dieser schlug den Rat in den Wind, spuckte verächtlich auf den Brief und prahlte, auch Antonius, dem Fürsprecher der Mönche, seine grausame Aufwartung zu machen. Dazu kam es freilich nicht: Nur wenige Tage später warf sein eigenes Pferd Balacius zu Boden und zertrat ihn mit seinen Hufen, so dass er bald unter furchtbaren Schmerzen starb – «und alle wunderten sich, dass das, was Antonius vorhergesagt hatte, so schnell erfüllt worden war» (VA 86,6 f.).[45] Die Episode setzt Antonius mit den alttestamentlichen Unheilspropheten gleich; als solcher dient er natürlich der orthodoxen Sache.

Athanasius hat offenbar dort, wo Antonius mit Arianern zu tun hat, seine eigene Agenda der 350er Jahre in die *Vita* eingetragen. Es wird dabei erkennbar, wie gewagt dieses Projekt für ihn war: Weder war die Beziehung zwischen Mönchtum und bischöflicher Hierarchie so geklärt, wie die *Vita* es suggeriert, noch konnte sich Athanasius sicher sein, im arianischen Streit auf der siegreichen Seite zu stehen. Im Rückblick bewies Athanasius in beiden Hinsichten visionäre Kraft: Tatsächlich kam es mittelfristig zur Eingliederung des Mönchtums in die kirchlichen Strukturen, auch wenn das Eremitentum noch lange (und in den Orthodoxen Kirchen bis heute) eine besonders geschätzte und von den Bischöfen nie völlig eingehegte Lebensform darstellte. Wenige Jahrzehnte später hatte sich das nizänische Bekenntnis in erweiterter Form auf der Synode von Konstantinopel (381) als Maßstab der Orthodoxie durchgesetzt. Mit beiden Aspekten hat Athanasius seinen Protagonisten in Konfliktfelder des 4. Jahrhunderts eingezeichnet, die in den *Apophthegmata Patrum* und in

Antonius' eigenen Briefen (fast) keine Rolle spielen. Was diese Quellencorpora mit der *Vita* verbindet, ist hingegen die Rolle des Antonius als Lehrer derer, die mit Ernst der Askese frönen wollen.[46] Diesem Bild des Antonius als Lehrer wenden wir uns im nächsten Kapitel zu.

4. «DAMIT DIE SEELE IHREN RHYTHMUS FINDET»

Das Mönchtum des 4. Jahrhunderts war eine Bildungsbewegung. Das ist auf den ersten Blick erstaunlich, auf den zweiten Blick aber offensichtlich, denn die Mönche in den Klöstern, die von Pachomius organisiert wurden, mussten lesen können, um über die Heilige Schrift zu meditieren. Im 6. Jahrhundert forderte auch die *Regula Benedicti* Entsprechendes für alle Mönche.[1] Waren aber auch die Eremiten gebildet? Dass sich Antonius gemäß Athanasius programmatisch vom Bildungserwerb distanzierte, macht dies zunächst unwahrscheinlich. In der Wüste gab es zwar nachweislich Bücher – meist die Bibel[2] –, aber keine Institutionen der Bildungsvermittlung. In der *Vita* ist von «Bildung» (*paideia*) keine Rede, von «Philosophie» nur in kritischer Absicht. War die Wüste also nicht doch ein bildungsfreier Raum?

Davon kann keine Rede sein. Unbildung herrschte nur, sofern man Bildung mit der Schulorganisation samt Curriculum und Lehrpersonal gleichsetzt – so wie man in der Spätantike in jedem größeren Dorf einen Elementarschullehrer antraf, in den Städten auch Grammatik- und Rhetoriklehrer und freie Philosophenschulen.[3] Fragt man aber in weiterem Sinne nach *geistlicher* Bildung, die keine literarischen Kenntnisse vermittelt, sondern den Menschen zu sich selbst – und vor Gott – bringen will und auf der Beziehung von Lehrer und Schüler basiert, dann wird in der Wüste ständig Bildung betrieben. Und auch wenn unsere Quellen nichts davon verlauten lassen, dass Antonius eine (koptische) Bibel besessen und gelesen hätte, so erscheint es doch unwahrscheinlich, dass er jahrzehntelang von dem gezehrt haben sollte, was er als Jugendlicher in seiner heimatlichen Dorfkirche gehört hatte. Zumindest der Briefschreiber Antonius erweist sich als biblisch (und philosophisch) gebildeter Kopf; und von dieser Bildung und ihrer Vermittlung ist auch in der *Vita* ausführlich die Rede.

Die «Rede an die Mönche» in der Vita Antonii

> Eines Tages, als Antonius herauskam, kamen alle, die mit ihm in der Einsamkeit lebten, zu ihm und wünschten von ihm ein Wort zu hören – da sprach er zu ihnen in ägyptischer Sprache Folgendes … (VA 16,1)

Die Rede des Antonius umfasst 28 Kapitel, also knapp ein Drittel der gesamten *Vita*. Athanasius hat sicher nicht eine so umfangreiche koptische Rede ins Griechische rückübersetzt. Vielmehr ergänzte er das, was ihm von Antonius' Lehre berichtet worden war, um weitere Aspekte und machte daraus einen zusammenhängenden Vortrag[4] – ähnlich wie etwa die Bergpredigt im Matthäusevangelium, in der ja auch Jesusworte und Traditionsgut der frühchristlichen Verkündigung verschmolzen sind. Schon der Blick auf die Antonius-Briefe und die *Apophthegmata* legt nahe, dass es sich bei der Rede um ein gestaltetes Stück monastischer Dämonologie handelt, ähnlich wie in den knapp ein halbes Jahrhundert später verfassten klassischen Traktaten des Evagrius Ponticus über den Dämonenkampf. Im Folgenden werden zunächst die zentralen Argumentationslinien nachgezeichnet und danach einige Hauptaspekte systematisch zusammengefasst.

DER WEG DER TUGEND (VA 16–20). Das Ziel der asketischen Existenz ist Tugend (*aretē*). Der Weg zu einem tugendhaften Leben besteht darin, nicht «die innere Spannung zu verlieren» (*akēdian*, VA 17,4; 19,1) und «zu ermüden» (*enkakein*, VA 16,3; 17,1; 40,6). Die *akēdia*, die man im Kern als «Gleichgültigkeit gegenüber dem Heil» verstehen kann, ist – wie auch in AP/G Ant. 1 – das «Urlaster» der Asketen, ihre Vermeidung daher grundlegend für gelingendes asketisches Leben. Antonius selbst beginnt das Training für das Reich Gottes täglich neu (VA 7,11), und so dürfen sich auch seine Schüler nicht auf ihren asketischen Lorbeeren ausruhen, sondern müssen «täglich in der Askese verharren» (VA 18,2; vgl. 16,3) und «Tag für Tag zu sterben erwarten» (VA 19,4). Das bedeutet, allen Besitz zurückzulassen, den man im Tod ja doch nicht mitnehmen kann (VA 17,5), und sich stattdessen transportable Güter anzueignen: «Klugheit, Gerechtigkeit, Mäßigkeit, Tapferkeit» – die vier Tugenden der klassischen Philosophie –, «Einsicht, (Nächsten-)Liebe, Liebe zu den Armen, Glauben an Christus, Sanftmut und Gastfreundschaft» (VA 17,7).[5] So zu leben mag schwer klingen, ist es aber nicht, insofern der Asket einen «Mithelfer» (*synergos*, VA 19,1) hat: Christus ermöglicht den Schritt zur Askese und begleitet den Asketen darin, so dass die individuelle Entscheidung realisiert werden kann (VA 20,3). Wer nur will, der kann Asket werden! Dafür bedarf es keiner weiten Reisen – so wie «die Hellenen ihre Heimat verlassen und über das Meer segeln, um Bildung zu erwerben» (VA 20,4)[6] –, sondern allein des Blickes auf sich selbst: «Das Himmelreich ist inwendig in euch» (Lk 17,21). Man kann Tugend auch zu Hause erwerben, denn sie zielt darauf, dass «die Seele die geistige Erkenntniskraft, die ihrer Natur entspricht, zur Verfügung hat» und dadurch «ihrer erschaffenen vernunftgemäßen Natur gerecht» wird (VA 20,5.7; vgl. 14,4). Daher sind die einzelnen Tugenden Schritte auf dem Weg zur Indienstnahme des anerschaffenen Intellekts (*noeron*),[7] mit dem sich die Seele dem von Christus gewiesenen Weg zuwendet. Entscheidend ist, dass dies in der Macht des durch Christus erlösten Menschen steht. Nur deshalb sind die folgenden Ermahnungen sinnvoll, und nur darum bietet der Mensch, solange er strebt, mit seinen «unreinen Gedanken» (VA 20,9) den Dämonen eine so attraktive Angriffsfläche.

MACHT UND OHNMACHT DER DÄMONEN (VA 21–30). Was sind Dämonen?[8] Zunächst sind sie Personifikationen negativer Affekte wie Leidenschaft und Begierde, die den Menschen «tyrannisieren» (VA 21,1). Sie sind aber auch Wesen, die im Luftraum zwischen Erde und Himmel lauern und auf den Menschen ihre «listigen Anschläge» verüben, sobald er ihnen Gelegenheit dazu gibt (VA 21,4 f.).[9] «Wir haben gefährliche und listige Feinde, die bösen Dämonen» (VA 21,2). Die Krone der Listigkeit ist, dass die Dämonen in die Psalmrezitation oder Schriftlesung einstimmen und gar «in Gestalt von Einsiedlern» erscheinen, um sich das Vertrauen der Asketen zu erschleichen und diese zu übersteigerten Formen des Fastens oder Betens zu verleiten (VA 25,1–3): Wer sich nicht zur Laxheit überreden lässt, den kann man ja vielleicht dazu motivieren, sich übersteigerter asketischer Leistung zu rühmen, anstatt die innere Harmonie mit Gott in den Vordergrund zu stellen! Umso wichtiger ist die «Gabe der Unterscheidung der Geister» (VA 22,3; 1 Kor 12,10), mit der den «Versuchungen» der Dämonen begegnet werden kann.[10] Doch sind die Dämonen nicht von Natur aus schlecht (Gott hat auch sie erschaffen): Sie gehörten zu den Engeln, sind aber von Gott abgefallen und versuchen nun die Christen daran zu hindern, in den Himmel zu gelangen, der ihnen selbst aus eigener Schuld verschlossen ist (VA 22,2).

Antonius greift im Folgenden auf seine eigenen Erfahrungen im Grab und in der Festung zurück: Entledigt sich der Asket durch Gebet und Fasten seiner bösen Gedanken, glaubt er an den Herrn und beschirmt sich mit dem Zeichen des Kreuzes, ist er vor den Dämonen sicher (VA 23,1–4). Insofern ist es die Schuld des Asketen, wenn er sich von Dämonen übertölpeln lässt:

> Der Herr also, indem er Gott war, brachte die Dämonen zum Schweigen; es ziemt sich, dass wir – indem wir von den Heiligen lernen – ihnen entsprechend handeln und ihren Mut nachahmen. (VA 27,1)

Erneut erscheinen also die biblischen Heiligen als Vorbilder im Umgang mit religiösen Lebensfragen, hier mit den Dämonen, die in Wahrheit schwach sind (VA 27,5 u. ö.) und die der Asket verachten soll (VA 28,2.9). «Sie wissen, dass unser Voranschreiten (in der Askese) sie schwächt!» (VA 28,6), und die biblischen Schriften – sei es Gottes Erlaubnis für den Teufel, sich an dem frommen Hiob zu vergehen (Hi 1,15–22; 2,1–7), sei es die Bitte der Dämonen an Jesus, in eine Schweineherde fahren zu dürfen (Mt 8,31) – bestätigen diesen Mangel an «Vollmacht» (*exousia*; VA 28,7; 29,5). So kann Antonius nach der Hälfte seiner Rede ein erstes Fazit ziehen:

> Gott alleine muss man also fürchten, die Dämonen hingegen verachten und ihnen überhaupt keine Macht zuschreiben. Sondern je mehr sie selbst solches tun, wollen wir uns gegen sie um die Askese bemühen. Denn eine starke Waffe gegen sie sind ein rechtes Leben und der Glaube an Gott. Sie selbst fürchten ja der Asketen Fasten, Wachen und Gebete, ihre Gelassenheit, Ruhe und Gleichgültigkeit gegenüber Geld und Ruhm, ihre Demut, Liebe zu den Armen und Mildtätigkeit, ihren mangelnden Zorn und vor allem ihre Christusfrömmigkeit. (VA 30,1 f.)

Das ist natürlich keine geringe asketische Leistung – aber es liegt am Asketen selbst, ob er den Dämonen Macht über sich zubilligt oder die ihm von Christus verliehene Macht über die Dämonen ausübt.

DIE VERMEINTLICHE GABE DER WEISSAGUNG (VA 31–34). Einen fast aufklärerischen Zug hat die folgende Passage über die Weissagungen der Dämonen: Diese seien aus feinerem Stoff als die Menschen und könnten daher durch die Luft fliegen – was Wunder, dass sie sehen, wenn sich ein Bruder auf den Weg macht, und ihn ankündigen, bevor er selbst sichtbar wird (VA 31,2), oder dass sie die Regenfälle in Äthiopien beobachten und daraus messerscharf schließen, dass das Nilhochwasser im Anmarsch ist (VA 32,1)! Man möge daher nicht in die gleiche Falle tappen wie die Hellenen, deren Orakel Christus doch als nutzlos entlarvt habe (VA 33,1).[11] Selbst wenn die Dämonen Wahres verkünden, hat das – der Darstellung des Athanasius zufolge – nichts mit göttlicher Macht zu tun, sondern beruht wie bei Ärzten, Bauern und Steuerleuten «auf Erfahrung und Gewohnheit» (VA 33,4). «Macht die Kenntnis der altbewährten Bauernregeln den Menschen selig?», fragt Antonius rhetorisch und gibt die Antwort: «Nein, sondern ob er ‹den Glauben bewahrt› und ‹die Gebote genau befolgt› hat» (VA 33,6).[12] Es ist daher nicht das Ziel der Askese, sich Vorauswissen zu erwerben, sondern – siehe oben – nach dem naturgemäßen Zustand der Seele zu streben, die «hellsichtig» (*dioratikē*) für noch andere Erkenntnisse sein wird, die ihr der Herr enthüllt (VA 34,3). Und wenn Antonius selbst über die Gabe des Vorauswissens verfügte und sie umsichtig einsetzte (siehe S. 76), dann bedeutet das noch lange nicht, dass hierin das Ziel der Askese zu finden sei.

SEELENRUHE ALS MITTEL GEGEN DIE DÄMONEN (VA 35–38). Eingedenk des Ansturms der Dämonen im Grab erstaunt es nicht, was Antonius als Kriterium zur Unterscheidung der Geister empfiehlt:

> Der Anblick der Heiligen ist nicht tumultartig... Er erfolgt ruhig und milde, so dass die Seele sofort Freude, Frohlocken und Mut gewinnt... Denn die Furcht vor ihnen ist nicht der Furchtsamkeit der Seele geschuldet, sondern der Erkenntnis, dass ein Besserer anwesend ist.» (VA 35,4.7)[13]

Antonius rechnet also damit, dass die Heiligen wie die Dämonen des Nachts erscheinen (viele Episoden in den *Apophthegmata Patrum* bestätigen dies). Doch flößen die Heiligen nicht, wie die Dämonen, Verwirrung und Angst ein (VA 36,1; 37,1), sondern Ehrfurcht, Freude und Seelenruhe; und darin «zeigt sich die Heiligkeit des Anwesenden» (VA 36,4). Nötig ist die Gabe der Unterscheidung der Geister, nicht notwendigerweise die Kompetenz, böse Geister auszutreiben: Exorzismen und Heilungen sind Sache Christi (und einiger von ihm autorisierter Personen). Sache der Asketen ist es, untereinander den geistlichen Fortschritt zu beobachten, die Besseren nachzuahmen und die, die zurückbleiben, zu korrigieren und zu ermutigen (VA 38,2). Antonius, von dem zahlreiche Wundertaten berichtet werden, relativiert deren Bedeutung: Die Dämonen

5 *In neuzeitlicher Sicht entspringen Dämonen und Versuchungen der Gedankenwelt des Malers: Jost van Craesbeeck, Die Versuchung des heiligen Antonius, um 1650. Karlsruhe, Staatliche Kunsthalle*

werden durch Gelassenheit und nicht durch spektakuläre Austreibungen im Zaum gehalten. Voraussetzung dafür ist die «Ruhe der Gedanken» (VA 36,3) oder einfach die «Seelenruhe» (VA 43,2). Sie zu besitzen ist das Ziel der Askese schlechthin.[14]

ANTONIUS' EIGENE ERFAHRUNGEN (VA 39–43). Dabei könnte Antonius, weil er das eben Beschriebene ja am eigenen Leibe erfahren hat, noch so viel erzählen – und das tut er auch, jedoch im Modus der «Narrenrede»: Als «Törichter» (*afrōn*) rühmt er sich nach dem Vorbild des Paulus (2 Kor 11,16; 12,6.11; VA 39,1 u.ö.) dessen, was Christus an ihm und durch ihn getan hat. Mochten die Dämonen als Soldaten, Lichtgestalten oder Psalmen singende Mönche kommen (VA 39,3–5), mochte auch ein riesenhafter Dämon sich ihm als die «Kraft Gottes» vorstellen (VA 40,1)[15] – Antonius verteidigte sich mit Gebet und Gesang und mit Beharren in der

Askese (VA 40,6). Die simple Frage: «Wer bist du, und woher kommst du?» (VA 43,1 f.) zwingt den Urheber der Erscheinung, zu offenbaren, ob er ein Heiliger oder ein Dämon ist, ob es Grund zur Freude oder zur Verachtung gibt.

Warum aber beschäftigt sich Antonius so ausführlich mit dem Teufel und den Dämonen, wenn diese sich doch als machtlos erweisen? Der kurze Dialog des Antonius mit einer «großen und hochaufragenden Erscheinung», die an die Tür seiner Zelle klopfte, gibt eine Antwort:

> Als ich nun fragte: «Wer bist du?», sagte er: «Ich bin Satan.» Als ich ihn fragte: «Weshalb bist du hier?», da sagte er: «Warum tadeln mich die Einsiedler und alle anderen Christen ohne Grund? Warum verfluchen sie mich Stunde für Stunde?» Ich wiederum fragte: «Nun, wieso belästigst du sie denn?» Da sagte er: «Ich bin's doch gar nicht – nein, sie selbst stiften Verwirrung in sich! Denn ich bin schwach geworden. Haben sie nicht gelesen: ‹Die Schwerter des Feindes haben ihre Kraft für immer verloren, seine Städte hast du zerstört› (Ps 9,7)? Ich habe überhaupt keinen Platz mehr, keine Waffe, keine Stadt. Überall gibt es schon Christen, und nun hat sich auch noch die Wüste mit Einsiedlern gefüllt. Sie sollen auf sich selbst achten und nicht mir ohne Grund Übles wünschen!» (VA 41,2–4)

Die Geister unterscheiden zu können hilft nicht nur dabei, Teufel und Dämonen seelenruhig entgegenzutreten – es bewahrt auch den Einsiedler davor, sich auf den Teufel als Gegner zu fixieren, obwohl dieser längst seine Macht über den Menschen verloren hat. Zwar sind die Dämonen real und bedrohlich, und der Asket muss wachsam sein, um nicht den überwunden geglaubten Versuchungen zu erliegen. Aber nach der monastischen Theologie der *Vita* (und nach dem Zeugnis der *Apophthegmata* und der Antonius-Briefe) ist es möglich, durch asketische Praxis zur Seelenruhe und dadurch zur Verachtung der Dämonen zu gelangen *und* auf dieser Stufe zu verharren – genau das zeigt Athanasius am Leben des Antonius.

Zusammenfassend lässt sich festhalten: Antonius lehrt seine Schüler wie ein Philosoph seine Jünger, teils unter Rückgriff auf Begriffe der zeitgenössischen Philosophie, vor allem aber aus seiner Erfahrung im Kampf gegen die Dämonen heraus. Was anhand seiner Biographie gezeigt wurde (VA 1–15), erhält hier in systematischer Form eine Bestätigung: Eignet sich der Mensch durch Gebet und Askese die ihm von Christus verliehene Widerstandskraft gegen das Böse an, so braucht er keine Angst mehr zu haben, sondern kann eine Vision oder Audition gelassen daraufhin befragen, ob sie von den Heiligen oder vom Teufel komme. Erscheint ihm ein Heiliger, so entsprechen sich die Ruhe, die dieser um sich verbreitet, und die Ruhe, die in der Seele des Asketen herrscht; ist es aber der Teufel oder ein Dämon, dann merkt man dies an Lärm und Verwirrung, die er mit sich bringt.

Dazu bedarf es freilich geschärfter Sinne für das Geistige. Nur in der Wüste, wo andere Ablenkungen fehlen, ist der Mensch in der Lage, das Charisma der *diakrisis,*[16] das Gott ihm verliehen hat, auch zur Entfaltung zu bringen. In anderer, weniger spektakulärer Form wiederholt die Rede an die Mönche die Einsicht, die Antonius aus dem Kampf mit den Dämonen im Grab gewann: Nur wer sich dem Kampf stellt, macht sich zu Nutze, was Gott ihm geschenkt hat – die Fähigkeit zum authentischen Leben in einer Umwelt, die von Ablenkungen nur so wimmelt. Wer zwischen Gott und Teufel, Gut und Böse zu unterscheiden vermag, den kann auch die vermeintliche Weissagungskraft der Dämonen nicht beeindrucken, und dem begegnet der Teufel nicht als ebenbürtiger Gegner, sondern als schwach und machtlos. So konstatiert Athanasius, dass die Unterweisung durch Antonius ihren Zweck erreichte:

> Alle freuten sich über das, was Antonius dargelegt hatte. Bei den einen wuchs die Liebe zur Tugend, bei anderen schwand die Nachlässigkeit, bei wieder anderen hörte die Einbildung auf. Alle ließen sich überzeugen, die dämonischen Anschlagsversuche nur zu verachten, und bestaunten die dem Antonius vom Herrn verliehene Gnade der Unterscheidung der Geister. (VA 44,1)

Die geistliche Lehre der Antonius-Briefe

Antonius begegnet aber nicht nur bei Athanasius als Lehrer der Mönche, sondern auch in den unter seinem eigenen Namen überlieferten Briefen.[17] Das Corpus gibt sich als briefliche Belehrung von Mönchen, die den Autor als geistliche Autorität anerkennen und die er als «geliebte Kinder» anredet.[18] Für seine schriftliche Unterweisung dieser Anfänger und Fortgeschrittenen im asketischen Leben[19] erwartet Antonius Gehör und Gehorsam: Was er schreibt, mögen die Adressaten als Gottes Gebot auffassen (ep. 7,63), im Vertrauen darauf, dass ihn nicht die «Liebe des Fleisches», sondern die «Liebe der Gottesfrömmigkeit» antreibt (ep. 4,2).[20] Die Brüder sind bereits zur Askese konvertiert, sie werden daher «vereint mit den Heiligen Erben (des Reiches Gottes) sein» (ep. 3,3), bedürfen aber noch der Ermahnung, weil unter irdischen Bedingungen das Heil nie endgültig gesichert ist. Die Gegenwart ist als Zeit zwischen Trauer und Freude (ep. 3,32) in erster Linie eine Zeit der Bewährung (ep. 2,26.35). Der rote Faden besteht im Stichwort «Erkenntnis», wobei die philosophische Maxime *gnōthi seauton* heilsgeschichtlich zugespitzt wird: «Erkenne dich selbst, damit du die Zeichen der Zeit erkennst!» (ep. 3,38).

Gegenüber der *Vita* zeichnen sich die Briefe durch die Verbindung von philosophischen und biblisch-heilsgeschichtlichen Motiven mit einer platonisierenden Anthropologie aus, die die alexandrinische Theologie eines Origenes als Hintergrund erahnen lässt (obwohl keine direkten literarischen Anleihen nachzuweisen sind).[21] Der erste Brief bietet eine dreifache Einteilung der zu Gott gehörigen «Seelen»:

- Einige erwählte Gott durch Naturgesetz und Verheißung, so dass sie ihm wie Abraham (Gen 12,1–9) folgten, «weil ihre Herzen bereit waren, vom Geist Gottes geleitet zu werden» (ep. 1,7).[22]
- Andere wurden durch das geschriebene Gesetz über die Strafen für die Bösen und die Verheißungen für die Guten in

Kenntnis gesetzt und glaubten an Gott (ep. 1,9–11 mit Ps 18,8; 118,130 LXX).[23]

– Schließlich gibt es Menschen mit verhärteten Herzen, denen Gott «barmherzige Anfechtungen» sandte, um sie zur Buße zu bewegen (ep. 1,15 f.) und dadurch zu Gott zu gelangen.

Entscheidend ist allerdings, dass dies nur drei Weisen sind, um sich dem Kampf mit dem Teufel bzw. gegen die Versuchungen zu stellen, die *allen* aufgegeben sind. Dabei werden die menschlichen Seelen vom göttlichen Geist (*pneuma*) geleitet, der den Menschen die Gewalt über sich selbst (zurück)gibt (ep. 1,22), das heißt über Seele *und* Leib. Dieser wird nicht abgewertet, sondern ist vielmehr als Teil des *ganzen* Menschen zur Erlösung bestimmt, der aber erst lernen muss, zwischen Fleisch und Geist zu unterscheiden,[24] um die Vermischung von beidem zu vermeiden:[25]

> Der menschliche Geist fängt also damit an, (zwischen den Früchten des Fleisches und des Geistes) zu unterscheiden, und beginnt vom Geist zu lernen, wie Leib und Seele durch Buße zu reinigen sind. (ep. 1,27)

Dies *nicht* zu können liegt an der Abkehr vom «Gesetz der Verheißung», das Selbsterkenntnis bringt, so dass die «vernünftige Wesenheit» des Menschen (*ousia noera*)[26] daraufhin in Irrationalität verfällt (ep. 2,5). Der Intellekt (*nous*) als operative Instanz der Seele (*psychē*) bringt, angeleitet vom göttlichen Geist (*pneuma*), den Körper (*sōma*) erneut unter Kontrolle (ep. 1,32). Ep. 1 beinhaltet also eine dicho- bzw. trichotomische Anthropologie in platonischer Tradition (vgl. schon 1 Thess 5,23), die durch die Wirksamkeit des Heiligen Geistes aber einen spezifisch christlichen Akzent erhält.[27]

Den Weg zum Heil beschreitet der Mensch, indem er sich über die drei «Bewegungen» seines Körpers Klarheit verschafft. Antonius' Darstellung der Struktur des Körpers ist auch in den *Apophthegmata* enthalten und damit der einzige griechisch überlieferte Teil der Briefe:

> Ich meine, dass der Leib eine naturhafte, ihm eigene Bewegung hat. Diese ist aber nicht tätig, wenn die Seele es nicht will. Sie zeigt in dem Leib nur die leidenschaftslose Bewegung an. Es gibt aber eine andere Bewegung, die daraus entsteht, dass der Leib durch Speisen und Getränke ernährt und gewärmt wird, woraus die Wärme des Blutes den Leib zum Tätigsein anregt. Deshalb sagt der Apostel: «Sauft euch nicht voll Wein, woraus ein unordentliches Wesen folgt» (Eph 5,18). Und wiederum gebot der Herr seinen Jüngern im Evangelium und sprach: «Hütet euch, dass eure Herzen nicht mit Fressen und Saufen beschwert werden!» (Lk 21,34) Es gibt aber auch noch eine dritte Bewegung bei den Kämpfenden, die von den listigen Anschlägen und dem Neid der Dämonen herrührt. So muss man wissen, dass es drei körperliche Bewegungen gibt, die erste von Natur aus, die zweite aus dem wahllosen Genuss von Speisen, die dritte von den Dämonen. (AP/G Ant. 22 = ep. 1,35–41)[28]

Die menschliche Seele soll die Kontrolle über die drei Bewegungen des Leibes bewahren oder (wieder)gewinnen – und dies gelingt am ehesten dem Asketen, der sich von äußeren Ablenkungen frei macht, die Speisezufuhr auf ein Minimum beschränkt und den Dämonen zu widerstehen vermag. «Reinheit» ist dabei die Vorbedingung für die «Heiligung» (ep. 1,46). Wer derart geheiligt ist, schafft es dann auch, Augen und Ohren und besonders die Zunge im Zaum zu halten[29] sowie die Begehrlichkeiten des Bauches und die sexuellen Gelüste zu neutralisieren (ep. 1,50–62.66–71). Das Ziel der Heiligung hat Gott selbst bestimmt:

> Denen, die nach Reinheit streben, gibt der Geist als Regel der Reinigung vor: Mäßigung gemäß dem Vermögen des Leibes, Entäußerung von Neid und Begierde. (ep. 1,63)

Was das im Einzelnen heißt, bleibt ungesagt. Die asketische Lebensform ist ja die Basis, auf der sich Schreiber und Adressaten brieflich begegnen und die nicht erläutert werden muss. Motiviert werden die asketischen Bemühungen durch die Aussicht, schon jetzt partiell des «geistlichen Leibes» teilhaftig zu werden, der endgültig bei der Auferstehung verliehen werden wird. Einer Seele, die sich dem Geist unterwirft, wird Gott barmherzig gewähren, was sie begehrt: zu ihrem schöpfungsgemäßen Zustand zurückzufinden.

Die Briefe 2–7 verfolgen das Thema der Selbsterkenntnis als Ziel und Kern des asketischen Lebens im Horizont der Heilsgeschichte Gottes (*oikonomia*). So beginnt ep. 3 mit den Worten:

> Ein aufmerksamer Mensch, der sich darauf vorbereitet hat, bei der Wiederkunft Jesu befreit zu werden, erkennt sich selbst als geistige Wesenheit, denn wer sich selbst kennt, erkennt auch die heilvollen Taten des Schöpfers und was dieser für die Geschöpfe tut. (ep. 3,1 f.)

Die Wiederkunft (Parusie) Christi ist der geschichtliche Endpunkt, auf den hin der Asket sich ausrichten soll. Das erfordert Selbst-, aber auch Gotteserkenntnis; letztere wird ermöglicht durch das Handeln Gottes an seinen Geschöpfen. Angesichts des drohenden Todes der «geistigen Wesenheit» und der Vernachlässigung des «Gesetzes der Verheißung» – also des Bundes Gottes mit Abraham (s. o.) – sandte Gott Mose in die Welt, der das «Haus der Wahrheit», die Kirche,[30] gründete, jedoch nicht vollendete (ep. 5,16–18). Das gelang auch den Propheten nicht (ep. 5,19), so dass Gott schließlich «auf das Gebet der Heiligen hin» seinen Sohn als Erlöser schickte (ep. 5,23–25). Nur dieser konnte die schweren Wunden heilen, die die Sünde geschlagen hatte[31] – «er, der Einziggeborene, der die einzige Geisteskraft und das wahre Bild des Vaters ist, der jedes vernunftbegabte Geschöpf zum Abbild seines Bildes gemacht hat» (ep. 2,14). Das «Bild» (*eikōn*) Gottes ist hier und an anderen Briefstellen als «rational» näher bestimmt (zum Beispiel ep. 7,10: *nous logikos*). Erst durch die Offenbarung Gottes in Christus und durch die Wirkung des Heiligen Geistes kann der Mensch sich wieder als *ousia noera*, als «geistige Wesenheit», erkennen (ep. 4,10; vgl. 3,1). Christus als das wahre Bild Gottes macht die Menschen zu Abbildern seiner selbst und stellt ihre ursprüngliche Gottebenbildlichkeit, damit aber auch die Gemeinschaft mit Gott und untereinander wieder her:

> Durch das Wort seiner Macht (d. h. Jesus Christus) führte er (d. h. der Vater) uns aus allen Landen zusammen, vom einen Ende der Erde bis zum anderen; er ließ unsere Geisteskräfte auferstehen, gewährte uns Vergebung unserer Sünden und lehrte uns, dass wir Glieder sind, ein jeder für den anderen. (ep. 2,22 f.)[32]

Beides, die geistliche und die geschichtliche Erkenntnis, gehört zusammen. Asketen, die diesen Namen wirklich verdienen, sind «Miterben der Heiligen» (vgl. Röm 8,17), das heißt in heilsgeschichtlicher Perspektive «Kinder Israels». Ihre «fleischlichen», das heißt bürgerlichen Namen sind unwichtig, seit ihre «geistliche Wesenheit» wiederhergestellt ist (ep. 5,1).[33] Diese Differenz zwischen geschöpflicher und geistiger Sphäre ist für Antonius' Briefe prägend.[34] «Wenn ihr vor Gott offenbar geworden seid, habt ihr gegenüber dem leiblichen Leben keine Verpflichtungen mehr», schärft er den Adressaten ein (ep. 4,13). Die Güter dieser Erde muss der Asket hinter sich lassen, er darf nicht versuchen, «mit den Wesenheiten dieser Welt in Frieden zu leben» (ep. 5,33.36), denn das hält ihn davon ab, «nach der himmlischen Herrlichkeit und nach dem Werk der Heiligen zu streben und in ihren Fußstapfen zu wandeln» (ep. 5,40) – hier klingt das Motiv der «Nachahmung der Heiligen» an, das auch in der *Vita Antonii* die Entscheidung des Antonius für das asketische Leben motiviert.[35]

Das aber bedeutet auch in den Briefen, sich der Nachstellungen der Dämonen bewusst zu sein und die «Gabe der Unterscheidung» zu ihrer Bekämpfung einzusetzen. Dies *nicht* zu tun ist dagegen Ausdruck der «Irrationalität» des gefallenen Menschen (ep. 6,23), und darum bittet Antonius Gott, er möge seinen Mitbrüdern «ein wissendes Herz und einen unterscheidenden Geist» schenken (ep. 6,29). Die Liste der dämonischen Versuchungen (ep. 6,30–44) erinnert in vielem an die Rede über die Dämonen in der *Vita Antonii*: Neid und Missgunst, Hartherzigkeit, Gleichgültigkeit gegenüber dem Heil, Stolz und Selbstgerechtigkeit, Desorientierung des asketischen Lebens durch Vorgaukelung falscher Werte und Ziele – all das verleiht den Dämonen Macht über Leib und Seele des Menschen (ep. 6,47 f.). Doch kommen die Dämonen nicht von außen, weshalb man nicht – wie in der *Vita* – durch den Rückzug ins Innere die äußerlichen Angriffe abwehren kann:

> Wenn du sie (d. h. die Dämonen) suchst, wirst du ihre Sünden und Ungerechtigkeiten nicht leibhaft enthüllt finden, denn sie sind körperlich unsichtbar. Vielmehr musst du wissen: Wir sind ihre Körper, weil unsere Seele von ihrer Verworfenheit geprägt wird; und wenn sie davon geprägt ist, zeigt sie sie durch den Körper, in dem wir weilen. (ep. 6,50 f.)

Bildet das Thema der dämonischen Versuchungen ein Bindeglied zur *Vita*, so stellen die Unsichtbarkeit und Körperlosigkeit der Dämonen ein Unterscheidungsmerkmal dar.[36] Dämonen sind nach den Briefen nicht leibhaftig: «Sie sind verborgen, wir enthüllen sie durch unsere Taten» (ep. 6,55). Die Unsichtbarkeit erinnert an ihren Ursprung: Sie stammen in ihrer «geistigen Wesenheit alle aus einer Quelle», das heißt aus der göttlichen Sphäre,[37] existieren aber «seit ihrer Flucht vor Gott in verschiedenen Gestalten, entsprechend ihren Tätigkeiten» (ep. 6,56).

In der Welt der Dämonen spiegelt sich die Welt der Asketen und der nicht geistlich lebenden Menschen: Wie es nicht vorherbestimmt war, welches Himmelwesen als Engel oder Cherub wirken würde und welches als Teufel, Dämon oder «Geist der Verführung», so gibt es auch auf Erden Menschen, «die den Dämonen in dem schwerfälligen Körper, in dem wir nun einmal leben, widerstanden haben» (ep. 6,61): Patriarchen, Propheten, Könige und Apostel.[38] Diesen soll der Asket nacheifern, indem er den Körper, «mit dem er bekleidet ist», zum Altar macht, auf dem gute und böse Gedanken vor Gott dargebracht werden (ep. 6,73).[39] Dieses Opfer wird Gott annehmen und dem Asketen beistehen. Darum darf dieser seinen geistlichen Fortschritt nicht sich selbst zuschreiben, sondern alleine der göttlichen Macht, die ihm zur Seite steht (ep. 6,82).

Die Differenzen zwischen der *Vita* und den Briefen bezüglich der Dämonologie lassen fragen, in welche Kontexte hinein die Schriften sprechen. In Antonius' eigenen Briefen ist es die Unterweisung der institutionell ungebundenen Asketen, die zur Erkenntnis (*gnōsis*) gelangen sollen; in der *Vita* nimmt Athanasius die Mönche dagegen als Teil der Kirche in den Blick und will ihnen eine Art Regel geben. Es gibt aber auch wichtige Übereinstimmungen zwischen den Briefen und der *Vita*: In beiden Textkomplexen geht das gnadenhafte Wirken Gottes dem menschlichen Handeln voraus. Ähnliches gilt auch für das Verhältnis von Briefen und *Apophthegmata Patrum*, in die Antonius' Überlegungen zu den «Bewegungen» des Leibes aufgenommen worden sind. Daher sollte man die Briefe nicht einfach im Kontrast zu den anderen Quellen lesen, vielmehr stehen alle drei Quellencorpora in vielfältigen Beziehungen zueinander.

Was für ein Antonius-Bild ergibt sich aus den Briefen? Sie zeigen Antonius nicht als ungebildeten Solitär, sondern als Mittelpunkt eines expandierenden asketischen Netzwerks, auf das er durch briefliche Kommunikation einwirkte. Seine Lehre steht in der Tradition der alexandrinischen Theologie eines Origenes, für den Askese bereits ein wesentlicher Bestandteil der christlichen «philosophischen» Existenz war; und sie hat Parallelen in der koptisch-gnostischen Bibliothek von Nag Hammadi, wo manche Schriften einen ganz ähnlichen Weg zum Heil vertraten.[40] Antonius erscheint in den Briefen nicht als Märtyrer, Wundertäter oder Dämonenbekämpfer, sondern als «Weisheitslehrer».[41] Das früheste Mönchtum erweist sich damit als eine Bildungsbewegung ganz eigener Art.

Unterweisung in den Apophthegmata Patrum

Antonius wirkte aber nicht nur durch seine Briefe, sondern auch durch mündliche Unterweisung. In den *Apophthegmata Patrum*[42] nimmt er eine Sonderstellung ein. Nicht nur beginnt das Alphabetikon mit den ihm zugeschriebenen Worten; er ist auch in mehreren Dutzend weiterer Apophthegmen präsent, und zwar als erfahrener Lehrer, zu dem durchaus auch andere «Altväter» mit ihren Fragen kommen. Die *Apophthegmata* weisen vielfältige Partnerkonstellationen auf: Mal fragt «jemand» Antonius (Ant. 3), mal spricht er mit einem anderen bekannten *abbas* (Ant. 3: Poimen; Ant. 6: Pambo; Ant. 15: Joseph; Ant. 31: Paulus; Ant. 34: Amun). Oft kommen «Brüder» zu ihm (*adelphoi*: Ant. 12; 16; 18: 19; 20; 21; 26), weiterhin auch «Mönche» (*monachoi*: Ant. 15), «Greise» (*gerontes*: Ant. 17) oder «Väter» (*pateres*: Ant. 27), die auch selbst als Kollektiv Gegenstand des Gesprächs (Ant. 18) oder Ziel von Reisen (Ant. 28) sein können. Während die Schüler, die Antonius in seinen Briefen unterweist, anonym bleiben und die *Vita* nur wenige Schüler namentlich nennt, füllt sich die Wüste in den *Apophthegmata* mit individuellen Personen. Je länger Antonius' Lebenszeit zurückliegt, desto stärker treten Genealogien hervor: Ammonas erscheint als erster, Pityrion als zweiter Nachfolger des Antonius.[43] Wenig später wird allerdings in derselben Quelle Macarius der Ägypter von Antonius zum Nachfolger designiert: «Siehe, mein Geist ruhte auf dir, in Zukunft sollst du der Erbe meiner Tugenden sein!»[44] Dass diese Verheißung Macarius zu Recht trifft, zeigt sich unmittelbar danach: In der Wüste versucht der Teufel den dürstenden Macarius, indem er ihm rät, «die Gnade des Antonius» einzusetzen, um sich mit Wasser zu versorgen – eine perfide List, die aber ohne Erfolg bleibt.[45]

Antonius ist die Zentralfigur der frühen eremitischen Bewegung. In der Tradition gilt er als wichtigste Autorität der Gründergeneration, von der die Väter der zweiten Generation – Pambo, Sisoes, Joseph, aber auch die Gründer der

Mönchssiedlungen in Sketis und Nitria, Macarius und Amun – abgesetzt werden, während die früheren Väter nach 400 bei Poimen und seinen Zeitgenossen wiederum gemeinsam als Autoritäten auftreten.[46] Antonius' Rolle jedoch ist einzigartig:

> Der *abbas* Amun aus Nitria kam zum *abbas* Antonius und sagte zu ihm: «Ich habe mehr Mühe als du, und doch: wie ist dein Name unter den Menschen über mich erhöht!» Der *abbas* Antonius erwiderte ihm: «Dann liebe ich Gott also mehr als du!»[47]

Seine überragende Rolle in der Tradition erübrigt auf der Ebene der Erzählung nicht, dass Antonius selbst Rat bei seinem Schüler Paulus (Ant. 31; siehe S. 81) sucht und andere Väter als Vorbilder preist.[48] Dem entspricht die Notiz des Palladius, dass Antonius, als er während eines seiner seltenen Besuche in Alexandria den blinden Exegeten Didymus traf, auf dessen Aufforderung hin sofort niederkniete und ein Gebet sprach (anders als Palladius selbst, dem Didymus deshalb Hochmut vorwarf).[49] Mit einer anderen Pointe wird die Begegnung von Rufin und Hieronymus erzählt: Didymus möge sich, so Antonius, nicht ob des fehlenden Augenlichtes grämen, sondern «sich an dem freuen, dessen nur Heilige und Apostel gewürdigt werden», des Sehens im Geist.[50]

Das hierarchische Geflecht in der Wüste bzw. zwischen den Eremiten und ihren Geistesverwandten an anderen Orten ist nicht von formaler Autorität geprägt, sondern von asketischer Praxis, die nicht systematisch, sondern stets auf konkrete Anlässe bezogen reflektiert wird, in der aber zumeist doch das Wort derer, die diese Existenzform begründet haben, besonderes Gewicht besitzt. In einer fast paradox anmutenden Szene ist sogar Antonius' schiere Präsenz Grund für eine Reise: Ein anderer «Vater» besuchte ihn jährlich, stellte aber nie eine Frage. Als Antonius ihn darauf ansprach, bekannte er: «Es genügt mir schon, dich zu sehen, Vater» (Ant. 28). Immerhin war ihm dies vergönnt, im Unterschied zu einem anderen «Greis», der alle Väter sehen wollte, Antonius aber nicht zu Gesicht bekam und auf seine drängenden Fragen nur die Antwort erhielt: «An dem Ort, an dem Gott ist, da ist auch Antonius» (Ant. 29).

Angesichts dieser Bedeutung des Antonius für die Tradition des eremitischen Mönchtums ist es umso bemerkenswerter, dass das erste ihm zugeschriebene Apophthegma – und damit das erste der gesamten Sammlung – nicht einen souveränen *abbas*, sondern einen Zweifler präsentiert:

> Als der *abbas* Antonius einmal in verdrießlicher Stimmung und mit düsteren Gedanken in der Wüste saß, sprach er zu Gott: «Herr, ich will gerettet werden, aber meine Gedanken lassen es nicht zu. Was soll ich in dieser meiner Bedrängnis tun? Wie kann ich das Heil erlangen?» Bald darauf erhob er sich, ging ins Freie und sah einen, der ihm glich. Er saß da und arbeitete, stand dann von der Arbeit auf und betete, setzte sich wieder und flocht an einem Seil, erhob sich dann abermals zum Beten; und siehe, es war ein Engel des Herrn, der gesandt war, Antonius Belehrung und Sicherheit zu geben. Und er hörte den Engel sprechen: «Mach es so, und du wirst das Heil erlangen.» Als er das hörte, wurde er von großer Freude und Mut erfüllt, und durch solches Tun fand er Rettung. (Ant. 1)

Der Auftakt macht deutlich: Antonius hat dieselbe Frage wie alle, die zu ihm kommen. «Wie kann ich gerettet werden?» ist explizit (Ant. 3; 19) und implizit die zentrale Frage in den *Apophthegmata*. Sogar der *abbas* Pambo stellt sie dem Antonius: «Was soll ich tun?» (Ant. 6). Und dessen Antworten können Autorität beanspruchen, weil er die Situation der Fragenden kennt. Er hat selbst «in Gleichgültigkeit gegenüber dem Heil» (*en akēdia*), quasi «antriebslos», in der Wüste gesessen und «in der Finsternis der Gedanken» (*en skotōsei logismōn*) über seine Erlösung gebrütet. Mit der *akēdia* überfällt ihn einer der klassischen «bösen Gedanken» des ägyptischen Mönchtums, der bei Evagrius Ponticus sogar der gefährlichste der acht Dämonen ist: Der «Mittagsdämon» drängt den Asketen dazu, das Sitzen in der Zelle und den Kampf gegen die Dämonen einfach aufzugeben.[51] Die erste Frage in den *Apophthegmata* richtet sich also nicht an einen *abbas*, sondern direkt an Gott. Dieser «direkte Draht» nach oben zeichnet Antonius gegenüber anderen Wüstenvätern aus.

Gottes Antwort ergeht ebenfalls außergewöhnlicherweise durch die Erscheinung eines Engels.[52] Formuliert wird dabei nicht weniger als das Grundprinzip des asketischen, später auch koinobitischen Mönchtums: *Ora et labora!* Nicht durch Grübeln und Klagen, sondern durch einen gesunden Rhythmus von Arbeit und Gebet findet der Asket zu Gott und damit zur Erlösung bzw. zu deren Vorgeschmack unter irdischen Bedingungen. Der Engel gibt Antonius «Rechtleitung» (*diorthōsis*) und «sicheren Stand» (*asphaleia*) und befreit ihn damit vom Dämon der *akēdia*. Interessanterweise ist dafür, wie ein anderes Wort zeigt, die Zelle des Wüstenasketen keine zwingende Voraussetzung: Hier wird Antonius «offenbart», es gebe in der Stadt (wohl in Alexandria) «einen, der dir ähnlich ist, seines Zeichens ein Arzt: Seinen Überfluss gibt er den Armen, und den ganzen Tag über singt er mit den Engeln das Trishagion» (Ant. 24). Den Rhythmus von Arbeit und Gebet kann man also auch «in der Welt» pflegen – wo dies aber ungleich schwerer fällt als in der Zelle.[53]

Auf der Basis der göttlichen Antwort in Ant. 1 kann Antonius nun gleich die Theodizeefrage aufwerfen: Warum sind kurze und lange Lebensdauer, Armut und Reichtum und generell Gerechtigkeit und Ungerechtigkeit nicht nachvollziehbar verteilt? (Ant. 2). Die Antwort lautet, es komme ihm schlicht nicht zu, «diese Ratschlüsse Gottes zu durchdringen». Spekulative Theologie ist – anders als in Antonius' Briefen – nicht Sache der Wüstenväter, nicht weil sie nicht die intellektuelle Kapazität dazu hätten, sondern weil es nicht zum Heil führt, über Gottes Heilsplan zu sinnieren. Vielmehr ist die asketische Unterweisung in den *Apophthegmata* auf das individuelle Heil des Asketen ausgerichtet, und dafür formuliert Antonius drei Grundregeln:

> Wohin immer du gehst: Habe überall Gott vor Augen! Was du auch tust oder was du auch redest: Für alles suche ein Zeugnis in der Schrift! Wenn du dich an einem Ort niederlässt, dann entferne dich nicht rasch wieder! (Ant. 3)

Ausrichtung auf Gott, Orientierung an der Bibel, Beständigkeit an dem einmal gewählten Ort: Das sind drei Leitplanken der asketischen Existenz, die dabei helfen, die Herausforderung des Lebens in Gottes Gegenwart zu bestehen. Was es bedeutet, für alles ein Zeugnis in der Schrift zu suchen, wird durch ein Wort des *abbas* Nisteroos deutlich:

> Einer von den Vätern fragte den *abbas* Nisteroos, den Großen, den Freund des *abbas* Antonius, und sagte: «Welches gute Werk soll ich tun?» Und er antwortete: «Sind nicht alle Tätigkeiten gleich? Abraham war gastfreundlich – und Gott war mit ihm! (Gen 18,1–9). Elias liebte die Herzensruhe – und Gott war mit ihm! (1 Kön 17,5; 19,4). David war demütig – und Gott war mit ihm! (1 Sam 18,23 u. a.). Wovon du siehst, dass es deine Seele im Einklang mit Gott will, das tue, und du wirst dein Herz bewahren!»[54]

Paradoxerweise wird das Bestehen vor Gott umso schwerer, je mehr man sich der Lasten des Alltags entledigt hat, denn erst jetzt stößt man auf Anfechtungen und Versuchungen, die den Menschen im Innersten bedrohen:

> Der *abbas* Antonius sprach zum *abbas* Poimen: «Das ist das große Werk des Menschen, seine Sünde hoch über sich auf das Angesicht Gottes zu werfen und bis zum letzten Atemzug mit der Versuchung zu rechnen.» (Ant. 4)

Analog zur *Vita Antonii*, wo der tägliche Neubeginn und Vollzug der Askese als Aufgabe gestellt wurde, ist der Wüstenvater auch in den *Apophthegmata Patrum* niemals mit seinen Sünden und den auf ihn einströmenden Versuchungen fertig. Er muss daher nach einem Lebensrhythmus streben, in dem ihn die Dämonen nicht mehr beeinträchtigen können. Endgültig loswerden kann er sie freilich nicht, ja er soll dies nicht einmal anstreben:

> Keiner kann, ohne versucht zu werden, ins Himmelreich kommen. Nimm die Versuchungen weg, und niemand wird gerettet. (Ant. 5)

Auch nach den *Apophthegmata* ist das Leben des Einsiedlers also ein ständiger Kampf. Die Konkretion dieser Versuchungen folgt auf dem Fuße, und zwar in Form einer weiteren Dreierreihe:

> Der *abbas* Pambo fragte den *abbas* Antonius: «Was soll ich tun?» Der Greis entgegnete: «Baue nicht auf deine eigene Gerechtigkeit, lass dich nicht ein Ding gereuen, das vorbei ist, übe Enthaltsamkeit von der Zunge und vom Bauch.» (Ant. 6)

Der Asket möge sich, wenn es darum geht, was er tun soll, gerade nicht auf seine eigenen Leistungen verlassen (sondern auf die ihm von Gott her zukommende Bestätigung seines rechten Weges). Er soll nicht damit hadern, wenn eine Gelegenheit verstrichen ist, sich gegen Dämonen oder andere Versuchungen in besonderer Weise als gefeit zu erweisen, sondern nach vorne schauen, wo ja bereits die nächste Versuchung wartet. Und er soll natürlich enthaltsam sein, und zwar nicht nur, was unmittelbar einleuchtet, im Blick auf körperliche Genüsse, sondern auch beim Reden, wenn besser zu schweigen wäre. Diese heilsame Relativierung der Askese schließt an Ant. 1 an und enthält zugleich die Warnung: Der Dämon des Stolzes lauert überall dort, wo der Asket sich über andere Asketen oder in der Welt lebende Christen erhaben fühlt. Darum wird sogleich im nächsten Spruch eingeschärft, dass nur Demut dazu hilft, den Fallstricken des Teufels zu entgehen (Ant. 7), so dass ein Bruder, der sich nur loben, aber nicht kritisieren lässt, einem Dorf gleiche, «das zwar vorne schön geschmückt ist, aber zugleich hinten von Räubern verwüstet wird» (Ant. 15).

Ein auf den ersten Blick höchst merkwürdiges Wort hat einen jüngeren Asketen zum Thema, der aus Barmherzigkeit ein Wunder getan hatte: Er hatte einige Greise, die auf dem Weg zu Antonius ermüdet waren, von Wildeseln ans Ziel bringen lassen. Was zunächst wie eine gute Tat aussieht, führt zur schmerzvollen Erkenntnis, damit gesündigt zu haben (ohne dass die Sünde benannt wird!). Antonius kommentiert: «Dieser Mönch ist wie ein Schiff voll Waren, aber ich weiß nicht, ob es in den Hafen kommen wird.» Die großen Gaben an sich führen nicht zum Ziel und sind – so wird man den Text verstehen müssen – falsch eingesetzt worden. Der Jüngere stirbt, bevor Antonius ihm durch sein Gebet zu Gott beistehen kann (Ant. 14). Ohne dass es expliziert wird, gilt das Tun von Wundern – und sei es anderen Mönchen zu Gute – als gefährlich. Hierin entsprechen sich Apophthegmen und Biographie.

Die oben genannten Anweisungen werden in weiteren Sprüchen konkretisiert: Ant. 18 karikiert die Schwatzhaftigkeit von Brüdern, die sich auf der Reise zu Antonius «über die Worte der Väter, die Schrift und ihre Handarbeit» austauschten und so «aussprachen, was ihnen so in den Mund geriet». Der wahre Asket aber plaudert nicht, sondern schweigt, um die innere Ruhe zu bewahren oder (wieder) zu erlangen:

> Wiederum sagte er: «Wer in der Wüste sitzt und Stille übt, wird frei von drei Kämpfen: dem des Hörens, dem des Redens, dem des Sehens; nur einer bleibt noch, der des Herzens.» (Ant. 11)[55]

Es sind also nicht nur Geisteshaltungen wie die *akēdia*, die von der Askese ablenken, sondern auch und zuerst Tätigkeiten, die sich auf die Umwelt und die Kommunikation mit ihr richten. Diese muss man unterbinden, um den eigentlichen Kampf im Inneren zu führen. Das Mönchtum in den *Apophthegmata* ist zutiefst von der Unterscheidung zwischen «innen» und «außen» oder von «Zelle» und «Welt» geprägt. Und nur wem es gelingt, in Seelenruhe (*hēsychia*) in der Zelle zu sitzen, wird von der Welt frei.[56] Das wurde bereits an dem Apophthegma deutlich, wonach sich die Mönche wie Fische, die ins Wasser zurückstreben, zur Wiedergewinnung der *hēsychia* regelmäßig in ihr *kellion* zurückziehen müssen (Ant. 10 = VA 85,3 f.). «Wie ein Fisch im Wasser» fühlt sich der Asket also nur, wenn er allein ist, abgeschieden von der Welt, dauerhaft still und in geistlicher Weise «an gespannt». Diese Kontinuität ist entscheidend, um den Kampf gegen die «Unzucht» (*porneia*) und andere Bedrohungen erfolgreich führen zu können.

Das bedeutet freilich nicht, eine asoziale Existenz zu führen. Vielmehr ist gerade das Verhalten, «das dem Bruder nützt», das Kriterium, das über Leben und Tod entscheidet (Ant. 9).[57] Nur nützen dem Bruder weder Geschwätzigkeit noch spektakuläre Wunder, sondern das treffende Wort zur rechten Zeit. Um dies aber sagen zu können, muss auch der *abbas* in seiner Zelle immer wieder geistlich «auftanken». Nur dann kann er auch den Brüdern, die ihn befragen, aus göttlicher Autorität heraus antworten (Ant. 26), und deshalb gilt er als «Geistträger» (*pneumatophoros*, Ant. 30).

Die große Gefahr der Versuchungen besteht darin, den Asketen von seiner Idiorhythmie abzubringen. Daher darf die asketische Spannkraft (*tonos*) nicht über Gebühr strapaziert werden. Es gilt also den Leib zu trainieren, aber nicht zu zerstören (Ant. 8). Der Asket muss erwägen, «welche Tugend wir anstreben, damit wir uns nicht ins Leere bemühen» (Ant. 35), und dafür das rechte Maß finden (Ant. 13). Denn nicht jedermann ist zum (Hyper-)Asketen berufen:

> Gott schickt diesem (heutigen) Geschlecht nicht solche Kämpfe wie den Alten. Denn er weiß, dass es schwach ist und sie nicht bestehen würde. (Ant. 23)

Es zeichnet den Realismus der *Apophthegmata* aus, dass sich daran nicht die Klage über den Verfall der Askese anschließt, sondern ein Weg beschrieben wird, der für die in die Wüste Strebenden gangbar sein soll, ohne – wie Pachomius – die Konsequenz zu ziehen, dass das Alleinsein nur etwas für wenige ist und die anderen um ihrer selbst willen ins Kloster (*koinōbion*) gehören. Anders als bei den Styliten (Säulenstehern) in Syrien hat die Askese der *Apophthegmata* nichts mit geistlichem Leben unter Extrembedingungen zu tun, sondern zielt auf die Umsetzung einfacher biblischer Gebote:

> Beim *abbas* Antonius fanden sich Brüder ein und sagten zu ihm: «Sag uns ein Wort, wie wir gerettet werden können!» Sprach zu ihnen der Greis: «Höret die Schrift – gut ist sie für euch.» Sie aber sagten: «Wir wollen auch von dir (etwas) hören, Vater.» Der Greis aber sprach zu ihnen: «Das Evangelium sagt: Wenn dich jemand auf die rechte Wange schlägt, biete ihm auch die andere dar (Mt 5,39).» Sie aber sagten: «Das können wir nicht vollbringen.» Sagte zu ihnen der Greis: «Wenn ihr schon nicht die andere darzubieten vermögt, dann haltet wenigstens die eine hin.» Sie aber sagten: «Das können wir nicht.» Sagte der Greis: «Wenn ihr auch das nicht könnt, dann vergeltet nicht, was ihr (Böses) empfangen habt.» Sie sagten: «Das können wir nicht.» Da sagte der Greis zu seinem Schüler: «Bereitet ihnen ein wenig Brei (vgl. 1 Kor 3,2), denn sie sind schwach. Wenn ihr dies nicht könnt und jenes nicht wollt, was soll dann ich für euch tun? Beten ist nötig!» (Ant. 19)

Hier sind sich Biographie und Apophthegmen ganz nahe: Askese heißt, Nachfolge Christi zu üben – was offensichtlich als übermäßige Herausforderung empfunden werden konnte, obwohl es doch um die zentralen biblischen Gebote geht. Wer schon hieran scheitert, ist zum Leben in der Wüste nicht fähig. Die Episode zeigt aber auch, dass es zur Disziplin der Wüste gehört, sich den Weisungen eines *abbas* zu unterwerfen und sich von ihm Kritisches sagen zu lassen (und seine Weisungen dann natürlich zu befolgen). Es geht also um Vertrauen gegenüber dem Älteren und um Demut (vgl. Ant. 7). Ein wohl nicht von Antonius stammendes Apophthegma[58] schreibt ihm die griffige Formel zu: «Gehorsam zusammen mit Enthaltsamkeit zähmt wilde Tiere» (Ant. 36) – also nicht die *enkrateia* allein! Die Chance solcher Demut liegt darin, dieselbe Ruhe (*hēsychia*) zu erlangen wie Antonius und wie er die biblische Verheißung zu realisieren: «Ich fürchte Gott nicht mehr, sondern liebe ihn. ‹Denn die Liebe treibt die Furcht aus› (1 Joh 4,18)» (Ant. 32).

Der Blick auf die *Apophthegmata* zeigt: Geistliche Bildung basiert auf der Bibel und wird vom *abbas* in konkreten Situationen vermittelt. Darin sind die Apophthegmen, auch wenn das literarische Genre verschieden ist, den Antonius-Briefen verwandt, die die philosophische Reflexion über das asketische Leben in biblische Sprache kleiden und sich explizit an «vernunftbegabte» Zeitgenossen wenden. Diese Lehre unterscheidet sich grundlegend von der schulphilosophischen oder gar grammatisch-rhetorischen Bildung in der Spätantike. Aber in ihrer Eigenart prägt sie das Bild des frühen Mönchtums.

Die Frage nach Sinn und Reichweite der Bildung spielt auch in der *Vita Antonii* eine wichtige Rolle. Dass Athanasius selbst das Bild des illiteraten koptischen Einsiedlers konterkariert, ist oft beobachtet, aber erstaunlicherweise kaum einmal konsequent ausgewertet worden.[59] Die *Vita* bietet sogar eine explizite Verhältnisbestimmung zwischen asketischer Bildung und hellenischer Philosophie, die zeigt, wie die «Weisheit aus der Wüste» in die zivilisierte Welt zurückwirken sollte. Ihr wenden wir uns im Folgenden zu.

5. WELTLICHE UND GEISTLICHE BILDUNG

Wie gebildet war Antonius?

Wer Umberto Ecos Roman *Der Name der Rose* gelesen hat, weiß, dass das Lachen unter frommen Mönchen als etwas Unchristliches, ja Teuflisches gelten kann. Wenn man auch bei manchen Dialogen des Antonius mit dem Teufel ein Schmunzeln durchschimmern sieht, so wird in der *Vita* doch nur ein einziges Mal ausdrücklich gesagt, dass er «lächelte» – und zwar in dem Moment, als er heidnische Philosophen, die ihn für ungebildet hielten, mit treffenden Antworten ins Schwitzen gebracht hatte, «so dass sie sich hin- und herwanden» (VA 77,1). Offenbar war hier ein Thema berührt, dem der Eremit mit sanfter Ironie begegnete, das aber – wie wir sehen werden – für das Antoniusbild der *Vita* und für das Ideal asketischen Lebens von größter Bedeutung ist.[1]

Während des 4. Jahrhunderts diskutierten Christen mit «Heiden», aber auch untereinander über Nutzen und Grenzen nichtchristlicher Bildung.[2] Dieser Diskurs findet in der *Vita* seinen Niederschlag, wo mehrfach nichtchristliche Philosophen Antonius auf dem «äußeren Berg» heimsuchten. Dieser begegnete ihnen entspannt und souverän, obwohl (oder weil?) er schon als Kind schulische Bildung zu Gunsten einer biblisch fundierten Bildung verweigert hatte. Mit einer Sequenz von Dialogen (VA 72–80) macht Athanasius deutlich, dass dies eine richtige Entscheidung gewesen war, die für Asketen und ernsthafte Christen vorbildlich sein sollte – wobei die Pointe darin liegt, dass die Philosophen hier mit ihren eigenen (durchaus schulmäßigen) Waffen geschlagen werden.[3] Athanasius inszeniert die Dialoge in Anlehnung an Paulus als Auseinandersetzung zwischen der Torheit der Welt und der von Gott gegebenen Weisheit, während die Briefe Antonius selbst als philosophisch versierten Kopf ausweisen und die *Apoph-*

thegmata von längeren Fachdiskussionen nichts erkennen lassen. Offenbar ist auch hier die gestaltende Hand des Hagiographen am Werk.

Nachdem er berichtet hatte, dass Antonius sich auf den Berg «wie in sein eigenes Haus» zurückgezogen hat, setzt Athanasius neu an:

> Er war aber auch überaus klug. Erstaunlicherweise war er – der keine Bildung (*grammata*) erworben hatte – ein scharfsinniger und verständiger Mensch. (VA 72,1)

Mit *grammata* sind hier nicht basale Lese- und Schreibkenntnisse gemeint, die Antonius ja nur wenig später (VA 81,5) zugeschrieben werden. Vielmehr geht es um literarische Bildung, wie man sie beim Grammatik- und Rhetoriklehrer erwerben konnte, und darüber hinaus um philosophische Bildung. Antonius war in Athanasius' Darstellung nicht «schulmäßig» gebildet und damit ein sozialer und kultureller Außenseiter, der mit Griechen über einen Dolmetscher kommunizierte (VA 72,3; 74,2; 77,1). Athanasius platziert ihn bewusst außerhalb der klassischen *paideia*, distanziert ihn damit aber auch von einer theologischen Aneignung der «heidnischen» Kultur als Propädeutik der christlichen Bildung wie bei Origenes.[4] Ausgerechnet der von Origenes geprägte Mönchstheologe Evagrius Ponticus überliefert ein Antonius-Apophthegma mit einem philosophiekritischen Zug:

> Ein Weltweiser fragte den heiligen Antonios: «Wie kannst du zufrieden sein, Vater, der du des Trostes der Bücher beraubt bist?» Jener antwortete: «Mein Buch, o Weltweiser, ist die Natur der geschaffenen Dinge, die mir, sooft ich die Worte Gottes zu lesen mich sehne, jederzeit offen vor Augen liegt.»[5]

Für Evagrius war Antonius der vorbildliche Kämpfer gegen die Dämonen der Luft und gegen die Dämonen der Traurigkeit (*lupe*) und der Gefräßigkeit (*gastromargia*)[6] – aber sicher kein «Origenist». Dass Antonius selbst, wie seine Briefe zeigen, ein philosophischer Kopf war und sich der griechischen Fachterminologie durchaus kompetent bediente (siehe S. 30), wird hier und schon in der *Vita* konsequent ausgeblendet – wir werden noch sehen, warum.

Schlagabtausch mit griechischen Philosophen

Dreimal stiegen nach Athanasius «Philosophen» auf den Berg, um Antonius «auf die Probe zu stellen» (VA 72,2), «um ihn, weil er keine Bildung genossen hatte, zu verspotten» (VA 73,1) und «um mit ihm über die Botschaft des göttlichen Kreuzes zu disputieren und über ihn zu spotten» (VA 74,2). Dabei handelt es sich um «Sophisten», denen keinerlei Sachinteresse zugeschrieben wird. Nicht ihre Bildung an sich ist das Problem: Palladius berichtet, wie freundlich der hochgebildete Eulogius, der «vom Verlangen nach Unsterblichkeit getroffen, dem Lärm der Welt entsagt hatte», auf dem «äußeren Berg» Pispir aufgenommen wurde.[7] Die Besucher sind jedoch Repräsentanten einer Virtuosität im Disputieren, die sich von Inhalten völlig losgelöst einsetzen lässt, weswegen sie auch schon seit Platon von «echten» Philosophen mit heftiger Kritik überzogen wurde.

Diesen Sophisten begegnete Antonius frappierend schlagfertig. Kaum waren die ersten beiden bei ihm angekommen, fragte er sie, warum sie um eines so törichten Menschen willen den Weg auf sich genommen hätten. Um nicht als blamiert dazustehen, versicherten beide, sie hielten ihn nicht für töricht (*mōros*), sondern für klug (*phronimos*), woraufhin Antonius ihnen nüchtern erklärte:

> Wenn ihr zu einem Dummen gekommen seid, war eure Mühe ja auch vergebens; wenn ihr mich aber für klug haltet, dann «werdet wie ich» (Gal 4,12), denn das Gute muss man nachahmen ... Ich bin nämlich Christ. (VA 72,4 f.)

Mit dem traditionellen Bekenntnis der Märtyrer vor ihrem Richter – «*Christianos eimi*» – begegnete Antonius diesen selbsternannten Weisen, fügte der konfessorischen aber eine protreptische (werbende) Ebene hinzu: Wer mit wirklichem Interesse zu Antonius kommt, kann gar nicht anders, als Christ zu werden (und wer um des Spottes willen kommt, macht sich nur lächerlich). Zur Bekehrung der beiden Besucher kam es nicht, wohl aber «staunten» diese und zeigten damit eine Reaktion, die in den «philosophischen Dialogen» den *cantus firmus* bildet.[8]

Die zweite Begegnung eröffnet Antonius ohne Umschweife mit der klassischen philosophischen Frage nach der Ursache *(aition)*:

> Was kommt zuerst, Verstand oder Bildung? Und was ist des anderen Ursprung, der Verstand für die Bildung oder die Bildung für den Verstand? (VA 73,2)

Eine Priorität literarischer Bildung (*grammata*, «Buchstaben») vor dem gesunden Menschenverstand (*nous*, «Geist») konnte natürlich kein Philosoph, der auf sich hielt, behaupten, weshalb Antonius von seinen Gesprächspartnern eine Steilvorlage für die Pointe bekam: «Bei wem sich also der Verstand in gesundem Zustand befindet, für den ist schulmäßige Bildung nicht notwendig!» (VA 73,3).

Literarische und philosophische Bildung kann demnach allenfalls ein (schlechter) Ersatz für die natur- und das heißt schöpfungsgemäße Orientierung des Menschen sein.[9] Man könnte einwenden, diese Alternative sei zu pointiert, da eine gesunde Naturanlage dennoch gebildet werden muss. Solche pädagogischen Erwägungen wären bei Antonius – Athanasius zufolge – aber auf taube Ohren gestoßen: Gerade seine Weigerung, sich in der Schule formale Bildung anzueignen, und sein Leben in Abgeschiedenheit haben ihn zu dem gemacht, was er ist, nämlich zu einem nur scheinbar einfachen (*idiōtēs*), tatsächlich aber verständigen (*synetos*) Mann:

> Er legte nämlich kein ungehobeltes Verhalten an den Tag, als ob er auf dem Berg aufgewachsen und dort zum Greis geworden wäre, sondern war anmutig und gesellschaftsfähig (*politikos*; VA 73,4).

Wie Antonius mit seinem Vordringen die Wüste zivilisiert, ja regelrecht «urbanisiert» hatte (*epolisthē*, VA 14,7), so erweist er sich nun selbst als «Wüstenbürger». Nicht der (ein)gebildete Städter, sondern der seiner Natur entsprechend lebende «Theodidakt» (VA 66,2) bringt die Menschen zum Staunen und zur Freude. Seine Rede ist nicht mit bloß angelernten Syllogismen garniert, sondern «mit göttlichem Salz gewürzt» (VA 73,4), und das macht ihn zu einem gottgefälligen Redner statt zum Sophisten.

Ausführlicher wird das dritte Gespräch dargestellt, in dem es nicht mehr nur um Redekunst und Natur des Menschen geht, sondern um die zentrale Botschaft des Christentums, das Kreuz. Darüber wollen die, «die bei den Hellenen als Weise gelten» (VA 74,1), disputieren,[10] was ihnen zunächst das Bedauern des Antonius und dann eine längere Belehrung einträgt, die Mythos und Logos einander gegenüberstellt:

> Was ist besser, das Kreuz zu bekennen oder euren so genannten Göttern Ehebruch und Knabenschändung anzudichten? Was wir verkündigen, ist ein Beweis von Tapferkeit und ein Zeichen von Todesverachtung; das eure sind Leidenschaften des Übermuts. (VA 74,3)

Die Christen verachten den Tod und richten sich auf das jenseitige, ewige Leben aus, wie man an den Märtyrern sehen kann, die das Kreuz Christi nachahmen (vgl. VA 75,1; 79,3–6), während sich die «Heiden» mit diesseitigen Ausschweifungen zufriedengeben. Der grundsätzliche Unterschied liegt aber nicht in ethischem Verhalten, sondern in der Haltung zu Inkarnation und Kreuz Christi:

> Was ist weiterhin besser: zu sagen, dass der Logos Gottes sich nicht (in die Welt) verirrte, sondern, sich ganz gleich bleibend, um

der Rettung und des Wohlergehens der Menschen willen einen menschlichen Leib annahm und durch Partizipation an der menschlichen Geburtsweise den Menschen die Teilhabe an der göttlichen und vernünftigen Dimension der Natur ermöglichte – oder aber Gott den unvernünftigen Wesen gleichzugestalten und dann konsequenterweise Vierfüßler und Schlangen und Abbilder von Menschen (Röm 1,23) zu verehren? Denn diese sind es, die ihr, die Weisen, verehrt! (VA 74,4 f.)

Der Vorwurf lautet, dass die griechisch-römische Religion Gott nur anthropomorph (oder noch schlimmer: theriomorph) auffassen kann. Sie orientiert sich daher nicht an der logoshaften Natur des Menschen, die in Christus als dem Logos Gottes zugänglich geworden ist, und zwar nicht nur gedanklich, sondern leiblich. Das Ziel der Inkarnation war es, die Menschen aus ihrer sündhaften Verirrung zu befreien und sie erneut zur Teilhabe (*koinōnia*) an der göttlichen, logoshaften Natur zu befähigen – mit einer berühmten Wendung des Athanasius: «Gott wurde Mensch, damit wir Menschen vergöttlicht würden.»[11] Damit ist die klassische platonische Vorstellung einer «Angleichung an Gott»[12] angesprochen, die dort als Rückkehr der unerschaffenen, aber verirrten Seele zu ihrem Ursprung gedacht wurde (karikiert: VA 74,7), während nach christlichem Verständnis der geschaffene Mensch durch den Mensch gewordenen Logos zurück zu Gott geleitet wird.

Steht hier die Inkarnation im Vordergrund, so hebt der folgende Argumentationsgang mit dem Kreuz an: Hier stirbt mit Christus ein leibhaftiger Mensch, der zugleich als Gott vor allen paganen Göttern ausgezeichnet ist: Wunder, Heilungen und zumal die Auferstehung von den Toten – alles, wovon die Heilige Schrift berichtet – «erweisen Christus als Gott, der um der Erlösung der Menschen willen gekommen ist» (VA 75,4). Wer diese sichere Erkenntnisquelle ablehnt, endet dabei, dass er nicht Gott, sondern die Geschöpfe «vergöttlicht» und damit die Differenz von Schöpfer und Geschöpf aufhebt (VA 76,3).[13] Und wenn man anthropomorphe Reden als Mythen abtun wolle, die allegorisch zu interpretieren seien (VA 76,2), so steht das in denkbar deutlichem Kontrast zu Antonius' direktem Zugriff auf die jedermann zugängliche Bibel. «Was wollt ihr nun sagen, damit wir erkennen, ob das Kreuz tatsächlich euren Spott verdient?» (VA 76,4).

An diesem Punkt «wanden» sich die Philosophen, während Antonius lächelte, um dann in einem zweiten Teil seiner Rede von den inhaltlichen Fragen der Philosophie zur Redekunst zurückzukehren. Erneut begann er mit der Frage nach dem Ursprünglichen:

> Wie lassen sich die Dinge, zumal das, was die Erkenntnis Gottes betrifft, angemessen erfassen: durch eine Beweisrede (*apodeixis*) mit Worten oder durch die Wirkkraft (*energeia*) des Glaubens? Und was ist älter (d. h. vorrangig): der Glaube, der wirksam ist, oder der Aufweis mit bloßen Worten? (VA 77,3)

Den Gesprächspartnern bleibt kaum etwas anderes übrig, als Antonius zuzugestehen, dass nur der tätige Glaube die angemessene Erkenntnis ermögliche, woraufhin der Asket ihnen väterlich bescheinigt:

> Gut gesprochen! Der Glaube kommt nämlich aus einer Verfassung der Seele, die Dialektik aber ist das Erzeugnis einer Kunst, die sie bereitet hat. Wer nun die Wirkkraft durch den Glauben hat, der braucht den Aufweis durch Worte nicht, dieser ist vielmehr sogar überflüssig für ihn. Was wir also durch den Glauben erkennen, das versucht ihr euch durch Worte zu erarbeiten – oft vermögt ihr aber gar nicht zu formulieren, was wir erkennen. Die Wirkkraft durch den Glauben ist also besser und machtvoller als eure sophistischen Schlussfolgerungen. (VA 77,4–6)

Dass der Glaube wirkmächtiger ist als bloße Vernunftschlüsse, die nur die Findigkeit ihrer Urheber illustrieren, nicht aber die Wahrheit dessen, was ausgesagt wird, liegt wiederum an Gottes Offenbarung in Christus als der greifbaren und in der Heiligen Schrift zugänglichen Quelle des christlichen Glaubens (VA 78,1). Die Glaubens-«Energie» zeigt sich in der Bekehrung zahlreicher Menschen zum Christentum und in der erfolgreichen Bekämpfung der Dämonen (VA 78,2 f.),[14] in besonderer Weise aber in der Martyriumsbereitschaft der Christen:

> Auch dies ist ganz erstaunlich: Das Eure (d. h. euer Glaube) wurde niemals verfolgt, im Gegenteil wird es von Menschen in jeder Stadt in Ehren gehalten. Die aber zu Christus gehören, werden verfolgt – doch um wieviel mehr blüht und wächst unser (Glaube) als der eure! Eure Religion, hoch gepriesen und von allen Seiten beschützt – sie geht zugrunde; der Glaube und die Lehre Christi aber, von euch verspottet und von den Kaisern vielfach verfolgt – sie hat längst den Erdkreis erfüllt. Denn wann hat die Gotteserkenntnis je so stark geleuchtet? Oder wann sind Mäßigung und die Tugend der Virginität je derart in Erscheinung getreten? Wann hat man jemals den Tod so verachtet, wenn nicht seit der Kreuzigung Christi? Dies bezweifelt aber niemand, der die Märtyrer anschaut, die um Christi willen den Tod verachten, und der die Jungfrauen der Kirche sieht, die um Christi willen ihre Leiber rein und unbefleckt erhalten. (VA 79,3–6)[15]

Die Rede schließt, indem noch einmal die Leitdifferenz zwischen der «griechischen Weisheit» und ihren Syllogismen und dem christlichen Glauben betont wird – ganz im Gefolge von Paulus' Gegensatz von weltlicher Weisheit und göttlicher Torheit, dem Kreuz (1 Kor 1,18–2,5). Zum Beweis befreit Antonius einige Besessene, die zu der offenbar großen Menge von Zuhörern zählen, durch Gebet und Bezeichnung mit dem Kreuz von ihren Dämonen: So etwas ist weder durch logische Schlussfolgerungen noch durch andere Künste oder Zaubereien zu bewerkstelligen (VA 80,3). Dass der scharfe Verstand des Asketen im Verbund mit solch mächtigen Zeichen auftritt, bringt die «so genannten Philosophen» vollends ins Staunen (VA 80,5). Ob sie dem Aufruf des Antonius folgen, sich zu Christus zu bekehren, erfahren wir nicht, wohl aber, dass sie beim Abschied bekennen, «von ihm Nutzen erfahren zu haben» (VA 80,7).

Spätestens hier erweist es sich als höchst sinnvoll und weise, dass Gott den martyriumsbegeisterten Antonius einst vor der Hinrichtung bewahrt hat (siehe S. 60), denn nur so kann er «für viele zum Lehrer der Askese, die er aus der Schrift gelernt hatte» (VA 46,6) werden – sogar für die «Heiden». Einen besseren Apologeten, der die Lehre mit Taten beglaubigt, könnten sich die Kirche und ihr Bischof Athanasius nicht wünschen. Antonius wird zum Lehrer durch das Leben – und Athanasius zum Lehrer durch seine Lebensbeschreibung.

Zweifellos sind die Gespräche mit den paganen Philosophen mit der Theologie des Athanasius imprägniert. Während die anti-arianischen Episoden vor allem der polemischen Abgrenzung dienen, wird hier die von Athanasius in seinem apologetischen Werk *Contra gentes/De incarnatione* geführte Auseinandersetzung mit der alten griechischen Religion und der klassischen Philosophie fortgesetzt, nun aber am Leben und Wirken des Antonius illustriert.[16] Vergleicht man diese Kapitel mit den Antonius-Briefen, liegt ein verbindendes Element beider Quellencorpora in der Frage der Erkenntnis, während die Heilsrelevanz der Inkarnation und des Kreuzes Christi in den Briefen weniger als bei Athanasius im Vordergrund steht.

Das Bestreben des Menschen, zu seinem Ursprung zurückzufinden, vereint Antonius und Athanasius. Doch während jener sich ganz der Unterweisung der Mitasketen widmet und dabei konsequent die Innenperspektive einnimmt, wird die asketische Existenz bei Athanasius in größere Zusammenhänge eingezeichnet, so dass Antonius als prototypischer Asket zugleich auch der Verteidiger des Christentums gegen seine nichtchristlichen Kritiker ist. Darüber hinaus ist er – damit führt Athanasius die Diskussion innerhalb der Kirche um die rechte Lehre fort – ein orthodoxer Christ, der die Menschlichkeit *und* Göttlichkeit Christi gleichermaßen akzentuiert. Und er tut dies, indem er die Bibel als Quelle theologischer Erkenntnis herausstellt und sie damit von dialektischen Argumentationsweisen kategorial unterscheidet – auch dies war eine Facette des Streits um die Trinitätstheologie und das origenistische Erbe im 4. Jahrhundert. Athanasius lässt Antonius so argumentieren, wie es ein Bischof von Alexandria ebenfalls getan hätte (und auch tat!), macht aber zugleich deutlich, dass im Streit um Worte die Tat des Glaubens – das heißt der Machterweis durch Exorzismen und Heilungen – die Wahrheit der Lehre bekräftigt. Nur wer das Richtige über Christus lehrt, wird auch erfolgreich Dämonen austreiben. In den Gesprächen des Antonius mit den Philosophen wird daher deutlich, dass der trinitarische Streit alles andere als ein bloßer Streit um Worte war – jedenfalls in der Sicht eines seiner wichtigsten Protagonisten.

«Von Gott gelehrt»

Der Hagiograph Athanasius wollte «seinen» Heiligen Antonius als Asketen ohne jeden nichtchristlichen Bildungshintergrund, als allein «von Gott Gelehrten» ins Gedächtnis der Christenheit einschreiben. Damit ähnelt Antonius erneut biblischen Vorbildern. So erinnerte Paulus die Christen in Thessaloniki, sie seien «von Gott gelehrt» (*theodidaktoi*), einander zu lieben (1 Thess 4,9), und in Joh 6,45 verwendet Jesus ein Zitat aus Jes 54,13, um deutlich zu machen: Wer zu ihm komme, sei von Gott dem Vater selbst gelehrt. Im frühen Christentum führte der Barnabasbrief diesen Gedanken weiter:

> Werdet solche, die von Gott unterwiesen sind, indem ihr sucht, was der Herr von euch fordert, und tut es, damit ihr so am Tag des Gerichts erfunden werdet. (Barn. 21,6; Übers. D.-A. Koch)

Der Apologet Theophilus von Antiochia bezeichnete die «Männer Gottes» und «Propheten» als gottgelehrt.[17] In dieser Reihe steht nach Athanasius nun auch Antonius, der – wie gesehen – nach dem Vorbild von Elia und Mose beschrieben wird und wie diese direkt von Gott, nicht durch menschliche Unterweisung, Bildung empfängt. Diese Bildung lässt ihn das Eigentliche, das asketische Leben, gottgefällig vollbringen. Er braucht aber den Vergleich mit formal Gebildeten, was Scharfsinn und Durchblick angeht, nicht zu scheuen. In dieser Hinsicht ähneln sich der Heilige und sein Hagiograph, von dem Gregor von Nazianz sagte, er habe «weltliche» Bildung nur in dem Maße erworben, dass er wusste, was er als Christ hinter sich ließ.[18]

Antonius, der der menschlichen Natur entsprechend lebt und nicht «ver-bildet» ist, bezieht seine Bildung einzig und allein aus dem Hören auf die Heilige Schrift (VA 3,7). Das reicht allemal aus, um anmaßenden Philosophen zu widersprechen und um ein Leben nach Gottes Geboten zu führen. Am Ende der *Vita* fasst Athanasius daher zusammen:

> Denn nicht durch Schriften oder durch die äußerliche Weisheit oder irgendeine erlernbare Kunst, sondern ausschließlich durch seine Gottesfurcht wurde Antonius berühmt. Niemand dürfte aber bestreiten, dass dies eine Gabe Gottes ist. (VA 93,4)

Dieses Bild ist schon für die Zeitgenossen maßgeblich geworden. So spricht Augustin um 396 von Antonius als einem

> heiligen und vollkommenen ägyptischen Mönch, von dem man rühmlicherweise erzählt, dass er ohne Kenntnis der Literatur die Heilige Schrift durch reines Zuhören im Gedächtnis behalten und durch reines Nachdenken auf kluge Weise verstanden habe.[19]

Und der Historiker Sozomenus, der das Mönchtum insgesamt als eine «Philosophie» beschreibt, die «auf Wissensballast und logische Kunstfertigkeiten» verzichte, weil diese «von der Beschäftigung mit Besserem abhalten und zum rechten Leben nichts beitragen», nennt Antonius als denjenigen, der diese Lebenskunst zur Vollendung gebracht habe.[20]

Wenn Antonius also ein Philosoph war, dann in dem Sinne, wie sich schon die frühchristlichen Apologeten als Philosophen verstanden haben: als Menschen, die von Gott gelernt haben, die Schöpfung und den Schöpfer zu erkennen und Christus als dessen Logos und Weisheit zu bekennen. Die Antithese zur paganen Weisheit besteht hier weniger auf der Ebene argumentativer Mittel und lebenspraktischer Übung. In dieser Hinsicht waren die meisten kaiserzeitlichen Philosophen bereits

«Asketen», und zwischen Christen und Nichtchristen herrschte weithin Übereinstimmung in der Kritik an den selbsternannten Weisen, denen solche asketische Praxis fehlte, den «Sophisten».

Athanasius lässt Antonius allerdings nicht auf dem Terrain der gemeinsamen philosophischen und kulturellen Tradition auftreten, sondern in der Wüste,[21] wo sich die richtige Lehre durch Vertreiben von Dämonen legitimiert. Er situiert ihn also genau dort, wo wir auch den Antonius der Briefe und der *Apophthegmata Patrum* antreffen: jenseits der Zivilisation, aber in Kontakt mit ihr. Dass die Askese des Antonius mitsamt seiner Bildungsabstinenz das Interesse von hochgebildeten Zeitgenossen wie Augustin oder Hieronymus weckte, deutet darauf hin, dass Athanasius einen Weg gefunden hatte, Bibel und Philosophie mit asketischer Praxis zu verbinden und damit ein geistliches Ideal der Bildung zu formulieren, das in der Geschichte des Mönchtums und der christlichen Frömmigkeit große Wirkung entfalten sollte.[22]

6. TOD UND VERMÄCHTNIS

Sterben mit heiterem Gesicht

Was er im Leben nie dauerhaft hatte erreichen können, das gelang Antonius wenigstens im Tod: Er starb allein, begleitet nur von zwei ausgewählten Gefährten, weitab der Öffentlichkeit. Sein Tod war kein mediales Großereignis. Es war eher ein geordnetes Hinübergehen in das ewige Leben, einmal mehr biblischen Vorbildern folgend: «Ich will nun, wie geschrieben steht, den Weg der Väter gehen; denn ich sehe, dass ich vom Herrn gerufen werde» (VA 91,2). Ähnlich wird von Josua und David berichtet, dass sie sich bewusst aufmachten, «um den Weg aller Welt zu gehen» (Jos 23,14; 1 Kön 2,2).

War es schon biologisch nicht überraschend, dass Antonius seinem Ende entgegensah – immerhin war er stolze 105 Jahre alt (VA 89,3) –, so war er zudem «von der Vorsehung über sein Ende belehrt» worden und wusste um den Zeitpunkt, an dem er sich von seinen Mitbrüdern auf dem «äußeren Berg» verabschieden musste: «Nun ist die Zeit gekommen, dass ich von euch scheide» (VA 89,2). Dass er den geschichtlichen Moment (*kairos*) erkannte und für einen gelungenen Abschied nutzte, machte Antonius ein weiteres Mal «beneidenswert» und zum Gegenstand der Nachahmung durch andere Mönche, ja sogar durch alle Menschen (VA 89,1). Antonius starb nach dem Vorbild Abrahams «in einem guten Alter, als er alt und lebenssatt war» (Gen 25,8)[1] und wurde wie Jakob und David «zu seinen Vätern versammelt» (VA 92,2; vgl. Gen 49,33; Apg 13,36). Antonius, dessen asketisches Leben mit dem Eifer zur Nachahmung der biblischen Heiligen begonnen hatte, wird also von seinem Hagiographen in eine Reihe mit denen gestellt, an deren Tod rückblickend ihr gutes, gottgefälliges Leben erkennbar wird und die damit vorbildlich für alle Christen sind: Antonius starb nach kurzer Krankheit «mit heiterem Gesicht» (VA 92,1).

Damit stellt Athanasius klar, dass der «Märtyrer im Gewissen» (VA 47,1), der nicht durch seinen Tod, sondern durch sein Leben als Zeuge wirkte, nicht doch noch ein Defizit mit sich herumschleppte, das am Lebensende durch einen blutigen Tod zu kompensieren wäre. Eine «Doppelkrone der Jungfräulichkeit und des Martyriums» – wie sie etwa die Römerin Agnes trug[2] – brauchte Antonius nicht. Vielmehr war er im Leben wie im Sterben «ein Lehrer für viele» (VA 46,6), und sein Tod (*telos*)[3] beendete nur sein irdisches Leben, das aber als «Anfang (*archē*) der Askese» weiterwirkte (VA 93,1) – nicht zuletzt durch die Lebensbeschreibung des Athanasius, die ja den *bios* des Antonius «als Modell der Askese für andere Mönche» präsentierte (VA prol. 3).

Wo liegt Antonius' Grab?

Der Tod des Antonius im Jahr 356 n.Chr. ist ein historisches Datum, an dem es keine begründeten Zweifel gibt. Sein Begräbnis verdient allerdings aus religionsgeschichtlicher wie aus theologischer Sicht Interesse. Nach der Ankündigung seines Todes wurde Antonius von den anderen Mönchen bedrängt, er möge – wenn er schon «sein Leben vollenden» müsse – dies doch in ihrem Kreise tun (VA 90,1). Doch der Asket weigerte sich, und Athanasius erklärt, warum:

> Die Ägypter lieben es, die Leichname der verstorbenen Eifrigen[4] und zumal die der heiligen Märtyrer zu mumifizieren und mit leinenen Binden zu umwickeln, sie dann aber nicht unter der Erde zu verbergen, sondern auf Ruhebetten zu legen und drinnen bei sich zu verwahren – sie meinen, damit die Hinübergegangenen angemessen zu ehren. Antonius hatte vielfach die Bischöfe darum gebeten, dem Kirchenvolk davon abzuraten; und er selbst hatte die Laien beschämt und besonders die Frauen getadelt, indem er sagte, dass dies weder gesetzesgemäß noch fromm sei. (VA 90,2–4)

In Ägypten war auch nach der pharaonischen Zeit die Mumifizierung in Gebrauch geblieben,[5] weniger bei der hellenisierten Bevölkerung Alexandrias als bei den einfachen Menschen auf dem Land – und hier offensichtlich auch bei Christen. Die *Vita Antonii* bietet das früheste, aber keineswegs das einzige Zeugnis für diesen Brauch. Die Nonnen im pachomianischen Kloster Tabennisi mumifizierten die Leichen ihrer verstorbenen Schwestern,[6] und noch um 600 gab Bischof Abraham von Hermonthis entsprechende testamentarische Anweisungen für seine Bestattung.[7] Auch Antonius erfuhr nach seinem Tod eine solche Behandlung: Die Mönche, die bei ihm ausgeharrt hatten, «mumifizierten ihn gemäß seinen Anweisungen und hüllten ihn in Binden und verbargen seinen Körper unter der Erde» (VA 92,2).

Das Problem war auch gar nicht diese klassische Fürsorge für die Toten. Der Widerwille des Antonius, wie Athanasius ihn beschreibt, richtete sich vielmehr gegen die Aufbewahrung von Leichnamen in Privathäusern, in familiärem Kontext. In seinem Osterfestbrief für das Jahr 369, gut ein Jahrzehnt nach der Abfassung der *Vita*, wandte sich Athanasius gegen die Übernahme solcher Bräuche durch Christen:

> Die Körper der Märtyrer, die würdig gekämpft haben, bergen sie nicht in der Erde, sondern sie machen sich daran, sie auf Bahren und Holzgestelle zu legen, damit jene, die es wünschen, sie anschauen. Sie tun das zwar dem Anschein nach zur Ehre der Märtyrer, in Wirklichkeit aber ist die Sache eine Schande.[8]

Die heftige Polemik verdankt sich zunächst dem Sachverhalt, dass die Praxis der Ausstellung mumifizierter Leichname von den Melitianern geübt wurde, der selbsternannten «Märtyrerkirche», die die Gemeinschaft mit Athanasius als dem Primas der ägyptischen Kirche verweigerte und vor der er durch Antonius nachdrücklich warnte.[9] Doch richteten sich seine Mahnungen auch an Christen, die theologisch zu ihm standen, sich jedoch ganz unbefangen solcher altägyptischer Bestattungsriten befleißigten.

Im 4. Jahrhundert war in vielerlei Hinsicht erst noch zu bestimmen, welche nichtchristlichen Praktiken quasi religionsneutral und daher problemlos zu übernehmen waren und wo Unterschiede zwischen «heidnischem» und christlichem Brauchtum bestanden, die die jeweilige religiöse Identität definierten. In der Art der Bestattung sah Athanasius eine solche Differenz. Angesichts der christlichen Auferstehungshoffnung ist das nicht erstaunlich: Ob man mit Paulus von einer «Verwandlung» der Leiber am Ende der Zeit ausging (1 Kor 15,50–57)[10] oder mit dem Matthäusevangelium das Endgericht erwartete (Mt 25,31–46), für das frühchristliche Verständnis war die Erdbestattung maßgeblich. Zwar hatte entgegen einer verbreiteten Meinung schon in der frühen römischen Kaiserzeit eine Abkehr von der traditionellen Feuerbestattung eingesetzt, so dass man nicht allein das Christentum für die Hinwendung zur Erdbestattung verantwortlich machen kann,[11] jedoch konnten die Christen tatsächlich auf eine einhellige biblische Tradition verweisen:

> «Denn es werden ja die Gräber der Patriarchen und Propheten bis auf den heutigen Tag aufbewahrt, und selbst der Körper unseres Herrn wurde in ein Grabmal gelegt, und der davor gewälzte Stein verbarg ihn, bis er am dritten Tage auferstand.» Dadurch bewies er (d. h. Antonius), dass derjenige unrecht handelt, der die Körper der Vollendeten nach dem Tod nicht bestattet, selbst wenn sie als heilig gelten. Denn was wäre besser oder heiliger als der Herrenleib? (VA 90,4 f.)

Einmal mehr schließt Athanasius diese Rede mit dem Hinweis, viele hätten Antonius' Mahnung beherzigt und dem Herrn gedankt, dass sie von ihm «gut belehrt» worden seien (VA 90,6). Hinzu kommt, dass die Lehre nicht nur verkündet, sondern durch Antonius' eigene Bestattung illustriert wurde. Denn so hatte er es selbst verfügt:

> Wenn ihr euch nun um mich sorgt und meiner wie eines Vaters gedenkt, dann lasst nicht zu, dass man meinen Leib nach Ägypten

bringt, damit er nicht in den Häusern zur Schau gestellt wird. Darum bin ich ja auf den Berg gegangen und hierher gekommen. (VA 91,6)

Mit der Kritik an der Ausstellung mumifizierter Märtyrer und Heiliger in Wohnhäusern und mit dem Wunsch nach einer Erdbestattung sind die Anweisungen des Antonius für den Umgang mit seinem Körper aber noch nicht erschöpft. Ein Drittes tritt hinzu:

> Bestattet also meinen Leib und verbergt ihn unter der Erde – und mein Gebot möge von euch beachtet werden: Niemand soll den Ort kennen als ihr zwei allein! (VA 91,7)[12]

So geschah es: «Niemand kennt bis jetzt den Ort, wo er begraben wurde, außer diesen beiden» (VA 92,2). Auch hier steht ein biblisches Vorbild Pate, nämlich Mose (Dtn 34,6). Die Notiz ist erstaunlich: Gibt es doch nicht nur heute einen regen Pilger- und Touristenverkehr zum Berg Kolzim, auf dem man den «inneren Berg» und damit auch den Sterbeort des Antonius vermutet, sondern auch Antonius-Reliquien, die man der Tradition nach 561 auf dem Kolzim entdeckte und die zu Beginn des zweiten Jahrtausends n.Chr. nach Westeuropa kamen.[13] Was ist davon historisch und theologisch zu halten?

Die Dokumentation der Grablege, die Ausgestaltung der Stätte als Memorialort und die Einrichtung einer regelmäßigen Verehrung ist für Märtyrergräber seit dem 2. Jahrhundert bezeugt.[14] In Ägypten ist dies zum Beispiel für den Märtyrerbischof Petrus (gest. 311) belegt,[15] an dessen Grab sich 356/57 die Anhänger seines im Exil befindlichen Nachfolgers Athanasius trafen, bis die Behörden dies untersagten.[16] Es erscheint naheliegend, auch bei Antonius eine solche Gedenkstätte zu erwarten, auch wenn er «nur» zum «Märtyrer im Gewissen» geworden war. Warum gab es also (zunächst) kein Grab und keinen Kult des Antonius?

Auf diese Frage gibt es mehrere Antwortmöglichkeiten, die

jeweils einen Aspekt abdecken, und eine Antwort, die zugleich noch einmal ein Licht auf die *Vita Antonii* insgesamt wirft. Zunächst zu den Teil-Lösungen des Rätsels: Dass auch ein Asket als Märtyrer gelten sollte, war Athanasius' Ansicht, die sich in den kommenden Jahrzehnten aber erst in der Christenheit durchsetzen musste (in der 397 verfassten Vita des Martin von Tours war dies bereits der Fall). Weiterhin bot ein Gedenkort in der Wüste an einem so abgelegenen Ort wie dem «inneren Berg» logistische Probleme. Eine monastische Infrastruktur wie in Nitria, das praktisch vor den Toren Alexandrias gelegen war, existierte außerhalb des zivilisierten Ägypten noch nicht, und die Pilgerberichte aus der Zeit um 400 – Palladius' *Historia Lausiaca* und die anonyme *Historia monachorum in Aegypto* – dokumentieren eindrucksvoll die Gefahren, die den Wüstenpilgern drohten.[17] Zudem hatte Athanasius unmittelbar nach Antonius' Tod gar nicht die Möglichkeit, eine solche Memoria zu errichten, denn er war auf der Flucht vor den Soldaten des Kaisers Konstantius II. und konnte erst nach dessen Tod im November 361 nach Alexandria zurückkehren. Und schließlich war auch gar nicht ausgemacht, dass die Eremiten sich über eine solche bischöfliche Initiative gefreut hätten: Dass Antonius ein treuer Gefolgsmann der kirchlichen Hierarchie gewesen sei, ist eine Behauptung (VA 67,1–3), die von den *Apophthegmata Patrum* nicht gestützt wird, wo überhaupt keine Kontakte zu Bischöfen dokumentiert sind. Dort zeigt sich eher eine freundliche Gleichgültigkeit der Asketen gegenüber dem Klerus.

So verbreitet also die Märtyrerkulte im 4. Jahrhundert bereits waren, sollte man doch nicht die Schwierigkeiten unterschätzen, die sich einer Antonius-Gedenkstätte entgegenstellten – wenn man sie denn überhaupt angestrebt hätte. Das aber ist der entscheidende Punkt: In Athanasius' Augen war ein solcher Grabkult weder sinnvoll noch erforderlich. Antonius sollte gar nicht durch liturgische Begängnisse geehrt werden, sondern durch das Leben der Gläubigen. Man kann spekulieren, ob Athanasius, wenn er nicht von seinem Bischofssitz vertrieben und zur Flucht in die Wüste gezwungen gewesen wäre, einen konventionellen Märtyrer- bzw. Heiligenkult für Antonius zu etablieren versucht hätte. Aber bereits die lange vor dem Exil in seinen apologetischen Schriften entwickelte Inkarnationstheologie lässt nur eine Antwort zu: So wie in Christus Gott Mensch wurde, aber nicht in der Welt blieb und nur ein leeres Grab zurückließ,[18] so ist auch die Heiligkeit von Christusnachfolgern an deren Handeln, nicht an Orte gebunden. Nicht die Wüste *an sich* ist ein Ort der Heiligkeit, sie ist vielmehr, wie gesehen, zunächst das Herrschaftsgebiet der Dämonen und muss durch die Eremiten zivilisiert werden.[19]

Auch Kirchen und Grabmäler sind nicht *eo ipso* heilige Stätten, sondern nur dann, wenn dort die richtigen Heiligen in korrekter Weise verehrt werden, wenn also wie bei Antonius das «Gedenken der Heiligen» dem rechten biblischen Glaubens- und Lebensvorbild gilt und zum gottgefälligen Leben führt.[20] Athanasius nennt ja als Anlass für die Abfassung der *Vita Antonii* den «Wettstreit» bestimmter Mönche mit denen in Ägypten um das größtmögliche Maß an asketischer Tugend (VA prol. 1). Und man darf die Biographie insgesamt wohl nicht nur als (ein mögliches) Vorbild, sondern als (das entscheidende) Kriterium für das Urteil in diesem Wettstreit ansehen, wenn Athanasius abschließend empfiehlt, die *Vita* allen am Wettbewerb Beteiligten vorzulesen, «damit sie lernen, wie das Leben der Mönche sein muss» (VA 94,1).[21]

Der Heilige und sein Hagiograph

Man könnte allerdings fragen, mit welcher Autorität Athanasius diese Regel in narrativer Form aufschreibt – er, der eingangs selbst bekannt hatte, auf Informationen aus zweiter Hand angewiesen zu sein, und selbst nicht zu den Wüstenasketen gehörte.[22] Wie konnte überhaupt ein Bischof, dessen Jurisdiktionsgewalt über das Mönchtum zu jener Zeit noch nicht allgemein akzeptiert war, definieren, was wirkliches monastisches Leben war? Die Antwort, die die *Vita* auf diese

Frage bereithält, ist einfach: weil Antonius selbst den Bischof zu seinem Sachwalter bestimmt hatte. Zu den letzten Verfügungen des Antonius gehört auch das Folgende:

> Verteilt meine Kleider und gebt dem Bischof Athanasius das eine Schaffell (*mēlōtē*) und das Gewand, das ich darunter trug, welches er mir neu gab und das ich abgenutzt habe. Und das andere Schaffell gebt dem Bischof Serapion; ihr aber behaltet das härene Gewand. (VA 91,8 f.)

Nach dieser Darstellung setzte Antonius selbst den Bischof von Alexandria als geistlichen Testamentsvollstrecker ein: Nichts anderes ist mit der Übergabe des Schaffells, der Insignie asketischer Kargheit, und des Mantels gemeint. Angespielt wird dabei auf den Propheten Elisa, der die *mēlōtē*, die Elia bei seiner Auffahrt in den Himmel fallengelassen hatte, fortan als Symbol der Nachfolge trug und damit auch Wunder wirken konnte (2 Kön 2,13 f.). Gemeinsam mit seinem Weggefährten Serapion, dem Asketen und Antonius-Vertrauten (VA 82,3) und jetzigen Bischof von Thmuis im Nildelta, sollte Athanasius entsprechend das Erbe des Antonius verwalten. Serapion machte sich umgehend an die Arbeit, indem er einen Brief «an die Anhänger des Antonius» schrieb, durch den er dessen Verehrung in die rechten Bahnen zu lenken und seiner drohenden Vereinnahmung durch die Arianer zu wehren versuchte.[23]

Athanasius erhielt über das Schaffell hinaus mit dem Mantel eine weitere Hinterlassenschaft des Asketen – die dieser aber selbst von Athanasius empfangen hatte! Wann und wie das geschehen sein soll, bleibt unklar. Man wird diesem Detail keine historische Aussagekraft beimessen können.[24] Ein solches Gewand hatte Antonius seit seiner Rückkehr von der ersten Reise nach Alexandria, also etwa seit 311, in Gebrauch (VA 47,2). Als Athanasius im Jahr 328 Bischof wurde, lebte Antonius schon seit vielen Jahren auf dem «inneren Berg» und hatte längst keine klerikale Autorisierung mehr nötig. Hier geht es nicht um Historizität, sondern um Symbolik: Der Hagiograph macht deutlich, dass Antonius nicht widerstrebend oder erst ab einem bestimmten Zeitpunkt, sondern schon von Anfang an die kirchlichen Autoritäten akzeptierte und respektierte, ja in gewisser Weise von den einstigen Gebern und nunmehrigen Hütern des Mantels, von den Bischöfen Alexandrias, geistlich abhängig war. Das Kleidungsstück dient als Symbol für den Eintritt ins asketische Leben und für die damit verbundenen harten Entbehrungen, so dass es der Bischof von seinem Schützling als Nachweis für dessen konsequente Askese zurückerhält.

Diese Passage hat in Athanasius' Darstellung zentrale Bedeutung: Mitte des 4. Jahrhunderts war die Diskussion in vollem Gange, wie sich die charismatische Autorität einzelner Eremiten – dokumentiert in den *Apophthegmata Patrum* – und die vom Amt her begründete Autorität der Bischöfe zueinander verhielten. Die Entstehung der pachomianischen Klöster als neuer kirchlicher Institution neben der Diözesan- und Parochialorganisation hatte das Problem verschärft, indem zahlreiche Christen aus den Ortsgemeinden auswanderten. Die Situation verlangte nach einer Klärung, jedenfalls aus der Sicht der ekklesialen und monastischen Organisatoren (nicht unbedingt aus der Perspektive der Eremiten, die in Herzensruhe in ihrer Zelle sitzen wollten!). In der ersten Pachomiusvita stellt der Gründer des Koinobitentums einen solchen Ordnungsversuch vor, indem neben den Glaubenszeugen und Bischof Athanasius und den Prototyp des anachoretischen Lebens, Antonius, die pachomianische *koinōnia* tritt.[25] Hier wurden aus der Perspektive der neuen Gemeinschaft alle drei Elemente (Bischofsamt, Anachorese und Klostermönchtum) als gleichberechtigt angesehen – unter Einbezug von Athanasius' Selbstverständnis als Märtyrer und seiner Deutung des Antonius als Paradigma der Askese.

Athanasius selbst galt in der späteren Tradition als «Mittler und Versöhner» der eremitischen und der koinobitischen Lebensform: Gregor von Nazianz zufolge hatte er erkannt, dass es sowohl ein «philosophisches» (das heißt isoliertes, weltabgewandtes) Priestertum als auch «eine Philosophie, die der Mystagogie (das heißt der seelsorgerlichen und liturgischen Begleitung) bedarf», geben müsse und dass tätiges und kontemplatives Leben nicht im Widerspruch zueinander stünden.[26]

Die Übergabe des Mantels an den Bischof bestätigt dieses spätere Zeugnis aus der Selbstsicht des Bischofs: Er sah sich als Schutzherr des Asketentums und als Nachlassverwalter seines Begründers. Der Besitz des Schaffells und des Mantels ermöglicht einen unmittelbaren Kontakt mit Antonius und seiner Botschaft:

> Wenn jemand diese (Kleidungsstücke) erblickt, ist es, als ob er Antonius selbst schaut; und wer sie gar anzieht, scheint mit Freude seine Ermahnungen zu tragen. (VA 92,3)

Wichtig ist dabei das «als ob»: Schaffell und Mantel sind keine Kontaktreliquien, die *als solche* die Heiligkeit des Verstorbenen präsent hielten, sie werden nicht zur Verehrung ausgestellt, sondern haben die Funktion, Antonius und seine Lehre zu vergegenwärtigen. Diese Schau ist natürlich nur wenigen vergönnt – anders als die Lektüre der *Vita Antonii*, die für viele Leser gedacht ist. Die Verteilung der Kleider autorisiert also einen, für viele die Lehre des Antonius als Regel in narrativer Form zu beschreiben. Anders ausgedrückt: Wer dieses Erbe empfängt, besitzt fortan die Lizenz zu definieren, wie das asketische Ideal von Antonius geformt wurde und wie es nun in der Gegenwart auszulegen ist. Athanasius schreibt sich damit bei seinem einzigen Auftritt in der *Vita* die Kompetenz zu, den Urimpuls des Asketentums zu verbreiten und zu erläutern. Dem dienen besonders die letzten Kapitel, die eine Art «Summe» des Asketentums bieten.

Dieses Asketentum ist aber – das ist die weitergehende Pointe – in vielen Zügen auch für *alle* Christen vorbildlich, sei es, dass sie von der Fürsprache und Hilfe der Asketen profitieren, sei es, dass das Hören auf die Bibel, das Gebet und manch anderes nicht ausschließlich an die Wüste gebunden sind. Was dort vorgelebt und in der *Vita* als Leitbild entwickelt wird, kann auch in städtischem und dörflichem Kontext (mindestens partiell) realisiert werden. Die Vermittlung zwischen beidem, Wüste und Stadt, Natur und Kultur, asketischer und volkskirchlicher Situation, ist Sache des Bischofs. Athanasius füllt also das Vermächtnis des Antonius mit Leben, indem er es in eine Form bringt, die in der Wüste beginnt, sich aber nicht darin erschöpft. Das war sicher nicht das Ziel der Antonius-Briefe; dass die *Apophthegmata Patrum* auch über die Wüste hinaus wirken sollten, ist immerhin für die Sammlungen des 5. Jahrhunderts anzunehmen. Die *Vita Antonii* ist aber von Anfang an nicht auf ihre Rolle als Mönchsregel in narrativer Form zu reduzieren, sondern zielte auf breitere Wirkung im spätantiken Christentum diesseits der Wüste.

Vorbild des asketischen Lebens

Noch Antonius' letzte Gespräche mit seinen Begleitern waren durchzogen von der Ermahnung, in der Askese standhaft zu bleiben und «zu leben, als würden sie jeden Tag sterben» (VA 89,4). Dazu gehören in der Sicht des Athanasius, wie erwähnt, der rechte Glaube und die Verweigerung der Gemeinschaft mit denen, die diesen Glauben nicht teilen (Arianer) oder die Kirche durch Spaltungen zu zerstören trachten (Melitianer). Grundlage des asketischen Lebens ist es, «die Überlieferung der Väter zu bewahren und besonders den frommen Glauben an unseren Herrn Jesus Christus, den ihr aus der Heiligen Schrift gelernt habt und den ich euch häufig in Erinnerung gerufen habe» (VA 89,6).

Diese Ermahnungen an die Brüder auf dem «äußeren Berg» wiederholte Antonius später gegenüber den Begleitern, die mit ihm auf dem «inneren Berg» bis zu seinem Tod ausharrten: Sie sollten sich um die Askese bemühen, nicht als ob sie sich schon lange darin geübt hätten, sondern «als ob ihr erst jetzt damit anfinget» (VA 91,2). Noch einmal schärfte er die Bedeutung der Unterscheidung (*diakrisis*) ein:

> Ihr kennt die Dämonen, die listig auf euch Anschläge verüben, ihr wisst, wie wild sie sich gebärden, obwohl sie so schwach sind, was ihre wirkliche Macht angeht. Fürchtet also nicht sie, sondern atmet vielmehr gleichsam stets Christus ein und glaubt an ihn! Und lebt, als ob ihr jeden Tag sterben würdet, habt auf euch acht und denkt an die Ermahnungen, die ihr von mir gehört habt. (VA 91,3)

Ein solches Leben zeichnet sich nicht allein durch Tugend, sondern auch durch körperliche Robustheit aus, wie Athanasius darlegt:

> Erwägt, wie der Gottesmensch Antonius war, der von Jugend an bis zu diesem hohen Alter den gleichen Eifer für die Askese an den Tag legte und der weder aufgrund seines Alters schwach wurde angesichts üppiger Nahrung noch um der nachlassenden Spannkraft seines Körpers willen die Art seiner Kleidung änderte oder sich die Füße mit Wasser wusch. Und in alledem blieb er gleichermaßen unverändert. Denn auch seine Augen waren unversehrt und völlig in Ordnung, er sah bestens. Von seinen Zähnen hatte er nicht einen verloren, nur am Zahnfleisch waren sie abgenutzt aufgrund des hohen Alters des Greises. Die Füße und Hände waren intakt geblieben, und überhaupt erschien er weit strahlender und kräftiger und zielstrebiger als alle, die vielfältige Nahrungsmittel, Bäder und wechselnde Kleidung benutzen. (VA 93,1 f.)

Antonius erscheint hier als Gegenentwurf zur Zivilisation, ja sogar als personifizierte Kritik an den Bequemlichkeiten, die die Antike denen zu bieten hatte, die es sich leisten konnten. «Wüstenaskese als Wellness-Programm», könnte die Schlagzeile lauten; tatsächlich steht aber einmal mehr eine biblische Gestalt im Hintergrund, nämlich der 120-jährige, noch voll im Saft stehende Mose (Dtn 34,7). Es ist nicht nur die Seele, die ihrer Natur gemäß leben soll, indem sie sich der Askese befleißigt (VA 20,5–7), ein solches Leben hat auch positive Auswirkungen auf den Leib. Antonius überlebt nicht nur irgendwie in der Wüste, sondern er lebt so, dass er am Ende seines Lebens genauso wie am Anfang der Natur entsprechend existiert und immer noch die gleiche Spannkraft (*tonos*) besitzt. Das erfordert, wie gesehen, dass die Spannung von

Seele und Leib immer wieder in der Einsamkeit – sei es die Zelle, sei es der Berg – aufgeladen wird (AP/G Antonius 10) und die Askese maßvoll zu üben ist (aaO 13). Es reicht nicht, einfach das Gegenteil von zivilisiertem Leben zu suchen, vielmehr ist das asketische Ideal Ausdruck einer theologischen Reflexion über den Menschen als Ebenbild Gottes, zu dem der sündige Mensch durch die Erlösung durch Christus wieder werden kann. Askese ist der Weg zur Wiedererlangung der Gottebenbildlichkeit des Menschen und in Athanasius' Sicht daher der Weg zum ewigen Heil (VA 65,4).

Ließ sich also an Antonius' hervorragendem körperlichen Zustand für alle, die ihn trafen, erkennen, dass er ein vollkommener Asket war, so war das paradoxerweise auch für alle erkennbar, die ihn *nicht* trafen – und zwar durch seine rapide wachsende Berühmtheit. In der jungen monastischen Welt, in die hinein seine Lebensbeschreibung sprechen sollte, besaß Antonius offenbar unabhängig von Athanasius' Schrift bereits einen guten Namen:

> Dass er überall gerühmt und von allen bewundert wurde und dass sich auch die nach ihm sehnten, die ihn gar nicht kannten – das ist ein (weiteres) Zeichen seiner Tugend und der Freundschaft seiner Seele zu Gott. Denn nicht durch Schriften oder durch die von außen kommende Weisheit oder durch irgendeine Kunstfertigkeit wurde er berühmt, sondern allein aufgrund seiner Gottesfurcht. Dass dies aber ein Geschenk von Gott war, wird wohl niemand bestreiten. Denn wie hätte man sonst bis nach Spanien und Gallien, bis nach Rom und Africa von ihm gehört, der doch auf seinem Berg verborgen war und dort saß, wenn es nicht Gott war, der die Menschen, die zu ihm gehören, überall berühmt macht, wie er es Antonius ja auch anfangs angekündigt hatte. (VA 93,3–5)[27]

Nicht Antonius selbst hatte nach Ruhm gestrebt, vielmehr ist allein Gott die Schuld – oder das Verdienst – zuzuschreiben, dass man in aller Welt von ihm gehört hatte, wie Gott es mit allen macht, die von sich aus gerne verborgen blieben, die aber als Paradigmen dienten, an denen andere «erkennen würden, dass es möglich ist, Gottes Gebote zu erfüllen, und daraus den nötigen Eifer für den Weg der Tugend gewinnen könnten» (VA 93,6). Warum der verhinderte Märtyrer zum «Lehrer für viele» (VA 46,6) wurde, wird hier noch einmal deutlich.

Wir werden uns mit der Rezeptionsgeschichte der *Vita Antonii* noch ausführlich befassen. Hier sei nur noch angefügt, wie Athanasius seine Biographie des ersten Mönches abschließt: Das Vorstehende möge den Brüdern, die von ihm Auskunft erbeten hatten, vorgelesen werden, damit sie eben das erfahren, wovon gerade die Rede war, nämlich dass Gott die, die ihm folgen, schon in diesem Leben «wegen ihrer Tugend und um des Nutzens für die anderen willen überall berühmt macht» (VA 94,1). Hinzu kommt die Aufforderung, die *Vita* auch den Heiden vorzulesen, damit diese verstünden, dass ihre vorgeblichen Götter nur Dämonen seien, die gegen den Glauben an Christus keine Chance hätten (VA 94,2). So fallen am Ende nicht zufällig noch einmal die Stichworte Tugend, Glaube und Dämonen, die den Text insgesamt tief geprägt haben. Antonius, der Eroberer der Wüste, wird im Medium seiner Lebensbeschreibung zum Missionar, Apologeten und auch zum Vorbild für die nichtchristliche Welt – wenn man auf ihn hört. Dass er dies nicht selbst bewirkt, sondern dass Gott ihn bekannt und berühmt macht, nimmt ein letztes Mal das Thema auf, dass es Christus (und damit letztlich Gott selbst) ist, der dem Asketen Kraft, Erfolg und Ruhm verleiht.

ZWEITER TEIL

LEGENDE

7. NACHLEBEN IN DER SPÄTANTIKE

So breit die Rezeption von Antonius' Leben, Lehren und Wirken in den zeitgenössischen monastischen Quellen war, so vielfältig stellt sich auch seine Wirkungsgeschichte in den folgenden anderthalb Jahrtausenden dar. Anhand ausgewählter Stationen soll im Folgenden nachgezeichnet werden, in welchen Kontexten Antonius als Leitbild des Mönchtums und des christlichen Lebens (mitunter kritisch) rezipiert wurde und welche Vorstellungen und Bilder von Antonius in unterschiedlichen Epochen literarisch und ikonographisch in den Vordergrund traten. Der Bogen reicht von der Hagiographie der Spätantike und des Mittelalters bis zur Theologie der Reformationszeit und zur neuzeitlichen bildenden Kunst und Literatur.

Antonius, der «Erstling der Anachoreten» – so der Mönchstheologe Evagrius Ponticus[1] – blieb der Maßstab unter den Vätern der Wüste.[2] Wenn den Altvater Isidor der Dämon des Selbstruhms quälte und ihm: «Du bist ein großer Mensch!» einflüsterte, ermahnte er sich selbst:

> «Bin ich etwa von der Art des Antonius? Bin ich vollkommen geworden wie Abbas Pambo? Oder wie die übrigen Väter, die das Wohlgefallen Gottes hatten?» Sooft er sich das vor Augen führte, hatte er Ruhe.[3]

Kein Wunder, dass man Antonius schon eine Generation später den «Großen» nannte.[4] Und wenn er einmal von jemandem übertroffen wurde, galt dies als ungewöhnlich. Dem *abbas* Pambo etwa war die «Gewissenhaftigkeit dem Wort gegenüber» in noch höherem Maße als Antonius gegeben, weshalb er oft mehrere Monate brauchte, um einem Schüler eine Antwort zu geben.[5] Antonius' herausragende Rolle unter den Wüstenvätern wird im Bericht vom Sterben des Sisoes klar:

Diesem erscheinen nacheinander die Propheten, Apostel und Engel, schließlich der Herr selbst, um ihn mit sich zu nehmen – aber an der Spitze der Prozession steht Antonius als Bindeglied zwischen der gegenwärtigen Welt und der Tradition der Bibel.[6] Wie früher die schon vollendeten Märtyrer denen beistanden, die ihrer Hinrichtung harrten, so begleitet auch Antonius den Bruder beim Sterben.

Die Klöster des Pachomius

Ob zwischen den Wüsteneremiten und den Klöstern, die Pachomius (gest. 346) seit etwa 325 in Oberägypten gegründet hatte, Konkurrenz, Einvernehmen oder Gleichgültigkeit herrschte, ist schwer festzustellen. Sicher ist, dass in der zweiten Jahrhunderthälfte beide Spielarten des Mönchtums als Teile *eines* Projekts erschienen, und dies – ganz in Athanasius' Sinne – beaufsichtigt von und in Harmonie mit dem alexandrinischen Bischof. So schrieb Theodor, von 351 bis 368 Vorsteher der Pachomianergemeinschaft:

> In unserem Geschlecht sehe ich in Ägypten dreierlei durch Gottes Gnade zum Nutzen aller verständigen Menschen erblühen: den Bischof Athanasius, den Athleten Christi um des Glaubens willen bis zum Tode; und den heiligen *abbas* Antonius, das vollkommene Vorbild des anachoretischen Lebens; und diese Gemeinschaft, die ein Zeichen ist für alle, die wollen, dass die gottgefälligen Seelen vereinigt und bis zur Vollendung bewahrt werden.[7]

Die *Vita Pachomii* nennt explizit die *Vita Antonii* als ihr Vorbild und sieht in Antonius (und in den Propheten Elia und Elisa sowie in Johannes dem Täufer) die Vorläufer des Pachomius.[8] Auch dessen Kampf gegen die Dämonen wird mit dem des Antonius verglichen.[9] Antonius selbst lobte Pachomius, so stellt es dessen *Vita* dar, in höchsten Tönen:[10] Als nach Pachomius' Tod (346) eine Gruppe von Klostermönchen nach Alexandria ging, nutzte sie die Gelegenheit, dass Antonius sich auf dem äußeren Berg aufhielt, zu einem Besuch. Antonius tröstete die Mönche, da sie das Werk ihres Klostergründers fortführen und mit ihm «den Weg der Apostel» gehen dürften. Leider sei es ihm selbst nicht vergönnt gewesen, den Gründer der Klöster «im Leibe» zu treffen; er hoffe aber sehr, Pachomius einst im Reich Gottes mit den anderen heiligen Vätern und Jesus Christus zu begegnen. Antonius gab den Mönchen ein Empfehlungsschreiben an Bischof Athanasius mit: Dieser möge die neue Gemeinschaft mit Wohlwollen aufnehmen. Die Begegnung, an deren Historizität grundsätzlich nicht zu zweifeln ist, wird also literarisch so gestaltet, dass mit der Autorität des Eremiten Antonius die neue Form des gemeinsamen klösterlichen Lebens legitimiert wird. Offenbar hatte Antonius' Wort in Alexandria Gewicht. Überdies belegt der erwähnte Brief einmal mehr, dass der Einsiedler einen Ruf als Briefschreiber genoss.[11]

Das bezeugt auch der «Brief des Ammon» an Bischof Theophilus von Alexandria (385–412), der Tradition nach verfasst von einem Pachomianermönch und späteren Bischof. Hier wird ein kurzer Brief des Antonius zitiert, der nach Dörries und Rubenson als authentisch gelten darf und die Lehre des oben erwähnten Theodor (die sich eng an den *Hirten des Hermas* aus dem 2. Jahrhundert anlehnt) beglaubigt.[12] Der Brief bestätigt damit die persönliche Verbindung des Antonius zu den Pachomianern, die schon voll der Bewunderung für ihn waren, mit Ammon nun aber auch noch jemanden in ihren Reihen hatten, der «oft mit Antonius zusammen gewesen sei». Dies hatte schon Athanasius zu Beginn seiner *Vita* für sich reklamiert.[13]

«Antonius werden»: Die ägyptische Kirche

Dass Antonius auch für die späteren Eremiten eine Autorität war, geht aus den *Apophthegmata Patrum* und den Mönchsgeschichten des Palladius hervor, der zahlreiche Väter in der Nitria und Sketis als (Enkel-)Schüler oder Erben des Antonius bezeichnet.[14] Er war es aber auch für die Bischöfe in Ägypten, besonders für Serapion von Thmuis (gest. nach 362). Dieser schrieb bald nach Antonius' Tod einen Brief an dessen Schüler,[15] in dem er die Verfolgung der rechtgläubigen Kirche durch Kaiser Konstantius II. und die Arianer (19–21) so erklärte: Bisher habe Antonius' Fürbitte die Katastrophe aufgehalten, nach seinem Tod sei aber dem Wüten des Satans – der hinter den Verfolgungen stehe – kein Einhalt mehr geboten (7–12). Wie Antonius den Nachfolgern des Pachomius tröstend zugesagt hatte: «Ihr seid alle Pachomius geworden»,[16] so bittet nun Serapion dessen eigene Schüler, «Antonius zu werden» und mit «der Kraft des Einen in den Vielen» für die bedrohte Kirche zu beten (14–17.22). Die Mönchsgemeinschaft soll also von Antonius die Rolle des «Katechon» übernehmen, der nach 2 Thess 2,7 die Herrschaft des Teufels über die Welt noch aufhält.[17] Da nun der von Gott den Ägyptern gegebene «Arzt»[18] nicht mehr lebt, mögen seine Gefährten für ihn in die Bresche springen und der Kirche einen großen Dienst erweisen, seien doch die Rechtgläubigen aus ihren Gebäuden vertrieben worden und müssten sich «in der Wüste» treffen (21) – wo zu diesem Zeitpunkt ja auch Athanasius weilte. In der *Vita Antonii* erhielt die von Serapion nur angedeutete Vereinnahmung des Antonius für den Kampf gegen die Arianer einen prominenten Platz (siehe S. 77–82).

Die Vita Antonii als literarisches Modell

Athanasius' Schrift wurde schnell zum literarischen Stilvorbild der griechischen Hagiographie, wie exemplarisch die *Vita Hypatii* des Callinicus zeigt.[19] Hypatius (ca. 366–446) war Abt des Klosters von Rufiniane nahe Konstantinopel. Er «tat alles, indem er unseren heiligen Vater Antonius nachahmte» (VHyp 53,4), dem auch die Mönchsgemeinschaft nacheifern sollte. Wie der Mönch dem *abbas*, so folgt der Hagiograph seinem Vorgänger Athanasius und setzt sich für die *Vita* drei Ziele: Erbauung, Belehrung und Ermahnung.[20]

Die Parallelen zwischen der *Vita Antonii* und der *Vita*

Hypatii sind zahlreich: Beide Protagonisten sind *agrammatos* und erlangen ihren Ruhm als Geschenk von Gott (VA 1,2; 93,4; VHyp 6,8). Beide stammen aus wohlhabenden Familien (VA 1,1; VHyp 1,1), für beide ist die Heilige Schrift die Quelle ihrer Reden (VA 16,1; VHyp prol. 13), und beide werden von einer ihnen zufliegenden Bibelstelle zur Weltflucht motiviert (VA 2,3 f.; 3,1; VHyp 1,7), sogar im gleichen Alter. Heilungen sollen Gott, nicht den Heiligen zugeschrieben werden (VA 48,2; 56,1; VHyp 9,8; 22,6); und beide sind geschworene Feinde aller Häretiker (VA 68–69; VHyp 32). Sogar wörtlich übereinstimmend wird gemahnt, die Gaukeleien des Teufels nicht zu fürchten (VA 24,7; VHyp 24,103). Beide haben «Mitleid mit den Leidenden» (VA 56,1; VHyp 12,3). Würdenträger wenden sich «wie an einen Vater» an den jeweiligen Eremiten und fühlen sich durch dessen Antworten geehrt (VA 81,1; VHyp 36,7 f.). Allerdings war es bei Antonius der Kaiser, bei Hypatius sind es Kirchenmänner, mit denen Briefe gewechselt wurden.[21] Callinicus gestaltete also die *Vita Hypatii* nach dem Modell der *Vita Antonii*, von der er Begriffe und Motive entlehnte, um das durchaus nicht identische monastische Ideal des Hypatius zu beschreiben. Denn dessen «Suche nach dem Berg» (VHyp 8,4) führte ihn nicht in die Wüste, sondern nach Rufiniane, wo schon eine Klosteranlage bestand, in der er sich mit seinen Gefährten ansiedelte.[22]

Antonius wurde also nicht nur zur Autorität für die Pachomianer in Ägypten, sondern auch für Klostermönche in Kleinasien.[23] Dies belegt den Einfluss seines monastischen Leitbildes, wie es in der *Vita Antonii* literarisch fixiert worden war. Diese wurde aber nicht nur im Osten, sondern auch im lateinischen Westen zum hagiographischen Prototyp. In einigen Miniaturen soll nun dieser Weg nach Westen nachgezeichnet werden.

Lateinische Übersetzungen der Antoniusvita

Nur wenige Jahre nach Antonius' Tod legte ein unbekannter Autor eine erste Übersetzung der *Vita Antonii* ins Lateinische vor.[24] Er entschuldigte sich für die anspruchslose stilistische Gestaltung, was hier nicht nur Topos ist,[25] sondern das reale Problem dokumentiert, für die selbst erst im Entstehen begriffene griechische monastische Terminologie ein lateinisches Äquivalent zu entwickeln. Diese Übersetzung wurde schon bald von der des Evagrius von Antiochia verdrängt. Dieser hochgebildete, in beiden Sprachen bewanderte Mann, der später Bischof von Antiochia wurde, gehörte zur ersten Generation hagiographischer Autoren im Westen. In seiner 372/74 entstandenen Übersetzung goss er das eremitische Ideal in ansprechendes Latein. Er veränderte zwar nicht den Erzählgang, setzte aber eigene theologische Akzente.[26] Eine wörtliche Übersetzung bezeichnete er in seinem an klassische Vorbilder angelehnten Widmungsbrief als nutzlos; er habe die *Vita* daher so übertragen, «dass nichts am Sinn, höchstens an den Worten etwas fehlt. Andere mögen Silben und Buchstaben stechen, du suche den Gedanken!»[27] Hieronymus, der selbst bald als hagiographischer Autor hervortreten sollte, lobte diese Passage später als Musterbeispiel einer Theorie und Praxis des Übersetzens.[28] Evagrius legte die Prinzipien seiner Übertragung sogar Antonius selbst in den Mund: Im Gespräch mit den Philosophen (siehe S. 113) übersetzte er «Bildung und Verstand» (*grammata – nous*) mit «Buchstabe und Sinn» (*littera – sensus*); Sinngemäßheit gehe also vor Buchstabentreue.[29] Während Antonius in Athanasius' Text (VA 1,3) den Schulbesuch verweigert, um im biblischen Sinne «unverbildet» zu bleiben, sind es bei Evagrius die «albernen Fabeln der Kinder», die ihn abschrecken, also die Mythen als Bildungsinhalte. Wo Athanasius betont, dass Antonius nicht aufgrund weltlicher Bildung, sondern ob seiner Frömmigkeit – aus Gottes Gnade – seinen Ruhm erlangte (VA 93,4), ergänzt Evagrius, dass «weder der Adel des Geschlechts noch die unendliche Masse des Reichtums» dazu beitrug.

Dass dies ausgerechnet jemand schrieb, dem beides zur Verfügung stand und der der Nachwelt als «in höchstem Maße Redekundiger» (*vir eloquentissimus*) galt,[30] ist ein Hinweis auf die Adressaten dieser Übersetzung: Nicht einfache Klostermönche, sondern reiche und gebildete, an Askese literarisch und praktisch interessierte Römer wollten über den Neuaufbruch in der ägyptischen Wüste informiert werden – nicht um selbst in die Wüste zu gehen (auch wenn asketischer Tourismus in jener Zeit durchaus florierte), sondern um zu erfahren, was authentisches christliches Leben bedeutete. Evagrius bot ihnen nicht ein buchstäblich zu befolgendes Modell, sondern ein Vorbild, das vermittels gezielter Anpassungen auf die Gegebenheiten derer bezogen werden konnte, die selbst nicht ihre Villa verlassen und auch nicht ihre Bildung negieren wollten. Antonius, der Wüstenbürger, wurde so zum Leitbild westlicher Kosmopoliten. Evagrius' Übertragung prägte durch ihre schnelle Verbreitung und besonders durch ihre Aufnahme in die *Vitae Patrum* das Antoniusbild des Westens für mehr als ein Jahrtausend.[31]

Paulus und Hilarion: Die Gegenentwürfe des Hieronymus

Wie intensiv das Antoniusleben die Debatte über asketisches Leben im lateinischen Westen anregte, zeigt sich daran, dass nur wenige Jahre später mit der *Vita Pauli* des Hieronymus ein hagiographisches Werk entstand, in dem Antonius der Rang als erster Wüstenasket abgesprochen wurde. Der um 347 in Stridon im Illyricum geborene Hieronymus[32] erwarb umfassende Bildung, ließ sich aber mit etwa zwanzig Jahren für die Askese begeistern – hierbei spielte Evagrius eine wichtige Rolle – und ging 373 nach Syrien. Während eines Aufenthalts in der Einöde nahe Chalkis verfasste Hieronymus ein Opus, mit dem er sich einen Namen auf dem noch jungen

Markt für hagiographische Literatur machen wollte, indem er die wahre Geschichte der Anfänge des Eremitentums zu erzählen beanspruchte: Dessen Begründer sei nicht Antonius, sondern der ganz zu Unrecht in Vergessenheit geratene Paulus von Theben.[33]

Über diesen Paulus erfährt man in der *Vita Pauli* freilich nicht viel, und der Verfasser musste sich fragen lassen, ob es Paulus überhaupt gegeben habe.[34] Hieronymus hatte aus versprengten Nachrichten über diesen Eremiten eine unterhaltsame Novelle komponiert, die überall die gestaltende Hand des Autors verrät, zumal durch wörtliche Zitate lateinischer Schriftsteller im Munde von ägyptischen Wüstenvätern. Außerdem behauptete er, die Priorität des Paulus als Eremit bezeugten Antonius' eigene Schüler Macarius und Amatas; letzterer sei auch bei Antonius' Begräbnis dabei gewesen (VP 1,2).[35] Paulus sei also, so Hieronymus, «nicht dem Namen, aber der Sache nach» der Begründer (*princeps*) des Wüstenmönchtums; und da über Antonius in griechischer wie lateinischer Sprache bereits Biographien vorlägen, sei es höchste Zeit, auch über Paulus zu berichten (VP 1,4).

Paulus stellt in mancher Hinsicht den expliziten Gegenentwurf zu Antonius dar: Er ist gebildet (VP 4,1), anstatt sich dem Schulbesuch zu verweigern. Bei Ausbruch der Verfolgung unter Kaiser Decius (249) zieht er sich in seine Villa zurück (VP 4,2), begibt sich also nicht – wie Antonius, der in Alexandria das Martyrium zu erlangen versucht – in die Höhle des Löwen und flieht vor den Nachstellungen seines Schwagers schließlich in die Wüste (VP 5,1), um nicht ergriffen zu werden.[36] Paulus findet Zuflucht in einer Höhle, praktischerweise mit einer Quelle, wo sich – so ein hagiographisch belangloses, literarisch aber reizvolles Detail – früher eine Falschmünzerwerkstatt befunden habe (VP 5,2). Für den Einsiedler wird die Höhle zur Heimat, «dort verbrachte er unter Gebeten und in Einsamkeit sein ganzes Leben» (VP 6,1), das 113 Jahre gewährt haben soll (VP 7,1).[37]

Erst über das Ende dieses Lebens weiß Hieronymus wieder

6 Antonius unterwegs zu Paulus von Theben: Stundenbuch des Duc de Berry, 1404/09

etwas zu berichten, und hier kommt Antonius ins Spiel: Der Neunzigjährige – und damit erheblich Jüngere – meint, als einziger Mönch in der Wüste zu leben,[38] wird aber im Traum belehrt, «es gebe noch tiefer in der Wüste einen anderen und besseren (Mönch), den zu sehen er sich beeilen möge» (VP 7,2). Antonius macht sich sofort auf den Weg. Er trifft unterwegs einen Zentauren (VP 7,4) und einen Faun (VP 8,1–3), der Antonius ersucht, er möge Gott für diese Fabelwesen anrufen. Der Eremit staunt, dass in der Wüste – während man in Alexandria noch die heidnischen Götter verehre – «bereits die wilden Tiere von Christus sprechen» (VP 8,5). Schließlich erreicht er Paulus' Höhle, deren Tür ihm zunächst verschlossen bleibt, trotz der flehentlichen Bitten des betagten Wanderers:

> Wer ich bin, woher und weshalb ich komme, weißt du. Ich selbst weiß, dass ich nicht würdig bin, dein Angesicht zu sehen; dennoch werde ich nicht gehen, bevor ich dich gesehen habe. Du lässt wilde Tiere ein, warum weist du den Menschen zurück? (VP 9,5).

Nachdem Hieronymus die erzählerische Spannung durch zwei Vergilverse[39] noch gesteigert hat, kommt die erlösende Einladung, Antonius möge näher treten. Wie einst Elia am Bach Krit (1 Kön 17,6), so wird auch Paulus in seiner Höhle von einem Raben mit Brot versorgt, der – dem besonderen Anlass entsprechend – an diesem Tag gleich eine doppelte Ration bringt (VP 10,3). Obwohl sie in einen ernsten Disput darüber geraten, wer für den anderen das Brot brechen darf (am Ende ziehen sie zugleich jeweils an einem Ende des Brotes; VP 11,1), hat doch die Bitte des Antonius um Einlass die Hierarchie längst deutlich gemacht. Das wird vollends klar, als Paulus seinen nahen Tod ankündigt und Antonius bittet, er solle ihn begraben (VP 11,3), zuvor aber den Mantel holen, den Athanasius Antonius geschenkt hatte (VP 12,2). Damit usurpiert Hieronymus ein Detail aus der *Vita Antonii*: Als Grabbeigabe des Paulus kann der Mantel nicht zu Athanasius zurückgekehrt sein und damit diesen als Sachwalter des Antonius legitimiert haben! Vielmehr nimmt Paulus die bischöfliche Insignie, so die «wahre» Geschichte, mit ins Grab. Antonius gesteht, als er das Kleidungsstück holt, seinen Schülern unter Tränen:

> Weh mir Sünder, der ich fälschlich den Namen Mönch führe! Ich habe Elia, ich habe Johannes in der Wüste, ja ich habe wahrhaftig Paulus im Paradies gesehen! (VP 13,1).

Zu spät kehrt Antonius zurück. Er sieht nur noch Paulus' Seele in den Himmel fahren und klagt: «Zu spät habe ich dich kennengelernt, zu früh verlässt du mich!» (VP 14,2). Das Problem, kein Werkzeug zum Ausheben des Grabes bei sich zu haben, lösen zwei Löwen, die eine Grube ausscharren und sich zum Lohn von Antonius segnen lassen (VP 16,4 f.). Nicht nur Fabelwesen, auch reale Tiere stellen sich also in den Dienst des allerersten Eremiten. Antonius nimmt – da der Mantel nun mit begraben ist – die Tunika des Paulus mit (VP 16,8) und legt sie an Ostern und Pfingsten zur Erinnerung an seinen Vorgänger an. Nicht Antonius ist hier derjenige, dessen gedacht wird. Die fromme Bewunderung gebührt Paulus ebenso wie der Ruhm als wahrhaftig erster Einsiedler.

Hätte dieser Ruhm auch auf den Hagiographen abgestrahlt, hätte Hieronymus sein Ziel erreicht: mit einer erbaulichen *Vita* neben Antonius ein anderes Heiligenideal zu etablieren und sich selbst der an Askese interessierten, von der *Vita Antonii* faszinierten Oberschicht in Rom als Autor weiterer, literarisch ambitionierter Heiligenviten zu empfehlen.[40] Selbstbewusst stellt sich Hieronymus als Hagiograph neben, ja über Athanasius: Für das Eremitentum sei Johannes der Täufer das Vorbild (*princeps*), Paulus der Urheber (*auctor*) und Antonius der Ausgestalter (*illustrator*) des monastischen Leitbildes.[41]

Hieronymus' Hoffnungen auf gesellschaftlichen Erfolg, ja sogar auf den Bischofsstuhl von Rom, erfüllten sich freilich nicht. Nach dem Tod seines Förderers, Bischof Damasus (gest. 384), musste er Rom verlassen und siedelte sich in Bethlehem an. Auf Antonius kam er in der *Vita Hilarionis* (zwischen 386 und 393) noch einmal zu sprechen. Hier wird eine andere Konstellation sichtbar: Der junge, wiederum hochgebildete[42] Hilarion wird Antonius' Schüler und ahmt dessen vorbildliche Lebensweise nach (VHil 2,4 f.). Jedoch zieht es ihn in die Einsamkeit, die Antonius – auch wenn er in der Wüste lebt – zu seinem Leidwesen de facto verlassen hat:

> Hilarion ertrug die Menge an Leuten, die wegen ihrer vielfältigen Leiden und der Angriffe der Dämonen zu Antonius kamen, nicht länger, und er sagte, es sei gar nicht geziemend, Stadtleute in der Wüste zu dulden; er selbst aber müsse so beginnen, wie Antonius angefangen habe, der nun wie ein starker Held die Siegespalme empfangen habe, er selbst (d. h. Hilarion) habe dagegen soeben erst mit dem Kampf begonnen. (VHil 2,6)

Die Demut verdeckt nicht die Kritik: Ein richtiger Eremit ist Antonius in den Augen des Hilarion bzw. seines Hagiographen nicht mehr! Die Schilderung von Hilarions asketischem Leben und den Wundern, die er schon bald wirkt, lässt freilich erkennen, dass auch hier die *Vita Antonii* im Hintergrund steht. Hieronymus versucht sie nun aber nicht mehr zu ersetzen, sondern stellt dem Ägypter Antonius den Begründer monastischen Lebens in seiner eigenen neuen Heimstatt Palästina zur Seite:

> Als sich die Kunde (d. h. von seinen Wundern) überall ausbreitete, liefen ihm die Völker um die Wette aus Syrien und Ägypten zu, so dass viele Christen wurden und sich als Mönche bekannten. Denn es gab in Palästina noch keine Klöster, und niemand hatte in Syrien vor dem heiligen Hilarion einen Mönch gekannt. Jener war also der Gründer und Erzieher dieses Lebenswandels und Eifers in dieser Provinz. Hatte der Herr Jesus in Ägypten den Greis Antonius, so hatte er in Palästina den jüngeren Hilarion. (VHil 8,9–11)

Von einem Konkurrenzverhältnis ist dabei keine Rede: Antonius wechselt mit Hilarion Briefe – für Hieronymus, der als erster die sieben Briefe des Antonius bezeugt, ist dies selbstverständlich – und schickt syrische Pilger postwendend zurück nach Hause: «Wozu habt ihr die Mühen einer langen Reise auf euch genommen, wo ihr doch bei euch meinen Sohn Hilarion habt?» (VHil 15,2).

Hilarion freut sich nicht über diesen regen Zulauf, sondern trauert um die erneut verlorene Einsamkeit: «Ich bin wieder in die Welt zurückgekehrt und habe schon im Leben meinen Lohn empfangen!» (VHil 19,2). Nach Antonius' Tod, von dem er im Geist erfährt (VHil 19,6), pilgert er zum Berg Kolzim (VHil 20,12). Dort trifft er auf zwei Antoniusschüler, Isaak und Pelusianus, die ihm Berg und Zelle zeigen – nicht aber das Grab, obwohl Hilarion dringend darum bittet (VHil 21,9 f.). Die Schüler schweigen standhaft und erfüllen damit den letzten Willen des Antonius (und seines Hagiographen).

Mit der Beschreibung seiner Wohnstätte enden die Bezugnahmen auf Antonius in der *Vita Hilarionis*. Hieronymus setzt dem Begründer des Mönchtums in Palästina, wo er selbst ein Kloster gegründet hatte, ein Denkmal und konstruiert dazu eine Genealogie des Eremitentums: Hilarion führt als Schüler des Antonius das Werk des Meisters weiter und verbreitet die monastische Askese mithilfe ausgedehnter Reisen bis nach Sizilien und Zypern. Was Athanasius mit der *Vita Antonii* intendierte, nämlich ein «ökumenisches» Vorbild des Mönchtums zu etablieren, wiederholte Hieronymus mit der *Vita Hilarionis*. Wie viel davon der historischen Prüfung standhält, ist nicht entscheidend. Wichtig ist vielmehr, dass asketische Literatur für gebildete Leser im Westen des Reiches an Antonius anknüpfte, dabei dessen Vita zu überbieten oder auch fortzuschreiben suchte und dadurch die Frage nach monastischen Leitbildern jenseits der ägyptischen Wüste zu beantworten suchte.

Eine Alternative zu Antonius: Martin von Tours

Freilich war es nicht Hieronymus, dem der größte Publikumserfolg beschieden war. Zum meistgelesenen Heiligenleben des Abendlandes wurde vielmehr die Vita des Martin von Tours, verfasst von Sulpicius Severus.[43] Von Antonius ist darin nicht explizit die Rede; dennoch ist die *Vita Antonii* ständig vorausgesetzt.[44] Denn auch der Soldat Martin, der Einsiedler,

Missionar und Bischof wurde, soll als Vorbild «die Leser zur wahren Weisheit, zum himmlischen Kriegsdienst und zur göttlichen Tugend» führen (VM 1,6). Wie Athanasius beteuert Sulpicius, nur Weniges, dafür «Sicheres und Zuverlässiges» (VM 1,9) zu schreiben. In beiden Viten dienen Wunder, besonders Heilungen und Exorzismen, zum Erweis der Macht Gottes. Beide Heilige sind glänzende Redner, obwohl sie keinerlei formale Bildung genossen haben: Martin gilt als *homo illitteratus*, seine Predigt ist trotzdem «durchschlagskräftig» und seine Schriftauslegung «gewandt und geschickt» (VM 25,6). Durch ein öffentliches Bekenntnis zu Christus erwirkt er Schutz und Hilfe für sich und seine Anhänger (VM 4,7–9), und den Einflüsterungen von Teufel und Dämonen begegnet der gallische Mönch ebenso gelassen wie sein ägyptisches Pendant (VM 6,1 f.). Der Teufel, der Martin wie Antonius in vielerlei Verkleidung nachstellte (VM 22,1; 24,4–7), «wusste, dass er Martin nicht entkommen konnte» (VM 21,2). Den Kaisern begegneten beide mit Freundlichkeit, aber dabei ohne Unterwürfigkeit, sondern in freimütiger Offenheit (VM 20,6). Und wie in Antonius, so sahen die Zeitgenossen auch in Martin das apostolische Zeitalter wiederkehren (VM 7,7).

Ein wichtiger Unterschied liegt allerdings darin, dass Martin nicht als Eremit sein Leben beschloss, sondern im Jahr 367 zum Bischof von Tours geweiht wurde, wenn auch gegen seinen Willen (VM 9,1 f.) und «ohne dabei etwas von seiner Lebensweise und seinem Tugendstreben als Mönch aufzugeben» (VM 10,2).[45] Dass er sich vor der Bischofswahl durch Flucht in einen Stall gerettet habe, wo ihn die schnatternden Gänse verraten hätten, ist eine spätere Legende. Nach Sulpicius erbaute sich Martin statt des Bischofspalasts eine Einsiedelei als Wohnsitz (das Kloster Marmoutier), so dass er «keinen Grund hatte, sich nach der Wüste zu sehnen» (VM 10,4). Bis zu achtzig Schüler leisteten ihm Gesellschaft; es handelte sich also um eine recht große Eremitenkolonie. Anders als Antonius wirkte Martin als Missionar, der unter den Heiden im ländlichen Gallien das Christentum verbreitete und zahlreiche Kirchen und Klöster an Stelle paganer Heiligtümer errichtete (VM 13,8 u. ö.). Hatte Antonius die Wüste zivilisiert und die Menschen zum «engelgleichen» Leben motiviert, galt es für Martin, überhaupt erst die Vormacht des Heidentums zu brechen – was ihm mit Christi Beistand gegen Räuber, Heiden und Dämonen auch gelang.

Sulpicius Severus stellte dem Protagonisten der *Vita Antonii* einen anderen Typ von Heiligen gegenüber. Was aber beide verbindet, ist das ihnen verwehrte leibhaftige Martyrium. War Antonius, den Gott vor Verhaftung und Hinrichtung bewahrte, ein «Märtyrer im Gewissen» (VA 47,1), so erlitt Martin das Martyrium tausendfach, nämlich durch Entbehrungen während seiner Missionsreisen, aber auch durch Anfeindungen seiner Gegner und Sorge um seine Gefährten.[46] Der ägyptische Eremit und der gallische Mönchsbischof sind also zwei prominente Typen «neuer Heiliger» in der Spätantike nach dem Ende der Verfolgungen, die in zwei der erfolgreichsten Texte der christlichen Literatur- und Frömmigkeitsgeschichte verewigt wurden.[47] Anders als Hieronymus erwähnt Sulpicius Severus allerdings in der *Vita Martini* Antonius nicht explizit als Vorläufer (und auch nicht Paulus und Hilarion). Den Zeitgenossen war die Genealogie dennoch deutlich: Augustin mahnte den Mailänder Diakon Paulinus, die Vita seines Bischofs Ambrosius zu schreiben und sich dadurch in die Nachfolge von Athanasius, Hieronymus und Sulpicius Severus zu stellen.[48]

Die Bekehrung des Augustin

Die Antonius-Rezeption in der lateinischen Christenheit begann mit den beiden Übersetzungen der *Vita Antonii*. Die «Bekenntnisse» Augustins sind ein frühes Dokument der Wirkung dieser Übersetzungen: Hier wird berichtet, wie Augustin von zwei kaiserlichen Beamten erfährt, die eher zufällig auf eine lateinische Fassung von Athanasius' Schrift stießen und durch die Lektüre so aufgewühlt wurden, dass sie ihre weltliche Karriere aufgaben und ein Leben in Keuschheit gelobten.[49] Der Bericht von dieser Konversion zur Askese verleitete Augustin zu einem Gefühlsausbruch gegenüber seinem Freund Alypius:

> Wie geschieht uns? Was ist das? Hast du's gehört? Ungelehrte raffen sich auf und reißen den Himmel an sich, und wir mit unserer Schulweisheit ohne Herz wälzen uns in Fleisch und Blut! Schämen wir uns, dass sie uns voraus sind und wir erst hinterdrein kämen – und sollten uns doch schämen, nicht einmal nachzukommen!»[50]

Es ist die Weltentsagung, die schon zuvor Menschen beeindruckt hat und nun auch Augustin dazu motiviert, den letzten Schritt seiner lange angebahnten Hinwendung zu Gott zu tun. In seiner Seelenqual in den Garten geflüchtet, hört er eine Kinderstimme («Nimm und lies!») und ergreift die Bibel – nicht ohne sich zuvor daran erinnert zu haben, dass auch Antonius einst ein zufällig verlesenes Bibelwort «als wäre es auf ihn gemünzt, sich zur Mahnung genommen und sich bei diesem Gottesspruch sogleich zu Dir, Gott, bekehrt habe!»[51] Antonius wird mit seinem Entschluss zur Askese und dessen Durchführung zum Vorbild einer der berühmtesten Bekehrungsszenen der Christenheit.

8. ANTONIUS-BILDER IN MITTELALTER UND FRÜHER NEUZEIT

Antoniusfeuer und Antoniterorden

Antonius' Wunsch, niemand solle erfahren, wo sei Grab liege, wurde zweihundert Jahre lang respektiert. Der Tradition nach wurden seine Gebeine aber im Jahr 561 (wieder)entdeckt und zunächst in Alexandria verehrt. Anno 635 brachte man sie dann zum Schutz vor arabischen Angriffen in die Kaiserstadt Konstantinopel – wohin der *abbas* (nach der Warnung durch seinen Schüler Pambo in AP/G Ant. 31) nicht hätte gehen können, ohne sein eremitisches Charisma zu verlieren. Durch den längst etablierten Reliquienkult fühlte man sich im Mittelalter an solche Kautelen nicht mehr gebunden. So schenkte Kaiser Romanos IV. Diogenes 1070 den größten Teil der Antoniusreliquien einem französischen Adligen namens Jocelin. Dieser brachte sie in seine Heimat nach La-Motte-aux Bois in der Dauphiné (ab 1083 Saint-Antoine). Seit 1491 ruhen die Reliquien in Arles in der Kirche St. Julien.[1]

Während Antonius in der orthodoxen, besonders in der koptischen Heiligentradition Wüstenvater war und blieb, übernahm er im Westen die Funktion eines Wunderheilers und Schutzpatrons. «Zuständig» war er primär für die Mutterkornvergiftung (Ergotismus), die in Europa vom 11. bis zum 16. Jahrhundert grassierte. Sie wurde durch Roggen, der von einem Pilz befallen war, übertragen und verursachte Wunden und Gefäßverengungen, die zum Absterben von Gliedmaßen, ja sogar zum Tod führen konnten. Um die während eines außergewöhnlichen epidemischen Wütens Erkrankten zu pflegen, wurde 1095 in Saint-Antoine eine Laienbruderschaft gegründet, die Antonius zum Patron erwählte.[2] Die rasch einsetzenden Wallfahrten nach Saint-Antoine waren zunächst darin begründet, dass Antonius der in der Dauphiné am einfachsten zugängliche Heilige war. Sie trafen aber mit einem zentralen Aspekt der Antonius-Tradition zusammen: An Heilungen fehlte es in der *Vita Antonii* nicht, und so konnte Antonius recht unkompliziert die Rolle eines Krankenheilers ausfüllen. Die adligen jungen Leute, die sich in dieser Gemeinschaft sammelten, erkannten Antonius, der nach Evagrius «hochgestellte Eltern» (*nobiles parentes*) hatte, als einen der Ihren an, der sie als «Mitkämpfer» gegen die Dämonen, die sie in den Kranken am Werke sahen, unterstützte.[3] Der neue Orden breitete sich schnell in Europa aus und wurde zu einem Vorreiter der Spitalbewegung, die sich um eine umfassende Krankenversorgung bemühte.

Antonius gab bald auch der Krankheit seinen Namen, die man nun «Antoniusfeuer» oder «Heiliges Feuer» (*ignis sacer*) nannte.[4] Wer zu der Hospitalgemeinschaft kam, um sich behandeln zu lassen, wurde einerseits – oftmals erfolgreich – mit unvergiftetem Brot versorgt und andererseits vor den Altar der Kirche gebracht, um den Beistand des Antonius zu erflehen. Das war umso wichtiger, als das Antoniusfeuer nicht nur als körperliche Krankheit, sondern bald auch als Indiz für eine fehlgeleitete innere Disposition galt, für das «geistige Feuer der Fleischeslust», gegen das im Spätmittelalter Prediger wie Jean Gerson (gest. 1429) und Geiler von Kaysersberg (gest. 1510) zu Felde zogen.[5]

Der Antoniterorden betrieb zu Beginn der Reformationszeit 370 Hospitäler in ganz Europa. Zunächst an die Struktur eines Ritterordens angelehnt, übernahmen die Antoniter 1247 die Augustinusregel und wurden 1298 in ein Chorherrenstift umgewandelt, durchliefen also ähnliche Strukturreformen wie andere monastische Gründungen des 11. und 12. Jahrhunderts.[6] Die Konkurrenz durch die Bettelorden sowie die Entdeckung der Übertragungswege des «Antoniusfeuers» und die dadurch ermöglichte Eindämmung der Epidemie ließen den Stern der Antoniter wieder sinken. In den nichtromanischen Ländern kam noch die massive Kritik der Reformatoren an «Thonies pfaffen» hinzu. 1774 vereinigten sie sich schließlich mit den Maltesern, einem anderen Spitalorden.[7]

Die Verehrung des Antonius als Krankenheiler zeigt, dass sich seine Rezeption im Westen von den hagiographischen Mustern der Frühzeit löste und eigene Konturen gewann. Unter den sogenannten «vier Marschällen», die zwischen dem 14. und 17. Jahrhundert im Kölner Raum verehrt wurden – Nothelfer, die man so nahe bei Gott wie den Hofmarschall bei einem König wähnte –, erhielt der Ägypter Antonius seinen Platz neben dem römischen Märtyrerpapst Cornelius (gest. 253), Hubert von Maastricht und Lüttich (gest. 727), dem Patron der Jäger, sowie dem legendären Märtyrer Quirinus von Neuss (der Tradition nach gest. um 130). Der Grund war die räumliche Nähe der Verehrungsstätten, zu denen die Antoniusklöster in Köln und Wesel gehörten.[8]

Ein recht kurioses Denkmal setzten die Antoniter ihrem Patron schließlich in der Ikonographie: Viele mittelalterliche Darstellungen zeigen ihn mit einem Schwein. Die Ordensleute, die nicht für ihren Unterhalt arbeiteten, um sich ganz den Kranken widmen zu können, erhielten regelmäßig Ferkel geschenkt, die, mit einer Glocke versehen, im Dorf weideten, bis sie geschlachtet werden konnten.[9] Das geschah oft am Antoniustag, dem 17. Januar; das Fleisch wurde dann an die Armen verteilt. Mit der ägyptischen Wüste hatte dies nichts mehr zu tun, mit der monastischen und karitativen Praxis eines Ordens in Mittel- und Westeuropa umso mehr. Antonius' Ikonographie wurde zunehmend vom Habit der Antoniter (mit einem aufgenähten «T», der als T-Kreuz stilisierten Krücke) und dem Schweinchen mit der Schelle bestimmt. Antonius startete damit ein halbes Jahrtausend nach seinem Tod eine zweite Karriere. In der Kunst der Renaissance und der Neuzeit (s. u.) sollte er dann zum dritten Mal völlig neu verstanden und dargestellt werden.

Leitbild des mittelalterlichen Mönchtums

Die Mönchsviten des Hieronymus hatten Paulus von Theben als eine weitere Gestalt der ersten Generation der Eremiten etabliert. Im Mittelalter wurde weniger die Konkurrenz zwischen Paulus und Antonius als den zwei Begründern des Mönchtums wahrgenommen, sondern eher die Gemeinsamkeit der beiden.[10] Bereits bei Johannes Cassian (gest. 432) bilden sie zusammen den Höhepunkt des – nach Cassians Ansicht – schon seit apostolischer Zeit existierenden Mönchtums,[11] und nach Isidor von Sevilla (gest. 636) hatten zwar ursprünglich Propheten wie Elia und Elisa, Johannes der Täufer und die Apostel das Mönchtum gestiftet, Paulus und Antonius wurden dann aber «die Erstgeborenen dieser edelsten Art der Lebensführung», zusammen mit weiteren Gestalten der Frühzeit wie Hilarion und Macarius.[12]

Daran wird deutlich, dass nicht nur Viten einzelner Wüstenväter, sondern auch die Übersetzungen der *Apophthegmata Patrum* das Bild des Antonius im Mittelalter beeinflussten. Beide flossen in den *Vitae* (oft auch: *Vitas*) *Patrum* zusammen – ein Sammelwerk des 6. Jahrhunderts, in das weiterhin Rufins Übersetzung der *Historia monachorum*, die *Historia lausiaca* des Palladius und ähnliche Schriften Aufnahme fanden. Dadurch entstand für das Mittelalter ein hagiographischer Kanon.[13] Die *Regula Benedicti* schrieb den Mönchen die Lektüre von «Lebensbeschreibungen der Väter» vor,[14] die damit zum Grundtext monastischer Spiritualität wurden – auch da, wo von einer Wüste allenfalls metaphorisch die Rede sein konnte.

In karolingischer Zeit, etwa bei dem Klosterreformer Benedikt von Aniane und dem Kommentator der Benediktsregel, Smaragd von St.-Mihiel, wurde strenger zwischen dem Mönchtum als ursprünglichem Gemeinschaftsunternehmen und dem Eremitentum als einer erst später (!) hinzugekommenen besonderen Form differenziert.[15] So glühend Antonius' Lebensart auch bewundert wurde, sie taugte nur bedingt als Leit-

7 Die Einsiedler Antonius und Paulus brechen das Brot, das ein Rabe ihnen bringt: Szene aus dem Antoniusfenster in der Kathedrale von Chartres, 13. Jahrhundert

bild des Klostermönchtums. Hingegen wurde er zum Vorbild für italienische Einsiedler wie Romuald (gest. 1027), der die Eremitenkolonie von Camaldoli nahe Arezzo gründete, und

Petrus Damiani (gest. 1072), der zuerst in Fonte Avellana als Eremit lebte und später zum Kardinal und Kirchenreformer wurde. Ihm zufolge drängte das koinobitische Mönchtum von sich aus zur Vollkommenheit des Eremitentums, wie das Beispiel der Väter zeige: «Antonius entließ den Hilarion, damit er alleine zu Höherem aufsteige!»[16]

Für das Streben zur Vereinzelung und Vollkommenheit war die von Athanasius akzentuierte fehlende Bildung eine wesentliche Komponente: «Antonius muss man nicht rhetorisch preisen, sondern man liest von ihm im ganzen Erdkreis unverfälscht in lebensfrischen Schriften», stellte Petrus Damiani fest.[17] Und in Cluny, wo mit Abt Petrus Venerabilis (gest. 1156) ein großer Bewunderer der ägyptischen Mönche wirkte, erzählte man, dessen Vorgänger Maiolus (gest. 994) sei von gleich zwei Antonii geprägt worden:

> Maiolus wollte als junger Mann einen gewissen Antonius, einen in den freien Künsten gebildeten und klugen Mann, zum Lehrer haben. Später aber schätzte er viel mehr das Beispiel des Antonius, jenes großen und einzigartigen Jüngers Christi, als die Lehren des Antonius, der von Beruf weltlicher Philosoph war.[18]

Angesichts der hagiographischen Tradition, wonach Antonius als Solitär in der Wüste lebte, keine Gottesdienste besuchte und kein kirchliches oder monastisches Amt bekleidete, ist es bemerkenswert, dass er von praktisch allen Zweigen der Ordensreform im 11. und 12. Jahrhundert als Patron in Anspruch genommen wurde.[19] Das erstaunt am wenigsten bei den Kartäusern, die die individuelle Gebets- und Meditationspraxis ganz in den Vordergrund stellten, anstatt täglich Gottesdienst zu feiern, was Petrus von Blois (gest. 1203) mit dem Hinweis auf frühere Vorbilder rechtfertigte:

> Wisse, dass der Vater der Mönche und der Begründer dieses heiligen Standes nie den Weihegrad des Priesters anstrebte und zu vielen Zeiten nicht an der Messe teilnahm, auch nicht an Ostern – oder wusste er etwa nicht, dass es das Osterfest gab? Von Paulus, dem

ersten Einsiedler, von Antonius und von den Aposteln Petrus und Paulus und den übrigen, deren Lob das Evangelium singt, liest man nirgendwo, dass sie an jedem einzelnen Tag die Hostie des Heils als Opfer dargebracht hätten.[20]

Nach Wilhelm von St. Thierry hätten die Kartäuser «das Licht vom Osten und jene alte religiöse Glut der Ägypter in die todbringende Finsternis und gallische Kälte» gebracht, indem sie dem Vorbild von Paulus, Macarius, Antonius oder Arsenius nacheiferten.[21] Aber auch die Zisterzienser beriefen sich auf die Tradition der Eremiten, zumal gegen die mittlerweile als reich und träge geltenden Cluniazenser, die zur lebendigen Karikatur der Einfachheit und Bedürfnislosigkeit der ersten Mönche geworden seien:

> Wer hätte, als der monastische Stand seinen Anfang nahm, schon geglaubt, dass die Mönche zu solcher Saft- und Kraftlosigkeit verkommen könnten? O wie himmelweit unterscheiden wir uns von denen, die in Antonius' Tagen als Mönche lebten![22]

Auch im Konflikt zwischen Benediktinern und Regularkanonikern (Weltpriestern mit kommunitärem Leben) spielte Antonius eine Rolle: Hatten Mönche jemals priesterliche Funktionen ausgeübt? fragten die Kanoniker. In der Tat, antworteten die Benediktiner:

> Wenn dies den Mönchen nicht erlaubt gewesen wäre, sähe es mit der Kirche kaum so gut aus, denn man sagt, dass die Mönche fast die Hälfte des Erdkreises bekehrt haben... Sie taten unzählige Zeichen und hinterließen der ganzen Welt Beispiele ihrer Heiligkeit zur Nachahmung; unter ihnen ruhte die ganze Hoffnung Ägyptens auf Antonius dem Großen, und es blühte der Glaube, und in ganz Syrien hing alles von Hilarion ab.[23]

Der Prämonstratenser und spätere Bischof Anselm von Havelberg antwortete, dass Mönche «des himmlischen Lebens in umso höherem Maße würdig sind, je mehr sie sich demütig dem Stand der Kleriker, durch den die Kirche Gottes geleitet wird, unterordnen»[24] – dies habe schon für die Mönche

Ägyptens und Mesopotamiens bis zu Benedikt selbst gegolten. Diese Debatten, die hier nur angedeutet werden können, belegen die bleibende Bedeutung des frühen Eremitentums als monastisches Leitbild, obwohl es keineswegs einheitlich verstanden wurde. Aber es wird auch deutlich, dass Antonius im Westen nie allein stand, sondern mit Zeitgenossen wie Paulus und Macarius und Ordensgründern wie Benedikt zusammen gesehen wurde. Die Einsamkeit der Wüste war ihm im eigenen Leben nur bedingt, im Nachleben dann gar nicht mehr vergönnt.

Die Legenda aurea

Während in solchen Diskussionen ein traditionelles Bild von Antonius ohne Bezug auf konkrete Texte aufgerufen wurde, hatten auch die Quellen zu seiner Biographie ihre Wirkung im Mittelalter. Das prominenteste Beispiel hierfür ist die *Legenda aurea*, eine umfangreiche Sammlung von Heiligenviten, die der Dominikaner und spätere Bischof von Genua, Jacobus de Voragine, um 1260 anlegte und die zum meistverbreiteten Werk des Mittelalters wurde – neben der Bibel selbstverständlich.[25] Kennzeichen dieses und weiterer Legendare war es, dass ältere Texte nicht nur abgeschrieben, sondern stilistisch und auch inhaltlich neu gestaltet wurden.[26] Der Abschnitt *De sancto Antonio* in der *Legenda aurea* besteht aus einer Auswahl von Erzähleinheiten aus der *Vita Antonii*, vermischt mit Antonius-Apophthegmen. Dass zwischen beiden Gattungen Unterschiede, ja Spannungen bestehen (wie oben gesehen), störte den mittelalterlichen Hagiographen nicht – er traf eine Auswahl aus beiden und fügte diese zu einem kohärenten Bild zusammen. Dass dabei die Reden und Wundertaten weitgehend unter den Tisch fielen, entsprach Jacobus' Konzept; er bereitete damit den Boden für die spätere Dominanz der Dämonenepisoden, die den Großteil der narrativen Passagen in der *Legenda aurea* stellen.

Im Einzelnen sind folgende Episoden enthalten:[27]

- die Vision des Teufels als schwarzer Knabe (VA 2,1.3 f.; 6,1.4);
- Antonius' Sieg über die Dämonen (VA 8,1–4; 9,4 f.; 10,1–3);
- das vergeblich gesuchte Martyrium (VA 46,1 f.6);
- die Silberschale und das Gold auf dem Weg (VA 11,2–5; 12,1–3);
- die Vision von der Himmelfahrt der Seelen (VA 65,2–5);
- die Erscheinung des Teufels als schwarzer Riese und seine Klage, von den Mönchen bekämpft zu werden, obwohl sie ihm doch die Macht über sich selbst einräumen (VA 40,1 f.; 41,2–4).

Bis dahin wird die Erzählung nur von einem Apophthegma (die Demut als einzige Rettung der Welt, AP/G 7) unterbrochen. Danach folgen weitere Apophthegmen:[28]

- das Bild vom Überspannen des Bogens als Warnung vor übersteigerter Askese (AP/G 13);
- die drei Grundregeln der Askese (AP/G 3);
- das Gleichnis von den Fischen im Wasser (AP/G 10, vgl. VA 85,3 f., hier verbunden mit AP/G 6 und 11);
- die Geschwätzigkeit von Mönchen als «offene Tür» (AP/G 18);
- die dreifache Bewegung der Seele (AP/G 22, vgl. ep. Ant. 1,35–41) und die konsequente Abkehr von der Welt (AP/G 20);
- Antonius' «Langeweile» (*taedium*) und die Engelsvision über die Harmonie von Meditation und Arbeit (AP/G 1).

Dann folgen noch einmal drei Episoden aus der *Vita Antonii*:

- der Flug der Seele gen Himmel (VA 66,2–4);
- die Vision vom Wüten der Arianer in den Kirchen (VA 82,4–9);
- die Bestrafung des Balacius (VA 86,1–7).

Abgeschlossen wird das Antonius-Kapitel der *Legenda aurea* mit dem Wort über die schwachen Brüder (AP/G 19), die keines der biblischen Gebote zu erfüllen im Stande sind. Das passt zur Einleitung des Kapitels mit der – wie meist in der *Legenda aurea* – ziemlich weit hergeholten Etymologie: «Antonius kommt von *ana*, oben, und *tenens*, haltend, und heißt: der das Obere hält und die Welt verachtet.»[29] Der Asket praktiziert hiernach Himmelsorientierung und Weltverachtung.

Deshalb sind die Visionsberichte wichtig, ebenso die Lehre von der Entweltlichung in den *Apophthegmata Patrum*, nicht dagegen die weltzugewandten Elemente der asketischen Existenz: Verkündigung, Mission oder Wunderheilungen, die in der *Vita Antonii* erheblichen Raum einnehmen. Der Disput mit Philosophen wird übergangen, stattdessen werden monastische Regeln präsentiert, die auch für die Gemeindepredigt geeignet waren, in der die Heiligenlegenden gerne herangezogen wurden. Das Martyrium «im Gewissen» wird nicht erwähnt. Aber auch die Frage der Unterordnung des Asketen unter die kirchliche Hierarchie bedarf offensichtlich für Jacobus – einen Bettelmönch, dessen Orden sich rasch in den Dienst der Päpste gestellt hatte – keiner Klärung. Die Seelenlehre mit ihrer Parallele im ersten Brief des Antonius wird nur «anzitiert», und die Erfahrung der Anfechtung, mit der die Antonius-Apophthegmen beginnen, erscheint durch die Wiedergabe als «Langeweile» harmloser, als sie einst war.

Die narrative Struktur der *Vita Antonii* wird, wie die knappe Skizze des Dämonenkampfes im Grab (VA 8–10) zeigt, «auf die wesentlichen Handlungselemente verkürzt» – allerdings sollte man die Bibelzitate, die bei Athanasius ja einen fortlaufenden Kommentar bieten, kaum für «ausschmückendes Beiwerk» und somit für entbehrlich halten.[30] Vielmehr zeigt sich an der gezielten Kürzung, dass Jacobus nicht eine abgeschlossene Antoniusvita präsentieren wollte, sondern vielmehr ein Kompendium lehrreicher Szenen und Sentenzen des Asketen für Predigt, Katechese und Lektüre von Mönchen und «Weltchristen». Mit der Anordnung der Legenden nach dem liturgischen Jahreskalender integrierte er Antonius in den Kanon der alten und neuen Heiligen, um einem breiten Publikum Inhalte der Theologie, Liturgie und Frömmigkeit im Modus der Hagiographie zu vermitteln: «Die Geschichte des Heils offenbart sich in dem Leben einzelner Heiliger.»[31]

Das Antoniusbild der *Legenda aurea* ist somit weniger «athanasianisch» geprägt. Der Asket geht quasi aus dem Stand souverän mit Teufel und Dämonen um, er ist konsequent auf das Jenseits und die Abkehr von der Welt ausgerichtet. Damit eröffnete er im 13. Jahrhundert, als die Bettelorden ihre Blüte erlebten und als mit Franz von Assisi (gest. 1226) ein radikaler Christusnachfolger sowie mit Elisabeth von Thüringen (gest. 1231) eine karitativ tätige Heilige höchste Verehrung genossen,[32] Möglichkeiten zur Anknüpfung für unterschiedliche Formen der *Vita apostolica*, die Franziskus und Elisabeth, aber auch Jacobus' Ordenspatron Dominikus (gest. 1221) verkörperten.[33] Antonius tat dies freilich nicht als Solitär, sondern im Verein mit den vielen Dutzend anderen Heiligen, die Jacobus in sein Sammelwerk aufnahm.

Insofern ergibt sich ein ähnlicher Befund wie in den theologischen Traktaten des 12. Jahrhunderts: Antonius' Leben und Lehre wurden auf wenige Aspekte reduziert (so ist in der *Legenda aurea* keine Rede davon, dass er der Begründer des Mönchtums insgesamt sei), aber auch für neue Deutungen geöffnet. Nimmt man seine Wirkung als Ordenspatron der Antoniter hinzu, so kann Antonius als einer der vielseitigsten Heiligen des lateinischen Mittelalters gelten und – damit verbunden – als ein fast omnipräsenter Heiliger. Durch die *Legenda aurea* war sein Leben in praktisch allen Klöstern und Abteien bekannt, aber auch die Pfarrkirchen besaßen in den meisten Fällen ein Exemplar davon.[34] Angesichts solcher Popularität ist es kein Wunder, dass sich auch die reformatorische Kritik am Mönchtum in vielen Fällen direkt auf Antonius richtete, wie im Folgenden zu zeigen ist.

Reizbild für Martin Luther

Die Reformation übte scharfe Kritik an zentralen Elementen der spätmittelalterlichen Frömmigkeitspraxis. Sie richtete sich, beginnend mit Luthers Thesen von 1517, gegen den Ablass, der durch Wallfahrten zu Reliquienschreinen oder sogar gegen Geld erworben werden konnte, aber auch gegen das Ansehen des Mönchtums als eines besonderen Standes innerhalb der Kirche. Bei näherem Hinsehen zeigt sich allerdings, dass Luther und seine Zeitgenossen die monastische Tradition und die Heiligenverehrung nicht rundheraus ablehnten. Die *Confessio Augustana* (1530) sah in letzterer ausdrücklich kein Hindernis für eine Verständigung mit den Altgläubigen: Man könne die Heiligen als Beispiele für Gottes Gnadenwirken in einzelnen Menschen ehren und sich von ihnen in Bedrängnissen trösten lassen:

> Vom Heiligendienst wird von den Unsrigen so gelehrt, dass man der Heiligen gedenken soll, auf dass wir unseren Glauben stärken, indem wir sehen, wie ihnen Gnade widerfahren ist, weiterhin dass man sich ein Beispiel an ihren guten Werken nehmen soll, ein jeder in seinem Beruf... Man soll aber nicht mit der Schrift beweisen, dass man die Heiligen anrufen oder bei ihnen Hilfe suchen möge.[35]

Eine besondere Lebensform lasse sich mit ihnen nicht legitimieren. Gerade Antonius wurde in der Apologie der *Confessio Augustana* als Beispiel dafür genannt, dass der Mönchsstand nicht der primäre Weg zur Vollkommenheit sei. Dies entnahm der Verfasser, Philipp Melanchthon (1497–1560), einer Episode, die in den *Vitae Patrum* überliefert worden war:

> In den Geschichten der Altväter steht: Antonius bat, Gott möge ihm zeigen, welche Fortschritte er in dieser Lebensweise gemacht habe; da wurde ihm im Traum ein Schuster in der Stadt Alexandria gezeigt, mit dem man ihn vergleichen könne. Am nächsten Tag kam Antonius in die Stadt und ging zu dem Schuster, um ihn nach seinen (Frömmigkeits-)Übungen und Gaben zu fragen. Im Ge-

> spräch mit ihm hörte er aber lediglich, dass dieser frühmorgens mit wenigen Worten für die ganze Stadt bete und dann seine Arbeit tue. Dadurch begriff Antonius, dass jener Lebensweise, die er auf sich genommen hatte, nicht die Rechtfertigung zugeschrieben werden dürfe.[36]

Melanchthon rief hier also den Vater des Mönchtums als Kronzeugen dafür an, dass es keiner Auswanderung aus der Welt bedürfe, um die Rechtfertigung zu erlangen. Die Begebenheit entstammt, wie erwähnt, den Luther und seinen Zeitgenossen bestens vertrauten *Vitae Patrum*,[37] findet sich allerdings weder in der *Vita Antonii* noch in den *Apophthegmata Patrum*. Die Reformatoren griffen also auf den Teil der Tradition zurück, der ihr Verständnis der Rechtfertigung aus der Tradition heraus legitimierte. Angespielt wird in diesem Text auf den Eingangsabschnitt der *Apophthegmata*, wo Antonius von einem Engel die Notwendigkeit der Harmonie von Gebet und Arbeit lernt (AP/G Ant. 1). Die Pointe hatte sich schon im Zuge der Rezeption im Westen verschoben: Antonius muss nicht nur seine Hütte, sondern die Wüste verlassen, um zu lernen, dass ein Mensch «in der Welt» dem Himmel womöglich näher ist als der weltflüchtige Asket.

Nicht als Begründer des Eremitentums, wohl aber als Vorbild des Glaubens fand Antonius auch in der protestantischen Tradition große Beachtung. Dies wird bei Martin Luther (1483–1546) exemplarisch deutlich.[38] Auch Luther lehnte die Heiligen nicht immer und überall ab, vielmehr nahm Antonius neben Martin von Tours und Elisabeth von Thüringen eine Schlüsselstellung für ihn ein. In den Schriften Luthers ist die Geschichte vom «Schuster von Alexandria» mehr als ein Dutzend mal belegt.[39] Bei Luther erscheint der Schuster gegenüber Antonius meist als «besser» (*melior*) oder «überlegen» (*superior*),[40] weil er ein frommes Leben mitten in der Lebenswelt zu führen vermag und insofern eine reformatorische Grundeinsicht veranschaulicht, die sich kritisch gegen das Mönchtum richtete:

> S. Antonius dünkte es, er wäre überaus heilig. Er wohnte in einem Wald (sic!) fern von den Leuten, aß und trank nicht wie andere Menschen, oblag den ganzen Tag über dem Gebet und führte ein sehr strenges und heiliges Leben. Da bat er in einer Vision unseren Herrgott, er wolle ihm doch kund tun, wie heilig er wohl wäre – er dachte, er sollte einen Stuhl im Himmel neben S. Peter haben. Da hörte er eine Stimme vom Himmel, die sagte ihm, er wäre eben so fromm und gut wie ein Lohgerber oder Schuster in Alexandria. Das ist ein recht gutes Exempel, dass Antonius, der in der Wüste lebte, sich kasteite und marterte und heiliger war als jeder andere Mensch auf Erden, vor dem Gericht (Gottes) noch nicht einmal so gut dastehen würde wie ein armer Schuster, dem man das gar nicht ansieht. Da sage nun einer billig: Wenn ich nicht mehr von dem harten Leben habe, dann werde der Teufel ein Mönch, ich nicht![41]

Wiederholt macht Luther klar, dass der Weg in die Wüste ein Irrweg gewesen sei – die Mönche hätten sich nicht auf die Taufe verlassen, auf der allein doch ihre Beziehung zu Gott beruhe, sondern nach einer höheren, besonderen Lebensform gesucht.[42] Antonius, der immerhin den Weg nach Alexandria nicht scheute und sich von dem Schuster beschämen ließ, wird von Luther den Benediktinern als Beispiel vor Augen gestellt, die sich in ihre Klöster zurückgezogen und Reichtum angehäuft hätten.[43]

Mehrfach wird im selben Zusammenhang noch eine andere Geschichte aus den *Vitae Patrum* zitiert: Der Altvater Paphnutius habe in einer Vision zwei Ehefrauen gesehen, die jede für sich «weit besser als er seien... Sie kehren, waschen, sind gehorsam, schelten nicht, sind einig.»[44] Andernorts ergänzt Luther: Die beiden Frauen, die Paphnutius als vorbildlich vor Augen gestellt wurden, «hatten in dieser Nacht bei ihren Männern gelegen» – daran habe der Einsiedler gelernt, dass man keinen Stand, schon gar nicht die Ehe, verachten möge.[45] Auch diese Frauen bedurften keiner Auswanderung aus der Zivilisation, um ein christliches Leben zu führen.

Das Gegenbild der (Wüsten-)Mönche waren für Luther die Erzväter des Alten Testaments: Abraham, Isaak und Jakob.

«Was sind Antonius, Franziskus und Dominikus gegen Abraham, dessen Herz – gleich wie ein Ofen – vom Glauben entzündet brennt?»[46] Abrahams Ehefrau Sara vollbrachte mit der Bewirtung der Gäste im Hain von Mamre (Gen 18,6–8) ein «weitaus heiligeres Werk als alle Heiligen», verglichen mit Antonius, der in der Wüste weilte, oder Hieronymus, der zu heiligen Orten pilgerte.[47] Doch höre man von Abraham nicht, dass er wie Hilarion gefastet habe:

> Abraham aß, trank und arbeitete ja wie andere Menschen. Wenn du aber Glaube, Liebe, Hoffnung, Demut als wahre Abtötung (sündhafter Neigungen) betrachtest, dann übertrifft er bei weitem alle Hilarione und Antonii – diese haben gewiss auch ihre Qualen und Kreuze, aber freiwillige und erwählte und aus freien Stücken zugezogene![48]

Der Weg in die Wüste sei in Wahrheit der leichtere gegenüber dem Familienleben:

> Sieh nun und bedenke jene so verachtete Pflicht zur Haushaltung, und vergleiche sie mit den monastischen Werken eines Antonius oder Hilarion. Was sind gegenüber dieser einzigartigen Hungersnot (Gen 26,1) alle Fastenübungen und allerhärtesten monastischen Selbstkasteiungen? Leicht, ja gering erscheint diese Anfechtung, wenn du sie nur für sich und als gelegentliche betrachtest. Stell' dir dagegen vor, du wärst im Haus des Isaak, der eine Frau und Kinder hatte, weiterhin eine Menge Diener und Vieh – angesichts eines solchen Mangels an Essen und Futter. Stell' dir vor, du hörst die Beschwerden der Familie, die fordert, man gebe entweder ihr Brot oder dem Vieh Heu. Wenn du antwortest: Das habe ich nicht, ich will fliehen und meine Familie verlassen – dann steht dir das Gebot Gottes entgegen, der will, dass du an deinem Platz bleibst![49]

Während man in den Erzvätergeschichten nichts von Fasten, Verzicht auf ökonomische und politische Aktivität und Kasteiung des Fleisches höre, was man an Franziskus und Bernhard von Clairvaux bewundere, sei in Bezug auf Glauben und Anfechtung klar, dass weder Antonius noch Bernhard oder Dionysius (der Kartäuser) in ihren Klosterzellen derartigen

Glauben bewiesen hätten wie Jakob in seinem Haus.[50] Die Mönche – allen voran Antonius, der Begründer dieser Lebensform[51] – weigerten sich ja, an Wirtschaft, Politik und Kirche teilzuhaben.[52] Antonius hätte es, Luther zufolge, eigentlich besser wissen müssen, war doch sein Ausspruch bekannt und berühmt, dass man für alles ein Zeugnis in der Schrift haben solle.[53] Luther zitierte dieses Wort mit ausdrücklicher Zustimmung:[54] «Nichts ist für den Himmel gefährlicher als die Taten der Heiligen, die nicht vom Zeugnis der Schrift bekräftigt werden.»[55]

Luther bezichtigte zwar häufig das Mönchtum und Antonius als einen seiner Hauptvertreter, eine Gefährdung für die Kirche zu sein,[56] übernahm aber gleichwohl aus der Wüstenvätertradition die Mahnung, stets auf die Schrift zu achten. Und auch Respekt für die individuelle Lebensführung der Eremiten konnte Luther äußern, solange aus dem einzelnen Exemplum nicht ein allgemeines Gesetz gemacht werde:

> Antonius kannte das heutige, den Götzen dienende und in seine Zeremonien verliebte Mönchtum nicht, sondern wohnte freiwillig in der Wüste und lebte aus freien Stücken keusch. Später hat man aus seiner Lebensart ein Gelübde, einen Zwang, eine Knechtschaft gemacht, indem man zum Schein und in täuschender Nachahmung dieser ‹Regel› des Antonius – welche die Regel Christi ist – folgte, rein menschlicher Weisheit entsprechend.[57]

Antonius wird damit zum Kronzeugen für Luthers Ansicht, man dürfe Traditionsbestände nicht für unwandelbar halten, nur weil sie zu einer bestimmten Zeit ihren Sinn gehabt haben mögen. So sei zwar nicht zu bezweifeln, dass Antonius und seine Genossen in der Wüste heilig gewesen seien; heutige Menschen hätten jedoch ihre eigene Berufung, nämlich «den Eltern, dem Magistrat und den Lehrern zu gehorchen», also eine bürgerliche Existenz zu führen.[58] Eine ähnliche Folgerung entnahm Luther dem oft angeführten Apophthegma, in dem Antonius die «Stricke des Feindes» über die Erde ausgebreitet sah und auf seine Frage, wer diesen entgehen könne, zur Antwort erhielt: «die Demut».[59] Natürlich kritisierte Luther nicht die Demut als solche,

> aber man hat das Wort später so gedeutet, dass, wer den Stricken entfliehen wolle, demütig und das heißt: ein Antoniter werden solle – es ist also auf die «Möncherei» gedeutet worden![60]

Antonius erscheint bei Luther also als Begründer des Mönchtums, wird aber nicht für dessen spätere Ausgestaltung unter den «Papisten» verantwortlich gemacht. Vor allem die Anrufung der Heiligen wird als spätere Idee des Papsttums gekennzeichnet und abgelehnt.[61] Daher warnt Luther streng davor, «diesem heiligen Mann» die Heilung vom Antoniusfeuer zuzuschreiben und sich irgendetwas von seiner Fürbitte bei Gott zu erhoffen.

> Vielmehr verdiente er, dass man die Fröhlichkeit des Geistes (*laetitia spiritualis*) und die anderen Tugenden des Antonius nachahmte, von denen man auch in der Legende liest, hingegen nichts vom Feuer.[62]

Dieser Freude widmete Luther seinen *Sermo de S. Antonio* (1522). Trotz der Gelassenheit bei der Erscheinung des Teufels (VA 43,1–3) und seiner Gleichmut bei der Beendigung des zwanzigjährigen Exils (VA 14,4)[63] blieb doch in Luthers Augen Antonius' Rückzug aus der Welt ein Grundfehler:

> Andere werden gelobt, da sie um ihrer selbst willen in die Wüste eilten. Antonius und Augustin waren fromm – nur, was hilft's mir? Lieber will ich einen Heiligen haben, der auch mich froh macht, nicht nur sich selbst – so wie Johannes (den Täufer).[64]

Luthers Kenntnisse über Antonius waren gering. Den *Vitae Patrum*, auf die auch explizit verwiesen wird, und der *Legenda aurea* entnahm er einige Antonius-Episoden, unter denen das Demutswort und besonders der «Schuster von Alexandria» herausragen.[65] Die *Vita Antonii* selbst zitierte Luther kaum, obwohl sie zum Überlieferungskomplex der *Vitae Patrum* gehörte; die explizite Bezugnahme auf die *laetitia spiritualis* (VA 36,4 f.) entnahm Luther der Evagrius-Übersetzung, die in den *Vitae Patrum* überliefert wurde.[66] Auch wusste er von Antonius' Beistand für die Märtyrer in Alexandria (VA 46,2).[67]

Häufig begegnet Antonius als Begründer des Mönchtums und als paradigmatischer Eremit, ohne dass dies in Details ausgeführt würde, und wie im Mittelalter tritt Antonius oft mit anderen Wüstenvätern, aber auch mit jüngeren Ordensgründern gemeinsam auf. Je nach Kontext fällt Antonius' Bedeutung für Luthers Argumentation aus: Wo es um die Legitimität des Mönchtums an sich geht, wird der Wüstenvater wie alle Geistesverwandten dafür kritisiert, aus der Welt geflohen zu sein und sich dem «Beruf», in einem der innerweltlichen Stände zu wirken, entzogen zu haben. Als individueller Frommer kann Antonius dagegen von Luther anerkannt werden – die Nachgeborenen hätten leider aus diesem individuellen Lebensentwurf ein allgemeines «Gesetz» für die Kirche gemacht.[68]

Das spiegelt Luthers grundsätzliche Haltung zur Heiligenverehrung wider: Die Anrufung der Heiligen um Fürbitte bei Gott war für ihn inakzeptabel; auch das Gedenken der Heiligen sah er in Abgrenzung gegen die Altgläubigen skeptisch:

> Wenn nun diese abgöttische Verehrung der Engel und der toten Heiligen beseitigt wird, wird die andere Verehrung (als Vorbilder) ohne Schaden sein, ja bald vergessen werden. Denn wo Nutzen und Hilfe, leiblich wie geistlich, nicht mehr zu erhoffen sind, werden sie die Heiligen im Grab wie im Himmel gewiss in Frieden lassen. Denn umsonst oder aus Liebe wird ihrer niemand viel gedenken, sie achten oder verehren.[69]

An Antonius – wie auch an Elisabeth von Thüringen und Bernhard von Clairvaux – wird deutlich, dass Luther die Heiligen als *Vorbilder des Glaubens* gelten lassen konnte. Daher ordnet sich seine Haltung in das differenzierte Bild der protestantischen Heiligenmemoria in der frühen Neuzeit ein, in dem die Wüstenväter große Beachtung fanden. Schon zu Luthers

Lebzeiten publizierte der Lübecker Superintendent Hermann Bonnus (1504–1548) seine Schrift *Mischgericht (Farrago) herausragender Beispiele*, in der er die Antonius-Tradition ohne ihre asketischen Heroismen und Wundertaten ganz im reformatorischen Sinne auf den angefochtenen Antonius zuspitzte.[70] Zu Georg Majors (1502–1574) Auswahl aus den *Vitae Patrum* steuerte Luther ein Geleitwort bei.[71] Die Antoniusvita nahm darin unter den Heiligenviten den größten Raum ein. Major wollte die durch die Überlieferung und vor allem durch die «papistische» Frömmigkeit «verderbte» Legendentradition sichten, reinigen und für die evangelische Kirche rezipierbar machen. Schon Luther hatte die Mixtur aus «Klosterlob» und «guten Historien» in den *Vitae Petrum* beklagt.[72]

Damit repräsentiert Major einen Strom protestantischer Märtyrer- und Heiligenbücher, die selbst wiederum die Grundlage für spätere historische Darstellungen bildeten. Unter diesen sei hier nur noch die *Unparteiische Kirchen- und Ketzerhistorie* Gottfried Arnolds (1699/1700) genannt, in der Antonius wie in den Mönchsromanen des Hieronymus nach Paulus und vor Hilarion als (Mit-)Begründer des Eremitentums erscheint.[73] Arnold, der als radikaler Pietist kritisch gegenüber der «konstantinischen Staatskirche» war, nannte Antonius als Beispiel dafür, «dass es noch redliche Leute unter dem großen Haufen der verderbten Christenheit gegeben hat», auch wenn man dafür «etliche aus der Wüste holen» müsse, «da an den anderen Orten alles sehr elend beschaffen war».[74] Wegen der «ungemeinen Erleuchtung, Heiligkeit und Wunderkraft» sei Antonius bei den Zeitgenossen berühmt geworden; und auch nach weit mehr als einem Jahrtausend sei sein Lebenslauf «wert, dass er mehr bekannt und von jedermann gelesen werde, wie ihn auch die sehr Alten aestimierten und die Neuen meistens für wahr hielten.»[75]

Bart, Buch, Segensgeste: Die Ikonographie des Antonius

Unter den christlichen Heiligen ragt Antonius auch dadurch hervor, dass er seit dem Mittelalter ununterbrochen ikonographisch rezipiert wurde – politischen, kulturellen und religiösen Umbrüchen zum Trotz. Der literarisch überlieferte monastische Archetyp bot auch Anknüpfungspunkte für Künstler unterschiedlicher Zeiten, Orte und Stilrichtungen.[76] Die bildliche Antonius-Rezeption wird zuerst im 8. Jahrhundert greifbar.[77] Im byzantinischen Bereich bildete sich rasch eine feste Ikonographie mit langem Bart und Mönchsgewand heraus. Beispiele dafür finden sich auf Wandmalereien wie im Apollonkloster in Bawit (Ägypten; Abb. 1, S. 8), wo Antonius neben dem mit identischen Attributen versehenen Asketen Amun erscheint: Nimbus, Segensgeste und Evangelienbuch weisen beide als Heilige aus. Das Evangeliar gehört ebenfalls zur monastischen Ikonographie, ist hier aber insofern deplatziert, als Antonius nach der *Vita* (VA 3,7) ja die Heilige Schrift nur im Herzen bewahrte! Ohne Buch, dafür mit Kappe wird Antonius um 945 auf einer Ikone aus dem Katharinenkloster am Sinai dargestellt (Abb. 8, S. 174), und zwar in einer Gruppierung mit dem Apostel Thaddäus (links oben) und König Abgar von Edessa mit dem Mandylion (rechts oben),[78] das erst im Vorjahr nach Konstantinopel überführt worden war, sowie mit drei weiteren Heiligen. Antonius, der zu dem Christusbild als solchem keine Verbindung hat, gehört zu den Heiligen, die das im oberen Register dargestellte Wunder des Bildes durch ihre Präsenz beglaubigen. Die monastischen Attribute (Bart, Buch, Segensgeste) lebten auch in der westlichen Ikonographie fort, wie beispielsweise die vom «Meister der Darsow-Madonna» geschaffene Skulptur aus Sandstein bezeugt (1405; Abb. 2, S. 17). Hier trägt Antonius die im westlichen Mönchtum übliche Tonsur. Die breit gestreute Rezeption – von der koptischen über die byzantinische bis zur abendländischen Kirche – entspricht ganz der literarischen

8 Antonius mit drei weiteren Heiligen (unteres Register) auf einer Ikone aus dem Katharinenkloster am Sinai, 945. Links oben ist der Apostel Thaddäus dargestellt, rechts oben König Abgar von Edessa mit dem Mandylion, dem Abbild Christi.

Verbreitung der Antonius-Tradition und weist ihn erneut als einen «ökumenischen» Heiligen aus.

Neben die Antonius-Porträts treten auch szenische Darstellungen seines Lebens. Dabei nehmen die frühesten Zeugnisse

9 Antonius und Paulus brechen das Brot: Darstellung auf einem irischen Steinkreuz aus Moone, Kildare, 7. Jahrhundert

meist nicht auf die *Vita Antonii*, sondern auf die *Vita Pauli* Bezug.[79] Beliebte Motive sind das freundschaftliche Gespräch der beiden Heiligen sowie deren Brotbrechen. Dieses ist schon im 7. Jahrhundert auf Steinkreuzen in Irland belegt (Abb. 9). Für die irischen Mönche, die mit der *peregrinatio* (Wanderschaft in der Fremde) eine eremitische Askese in westlicher Gestalt pflegten, waren gerade die Wüstenvätergeschichten eine wichtige Quelle.

Die beiden betagten Einsiedler blieben auch im Spätmittelalter ein beliebtes ikonographisches Paar, wie etwa das Stundenbuch des Duc de Berry (1404/09) belegt, das den Weg des Antonius zu Paulus durch die hier gar nicht schreckliche, von Fabelwesen (aber eben nicht von Mönchen!) bevölkerte Wüste darstellt (Abb. 6, S. 146). Beide Viten treten auch in Kombination auf: So zeigt ein Bilderzyklus im sogenannten *Menologion* des Kaisers Basilius II. (10. Jahrhundert) Antonius zunächst als Zuschauer bei der Himmelfahrt der Seele des *abbas* Amun (VA 60,1–3), sodann als andächtigen Zeugen des Todes des Paulus und am Ende mit den beiden Gefährten im Moment seines eigenen Todes.[80] Solche Zyklen, in denen die Paulus- und Antonius-Tradition eng miteinander verwoben sind, finden sich auch auf einem romanischen Kapitell in St. Madeleine in Vézelay (12. Jahrhundert)[81] und im Antoniusfenster der Kathedrale von Chartres (Abb. 7, S. 157), hier wiederum mit dem Raben im Moment des Brotbrechens.

Im späteren Mittelalter förderten auch die Antoniter die Antonius-Ikonographie: Der umfangreichste Bilderzyklus findet sich in zwei Handschriften, die der Avignoneser Robin Fournier 1426 (gedacht für das Antoniter-Mutterkloster, jetzt in La Valletta/Malta) und 1432 (in Florenz) gestaltete und die in jeweils 200 Bildern das Leben des Antonius farbenprächtig umsetzen.[82] Die herangezogenen und als Bildunterschriften zitierten Quellen umfassen die *Vita Antonii*, die *Vita Pauli* und die *Vitae Patrum* (aber nicht die *Legenda aurea*) sowie die vom Bischof von Marokko, Alfonso Bonhome, im 14. Jahrhundert aus dem Arabischen übersetzte *Magna et Longa Legenda* des Antonius, daneben den Sentenzenkommentar des Thomas von Aquin (gest. 1274) und mit dem *Corpus Iuris Canonici* sogar die maßgebliche Kirchenrechtssammlung.[83] Die Bilderviten des Robin Fournier zeigen eindrücklich, wie die breite literarische und ikonographische Tradition im Laufe des Mittelalters miteinander interagierten.

Monster und Marter: Apokalyptische Visionen

Die diabolische und dämonische Szenerie der *Vita Antonii* samt den Details der Versuchungen spielt erst seit dem 15. Jahrhundert eine – dann allerdings zentrale – Rolle in der bildenden Kunst Mittel- und Westeuropas.[84] Den Wendepunkt in

10 Matthias Grünewald zeigt auf dem Isenheimer Altar den heiligen Antonius, von Dämonen gepeinigt, den Blick auf die Christuserscheinung gerichtet (dritte Schauseite, rechter Flügel), 1512/16. Colmar, Musée d'Unterlinden

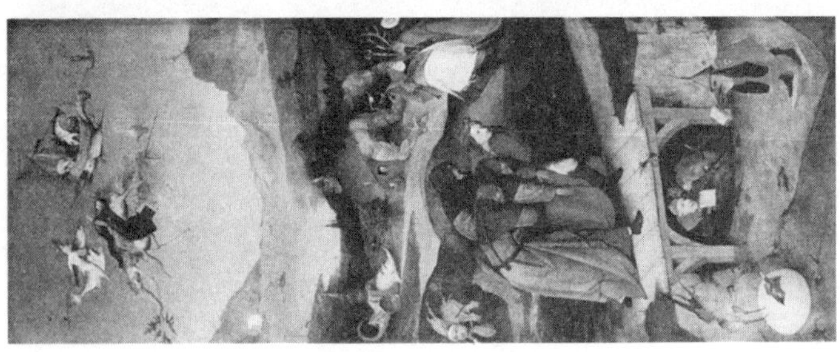

der Darstellung markiert dabei Martin Schongauer (1450–1491), der um 1475 auf einem Kupferstich Antonius in der Luft schwebend und von phantastischen Monstern malträtiert darstellte (Abb. 4, S. 74). Etwa um die gleiche Zeit inszenierte Bernardo Parentino (oder Parenzano; bezeugt zwischen 1480 und 1495) auf einer Bildtafel die Brutalität der Angriffe und die Wehrlosigkeit des Eremiten in bisher ungekannter Drastik (Abb. 3, S. 52).[85] Damit begann sich das Thema der Versuchungen allmählich vom Antoniusleben zu emanzipieren: Nicht mehr die von Gott gegebene Fähigkeit zum Widerstand gegen Teufel und Dämonen – und damit die Freiheit des Asketen von den Bedrohungen der Welt und der Wüste – stand fortan im Vordergrund, sondern der oder das Böse als Urheber der Attacken, deren detailfreudig ausgemalte Schrecken in scharfem Kontrast zu Antonius' Passivität stehen. Auf dem Isenheimer Altar malte Matthias Grünewald 1512/16 in leuchtenden Farben aus, wie dem Einsiedler mit groben Knüppeln zugesetzt und sogar die Kopfhaut abgezogen wird (Abb. 10, S. 177).[86] Eine solche Darstellung brutaler Gewalt gegen den Heiligen ausgerechnet auf einem Altar mutet befremdlich an – doch korrespondiert eine lichtvolle Erscheinung am oberen Bildrand mit dem Gesicht des von den Qualen unberührten Asketen und setzt ein subtiles Zeichen des himmlischen Beistands (vgl. VA 10,1–4).

Man hat gelegentlich vermutet, Grünewalds Meisterwerk und andere zeitgenössische Altarbilder in Antoniterkirchen hätten die Konvente bei dem Versuch stärken sollen, sich «noch ein letztes Mal gegen die heraufziehende Reformation aufzulehnen»; die Bilder würden dann die eigene Krisenwahrnehmung reflektieren, eben «ins Bild setzen». Diese Interpretation stößt heute auf Skepsis.[87] Sicher aber treten bei Grünewald und noch drastischer bei Hieronymus Bosch (1450–1516) neuartige apokalyptische und phantastische

11 Hieronymus Bosch, Die Versuchung des heiligen Antonius, 1505/06. Lissabon, Museu Nacional de Arte Antiga

Ausdrucksformen in den Vordergrund: Antonius ist mit seiner Ruhe und Unberührtheit ein Fremdkörper wie ein Ruhepol in einer Welt, die unübersichtlich und bedrohlich erscheint.

Die Mitteltafel von Boschs Triptychon auf dem Lissabonner Altar (1505/06; Abb. 11, S. 178) wird dominiert von einer aufgesprengten Festung (vgl. VA 12,3). Antonius, ins Gebet vertieft, wendet sich körperlich und ebenso geistig von der schwarzen Messe ab, die direkt neben ihm zelebriert wird, und schlägt, wie es VA 35,2 empfiehlt, ein Kreuz.[88] So bleibt zwar er selbst von den Fabelwesen, die um ihn herum wimmeln, unbehelligt, doch im Hintergrund lodert ungehemmt der Weltenbrand. Die verbreitete Weltuntergangsstimmung im frühen 16. Jahrhundert wird hier bildlich inszeniert: Der Galgen als Symbol der weltlichen Ordnung und der Kirchturm als Inbegriff religiöser Orientierung stürzen zugleich ein. Das Feuer wird zu einer die Welt zerstörenden Macht, der Antonius – anders als dem *ignis sacer* (siehe S. 155) – hier nicht mehr als Nothelfer wirksam entgegentritt.

Die Bosch-Rezeption kann hier nicht detailliert verfolgt werden, nur auf ein spätes und zugleich singuläres Bild sei noch hingewiesen: das Antoniusgemälde des flämischen Malers Jost van Craesbeeck (gest. vor 1661; Abb. 5, S. 90). Hatte sich Boschs Apokalyptik schon bald zu harmlosen «Diablerien» (phantasiereichen Szenen von Teufeln und Fabelwesen) gewandelt, so führte Craesbeeck den Höllenkopf in der Bildmitte als neues Element ein: Die Versuchungen und weitere verstörende Erscheinungen entstammen der Gedankenwelt des Malers selbst, dessen Physiognomie das Bild beherrscht. Das reiche Inventar der Versuchungen ist bei van Craesbeeck fast vollständig versammelt, hingegen wird die eigentliche Antonius-Tradition nur mehr anzitiert: Der Gekreuzigte erscheint als Strichzeichnung auf einem Zettel, der an dem Baum befestigt ist, der das Bild rechts abschließt; davor wird das Antoniusschwein spielerisch von kleinen Monstern gepiesackt. Die Verführerin kann mit ihren moderaten Reizen den Eremiten nicht von seiner Lektüre abhalten: Antonius schaut eher uninteressiert zu ihr auf und zeigt sich insgesamt von der wimmelnden, skurrilen Szenerie um den Höllenkopf ganz unbeeindruckt. Der Einsiedler erscheint nur als Anlass für den Maler, ein seiner religiösen Intentionen entkleidetes Sujet aufzugreifen; er wirkt im Bild geradezu als Fremdkörper.

9. DIE VERSUCHUNG ALS SUJET DER MODERNE

Frauen und Fabelwesen: Vom Symbolismus zum Surrealismus

In der späteren Antonius-Rezeption sind unterschiedliche Spielarten zu beobachten. An zwei Beispielen aus dem späteren 19. Jahrhundert soll dies illustriert werden. Der Italiener Domenico Morelli (1823–1901) widmete sich verschiedentlich den Versuchungen des Antonius, in eindrucksvollster Form in einem 1878 entstandenen Gemälde (Abb. 12). Hier erscheint Antonius erstaunlich jung (was er auch war, als ihm der Teufel erstmals als verführerische Frau erschien, VA 5,5). Das Bild beherrscht der schreckgeweitete Blick, der sich nicht auf das hinter dem Eremiten in den Fels geritzte Kreuz, sondern in die Ferne richtet, um der Bedrohung durch laszive Frauen, die sich unter seinen Matten hervorwinden, zu entgehen. Dies spielt auf eine Szene an, die in den frühen deutschen Drucken der *Leben der heiligen Altväter* enthalten ist:[1] Als Antonius einen Korb aufhebt, den er geflochten hat, erblickt er darunter den Teufel in Gestalt einer schönen Frau. Bei Morelli steht nicht das stoische Beharrungsvermögen des Asketen gegenüber dieser Anfechtung im Mittelpunkt, sondern das sprachlose Erschrecken des durchaus anfechtbaren Einsiedlers – das Bild stellt also eine psychologische Studie des Eremitendaseins dar und zeigt eindrücklich das Krisenpotenzial der Einsamkeit.

Ganz anders, nämlich im Modus der Parodie, näherte sich zeitgleich Félicien Rops (1833–1898) der *Versuchung des heiligen Antonius* (Abb. 13, S. 184). Auch hier bleibt Antonius von den Versuchungen nicht unberührt; diese haben aber ihren Platz am Kreuz, von dem der ausgemergelte Christus durch eine üppige, in lüsterner Pose drapierte Frau verdrängt wird. Augenfällig lauert hinter dem Kreuz der Teufel höchstper-

12 Antonius im orientalistischen Stil des 19. Jahrhunderts: Domenico Morelli, Die Versuchung des heiligen Antonius, 1878. Rom, Galleria Nazionale d'Arte Moderna

sönlich; er ist es auch, der Christus vom Kreuz hinabstößt. Antonius, den Rops zwanzig Jahre zuvor als feisten Bonvivant in inniger Umarmung mit einem Schwein – beide mit Heiligenscheinen – dargestellt hatte (Abb. 14, S. 185), überschreitet nun auf der Kreuzesdarstellung die Grenze der Karikatur zur Obszönität. Er lässt Antonius erschrocken von seiner Lektüre auffahren, hatte er doch soeben in der Bibel die Geschichte von der (versuchten) Verführung Josephs durch die Frau Potiphars (Gen 39) studiert.[2] Der gekreuzigte Christus als Orientierungspunkt des Asketen ist im Sturz begriffen, und das Kreuz ziert nicht mehr die Aufschrift INRI (Joh 19,19), sondern EROS – womit das Ziel der *imitatio* pervertiert wird. Das Antoniusschwein steht als und stummer Beobachter dabei.

Rops präsentiert den Heiligen als Verwirrten, von der wahren Gestalt seiner Gedanken und Bestrebungen Überrumpelten. Es erstaunt nicht, dass Sigmund Freud hier ein Paradebeispiel seiner Theorie erblickte, «dass das Verdrängte bei seiner Wiederkehr aus dem Verdrängenden selbst hervortrete»,[3] dass also sexuelle Abstinenz letztlich nur eine umso dramatischere

13 *Antonius symbolistisch: Baudelaires Freund Félicien Rops malte 1878 die Versuchung des Heiligen als Parodie. Brüssel, Bibliothèque Royale de Belgique*

Lust erzeuge. Rops selbst steigerte mit diesem Bild die Parodie bis zu beißender Kritik an der Heuchelei der (römisch-katholischen) Kirche: Hatten früher die Versuchungen *neben* dem Gekreuzigten gestanden (wobei dieser, wie bei van Craesbeeck, ganz an den Rand geraten konnte), tritt hier die Versuchung *an die Stelle* des Erlösers.

14 *Das Schwein bleibt Antonius selbst in der Karikatur erhalten: Félicien Rops, Die Versuchung des heiligen Antonius, um 1858. Brüssel, Collection Dexia Banque*

Dieses Motiv wurde sogar filmisch umgesetzt: 1898 drehte Georges Melies den Kurzfilm *Tentation de Saint-Antoine*.[4] Auch hier wird der in seine Lektüre vertiefte Antonius von attraktiven Frauen umlagert, und am Schluss verwandelt sich der lebensgroße Crucifixus, vor dem er niederfällt, in eine Frau – was den Geplagten endgültig in den Wahnsinn treibt. Aus dem Wüstenvater wird ein früher Stummfilmstar.

15 Die Versuchung des heiligen Antonius in surrealistischer Interpretation: Das Bild von Max Ernst entstand 1945 im Exil in den USA. Max Ernst gewann damit einen Wettbewerb, an dem sich auch Salvador Dalí beteiligte (siehe Abb. 17, S. 190). Duisburg, Stiftung Wilhelm Lehmbruck Museum

Im 20. Jahrhundert stand Antonius sogar im Mittelpunkt eines künstlerischen Wettbewerbs.[5] Für die Verfilmung des Romans *Bel-Ami* von Guy de Maupassant (1850–1893) suchte Regisseur Albert Lewin 1945 ein Bild mit einer Darstellung der Antonius-Versuchung, das in dem Film eine tragende Rolle übernehmen sollte. Unter elf teilnehmenden Künstlern erhielt der deutsche Surrealist Max Ernst (1891–1976) den Zuschlag, u. a. gegenüber dem Entwurf von Salvador Dalí (1904–1989; Abb. 17, S. 190). Ernst (Abb. 15) knüpfte einerseits an die zoomorphen Bedrohungen in der Malerei der frühen Neuzeit an und setzte andererseits in dem regungslos ausgestreckten und wehrlos seinen Peinigern ausgelieferten Antonius die von Verzweiflung und Zerstörung geprägte Nachkriegsgegenwart ins Bild. Er «schildert eine alptraumartige Misshandlung in einer surrealen Alptraumwelt».[6] Es sind vogel- und reptilienartige

Wesen, die Antonius mit Klauen und Zähnen malträtieren; die Gesichtsfarbe, die auf den nahen Tod durch Ersticken verweist, und die blutenden Wunden machen Antonius als Christustypus kenntlich. Im Kontrast dazu gehört zu der Szenerie im Hintergrund nicht nur ein in Stein gemeißelter Frauentorso, sondern auch eine Frau in Crucifixus-Haltung auf einem hohen Pfahl, Sinnbild der Sexualität, die den Blick auf Christus – den einzigen Retter vor den Dämonen – verstellt. Der Leib des Einsiedlers erscheint vor diesem Hintergrund in der Pose der Kreuzesabnahme.[7] Der erstickte Schrei macht die «Sprachlosigkeit» des Gemarterten zum Thema,[8] die auch den Künstler angesichts seiner Zeiterfahrung befallen hatte.

Bei allen Bezügen zu Bosch und Grünewald fehlen doch gerade die Attribute, die Antonius als Heiligen kenntlich machen. Ernst malte ein phantastisches Bild, das nicht die Antonius-Tradition fortschreiben sollte, sondern die vorgegebene Themenstellung zum Anlass nahm, *eigene* Bilder des Schreckens und des Begehrens zum Ausdruck zu bringen. Antonius wird damit zur Projektionsfläche für eine rational nicht mehr fassbare, nur noch in surrealistischen Formgebungen einzufangende Erfahrung – nicht nur bei Max Ernst, sondern als Zentralmotiv der «Phantastik» in Malerei und Literatur überhaupt.[9]

Die «unheimlichste Überspanntheit» des Gustave Flaubert

Gegenüber der Antonius-Rezeption in der bildenden Kunst tritt diejenige in der Literatur in den Hintergrund. Wo Antonius auftritt, da werden ihm bisweilen andere monastische Traditionen zugeschrieben, wie etwa in E. T. A. Hoffmanns (1776–1822) Roman «Die Elixiere des Teufels» (1815/16): Hier wird der Mönch Medardus dazu verführt, die der Sage nach von Antonius hinterlassenen «Elixiere des Teufels», die er hüten soll, selbst zu probieren, was zu einer Verkettung tragischer

16 Pieter Bruegel d. Ä. malte 1556 diese «Versuchung des heiligen Antonius», die Gustave Flaubert zu seinem Roman anregte. Dresden, Staatliche Kunstsammlungen, Kupferstich-Kabinett

Ereignisse führt, die Medardus an den Rand des Abgrunds bringen. Die im Hintergrund stehende Legende, dass der Teufel die Mönche durch besondere Tränke verführt, gehört jedoch ursprünglich zu Macarius.[10] Antonius leiht der Geschichte nur seinen (berühmteren) Namen.

Einzigartig ist aber die Verarbeitung der Antonius-Legende durch Gustave Flaubert (1821–1880), der den Stoff 1845 in Genua durch ein Bild Pieter Bruegels d. Ä. (1525/30–1569; Abb. 16) kennenlernte.[11] Da dieses Gemälde für ihn unerreichbar blieb, nutzte Flaubert für sein jahrzehntelanges Ringen um die literarische Umsetzung der Antonius-Versuchungen einen Kupferstich von Jacques Callot (1592–1635) als Vorlage.[12] Seit 1846 war Flaubert mit diesem Projekt beschäftigt, aber erst im dritten Anlauf – 1849 hatte er den ersten Entwurf nach heftiger Kritik seiner Freunde zur Seite gelegt, auch der zweite Versuch wurde 1856 nicht vollendet – konnte er das

Manuskript 1872 abschließen und zwei Jahre später publizieren. Den Autor brachte die Arbeit an dem Buch an seine physischen und psychischen Grenzen:

> Ich habe mich wie wild in den heiligen Antonius gestürzt, und jetzt bin ich so weit, dass die unheimlichste Überspanntheit mir ein Genuss ist... Nie sind mir verrücktere Einfälle gekommen.[13]

Dabei stellt Flauberts «Antonius» zuerst das Ergebnis intensiver historischer Recherche dar. Michel Foucault bezeichnete das Buch als «Bibliotheksphänomen», das vorhandenes Wissen zu einer neuen, phantastischen Komposition verbinde.[14] Formal gibt sich das Werk als Drama mit Aufzügen, Szenen und Dialogen (auch wenn es nie zur Aufführung gedacht war[15]); zeitlich umfasst es eine einzige Nacht, in der Antonius einer beängstigenden Fülle von Erscheinungen ins Auge blicken muss, die ihn aber letztlich wieder zu sich selbst als Ursprung und Angriffsziel der Versuchungen zurückführen.

Die Erlebnisse beginnen mit einem autobiographischen Rückblick auf die Anfänge seiner Askese und mit der Klage, dass ihm seinerzeit alles leichter gefallen sei – und mit der sehnsüchtigen Erinnerung an den jungen Hilarion (S. 6, 9).[16] Die Erinnerung an asketische Leistungen früherer Tage kompensiert nicht die Alterserscheinungen (S. 15 f.) – anders als bei dem auch als Greis noch kerngesunden Antonius der Tradition (VA 93,1 f.). Allmählich versammeln sich um ihn die seit Hieronymus Bosch bekannten Fabelwesen, gegen die sich der Eremit mit der Bibel zu wappnen versucht. Immer schwerer fällt es ihm, sich der Versuchungen zu erwehren – kurzzeitigen Triumphen («Ah! Die Versuchung war groß. Aber wie ich sie abgeschüttelt habe!», S. 23) steht die Erkenntnis gegenüber, dass die harte körperliche Kasteiung ihn eher zu lustvoller Erregung statt zu Seelenruhe führt (S. 33). Die Erscheinung der Königin von Saba ist ein erster Höhepunkt inmitten der unablässig vorüberziehenden Karawane der Verlockungen. Von der Souveränität des Heiligen gegenüber den

17 Salvador Dalí malte mit seiner «Versuchung des heiligen Antonius» 1946 eines der populärsten Bilder des Surrealismus. Sein Beitrag für einen Wettbewerb unterlag der «Versuchung» von Max Ernst (siehe Abb. 15, S. 186). Brüssel, Musées Royaux des Beaux Arts de Belgique

Eingebungen des Teufels ist keine Rede, vielmehr erschrickt er sogar, als ihm Hilarion begegnet – als kleines Kind, das allerdings im weiteren Verlauf der Erzählung zu übermenschlicher Größe heranwächst.

Hilarion wird zum Meister der Entzauberung der Frömmigkeit: Beginnend mit Athanasius, dem Hagiographen des Heiligen (S. 44 f.), werden geistliche Größe und theologische Erkenntnis dekonstruiert. Die Unterschiede zwischen Orthodoxie und Häresie werden belanglos, sind doch beide vereint in doktrinärem Starrsinn. Hilarion erklärt: «Der Durst nach Wahrheit ist unser einziges Verdienst!» (S. 48). Der einstige Schüler nimmt nun seinen Lehrer an die Hand, um diesen in die Breite der religiösen Weisheit einzuführen, wobei die Lehren des Christentums relativiert werden und selbst Gnostiker und Häretiker detailliert ihre Ansichten darlegen dürfen – bis

Antonius erkennt: «Sie behaupten, alle diese Wege führen zu Gott! Und ich habe kein Recht, sie zu verurteilen, ich werde ja selbst auf dem meinen unsicher» (S. 88). Mit Apollonius von Tyana trifft Antonius einen paganen «Gottesmann», der ihm ebenbürtig, wenn nicht überlegen ist. Als der verzweifelte Antonius seine Zuflucht zu Jesus nehmen will, bietet Apollonius hilfsbereit an, diesen erscheinen zu lassen (S. 110). Am Ende bleibt Antonius völlig verwirrt zurück.

Hilarion nimmt Antonius nun mit auf die Reise zu den Religionen der Völker in Geschichte und Gegenwart, um seinem alten Lehrer zu zeigen, dass dieselben religiösen Prinzipien in allen Ausprägungen der Frömmigkeit wirksam sind. So verbietet sich Antonius' Kritik an der ägyptischen Isis – «sie ist die Religion deiner Ahnen! Ihre Amulette haben in deiner Wiege gelegen» (S. 135). Das Christentum ist also nur eine unter den zahllosen synkretistischen Religionen. Zwar bringt das Glaubensbekenntnis den griechischen Olymp ins Wanken (S. 142), aber am Ende zieht mit allen anderen Göttern auch der Gott Israels an Antonius und Hilarion vorbei, seinem Untergang entgegen: «Ich war (sic!) der Gott der Heerscharen, der Herr, Gott der Herr!» (S. 159).

Hilarion, zwischenzeitlich zu riesiger Größe herangewachsen, zeigt nun seine wahre Gestalt: «Ich schreite immer fort, befreie den Geist und wäge die Welten ohne Hass, ohne Furcht, ohne Mitleid, ohne Liebe, ohne Gott. Man nennt mich Wissenschaft» (ebd.). Antonius erkennt in ihm den Teufel, kann aber der Neugier nicht widerstehen, das Wissen des Teufels und das heißt der Wissenschaft noch tiefer kennen zu lernen, auch auf die Gefahr hin, sich dabei mit dem Bösen selbst einzulassen: «Dann wird mein Grauen mich für immer von ihm befreien» (S. 160). Hilarion nimmt Antonius auf seine Flügel und zeigt ihm die Unendlichkeit der Welt, aus der er die Göttlichkeit der Materie ableitet – ein personhafter, durch Gebete ansprechbarer Gott muss demgegenüber als absurd erscheinen.

Am Ende landet Antonius wieder in seiner Klause. Zwei

Frauen, die sich als Wollust und Tod entpuppen, versuchen ihn für sich zu gewinnen; nur knapp entkommt Antonius beiden Versuchungen,[17] woraufhin ihn eine erneute Prozession von Fabelwesen heimsucht. Antonius, eben noch dem Selbstmord nahe, möchte nun «in den Grund der Materie» einsinken (S. 189), als er den Kreislauf der Natur erkennt – da bricht der Tag an. Das Werk schließt: «Von der Sonnenscheibe strahlt das Antlitz Jesu Christi. Antonius schlägt ein Kreuz und nimmt sein Gebet wieder auf» (S. 190).

War also alles nur ein Traum und nicht mehr? Flaubert verzichtet auf ein eindeutiges Votum, ob Antonius zur asketischen Idiorhythmie zurückkehren kann oder ob die nächtlichen Erfahrungen sein Verständnis von Gott und der Welt umgestürzt haben. Jedenfalls entgrenzt er den Antonius-Stoff zu einem farbigen Panorama der Religionsgeschichte, an deren Ende ein Pantheismus, zugespitzt auf die Göttlichkeit der Materie, steht. Die Wissenschaft, verkörpert von Hilarion, entlarvt die Partikularität aller positiven Religionen (zumal der zahllosen christlichen Richtungen, die jeweils für sich die absolute Wahrheit reklamieren!) und bietet stattdessen eine vernunftbetonte Sicht der Welt, die Antonius freilich nur als teuflisch ansehen kann und vor der er zurückschreckt.

Flauberts umfangreiche historische Vorarbeiten führten dazu, dass er die mittelalterliche und neuzeitliche Topik, zumal die Sexualität als zentrale Versuchung, zugunsten der spätantiken Tradition wieder in den Hintergrund treten ließ.[18] Antonius wird wieder in der Antike verortet, erscheint allerdings nicht als Aufklärer, sondern als Zauderer, der sich den Verheißungen der modernen Wissenschaft verschließt und den traditionellen Glaubenslehren verhaftet bleibt, obwohl sie als vorkritisch und partikularistisch dekonstruiert werden. Hier steht die scharfe Auseinandersetzung in der römisch-katholischen Kirche um den «Modernismus» im Hintergrund, den Papst Pius IX. 1864 formell verurteilt hatte. Allerdings vertieft sich Flauberts Antonius am Schluss wieder ins Gebet, bezieht also nicht Stellung zur Zukunftsfähigkeit der (christlichen) Religion. Implizit wird aber eine Positionierung *gegen* den Heiligen wahrnehmbar, der als Protagonist einer vergangenen Frömmigkeit erscheint. Das Buch hat insofern eine antikatholische Spitze, obwohl in der gedruckten Fassung zahlreiche blasphemische Szenen und direkte Anspielungen auf das Papsttum und christliche Praktiken, die noch in den ersten beiden Entwürfen standen, getilgt wurden (und zwar bereits von Flaubert selbst), so dass sich nun «die Analogisierung im Kopf des Lesers (und des Antonius) vollzieht».[19] So kommentiert Ursula Harter die abschließende Gebetsszene:

> Der sich bekreuzigende und zu beten anfangende Antonius erscheint als derjenige, der in der Leere des Alltags ein durch die Nacht unterbrochenes rituelles Geschäft wiederaufnimmt. Er ist der Unbelehrbare, der alle Anfechtungen seines unreflektierten Glaubens ins Unterbewußtsein abdrängt und sich die Entfaltung seines denkenden Ichs nur in den nächtlichen Träumen erlaubt. Der Prototyp eines Ultramontanen.[20]

Obwohl Flaubert mit anderen Werken größeren literarischen Erfolg hatte, sah er selbst die *Versuchung des Antonius*, die ihn über mehrere Jahrzehnte begleitet hatte, als sein wichtigstes Werk an. Er schuf für künftige Generationen von Künstlern eine neue Inspirationsquelle, für den Symbolismus des 19. Jahrhunderts – etwa für Gustave Moreau (1826–1898) und Odilon Redon (1840–1916), der sich in drei lithographischen Alben (1888–1896) mit Flauberts Werk auseinandersetzte[21] –, aber auch für den Surrealismus, zum Beispiel bei Max Ernst (s. o.) oder Max Beckmann (1884–1950).[22]

«Warum nicht auch ein braves Schwein!» – Wilhelm Busch

Die Bezugnahme auf Antonius in literarischen Texten blieb insgesamt begrenzt. Umso interessanter ist das satirische Gedicht *Der heilige Antonius von Padua* von Wilhelm Busch (1832–1908) aus dem Jahr 1870. Dem Titel nach geht es gar

18 «Und siehe da! – Aus Waldes Mitten/Ein Wildschwein kommt dahergeschritten.» Wilhelm Busch malte 1870 die antiklerikale Bildergeschichte «Der heilige Antonius von Padua», in der er Antonius den Großen mit Antonius von Padua durcheinanderbrachte.

19 Antonius und sein Schwein fahren gemeinsam in den Himmel: Szene aus Wilhelm Buschs Bildergeschichte «Der heilige Antonius von Padua»

20 *«Doch siehe! – aus des Himmels Tor/Tritt unsre liebe Frau hervor.» Maria sorgt in der Bildergeschichte von Wilhelm Busch für das Happy End.*

nicht um den Eremiten, doch hat Buschs Antonius nicht nur mit dem Teufel in Gestalt einer lüsternen Frau zu kämpfen, sondern ihm wird auch das Schwein als Attribut zugeordnet (Abb. 18), das sonst nie mit dem Paduenser Heiligen in Verbindung gebracht wird. Der von Busch geschilderte Antonius geht mit dem Schwein dagegen eine Gemeinschaft ein, die sogar über den irdischen Tod hinausreicht:

So lebten die zwei in Einigkeit
Hienieden auf Erden noch lange Zeit,
Und starben endlich und starben zugleich
Und fuhren zusammen vors Himmelreich.

Nach der Himmelfahrt (Abb. 19) scheint es freilich mit der Gemeinsamkeit vorbei zu sein, denn «Juden und Türken» ereifern sich beide: Kein Schwein dürfe in den Himmel kommen! Doch spricht das letzte Wort die Jungfrau Maria (Abb. 20):

«Willkommen! Gehet ein in Frieden!
Hier wird kein Freund vom Freund geschieden.
Es kommt so manches Schaf herein,
Warum nicht auch ein braves Schwein!!»
Da grunzte das Schwein, die Englein sangen.
So sind sie beide hineingegangen.[23]

Ob Busch die beiden Antonius-Figuren bewusst vermischte, ist nicht bekannt. Dies könnte sich seiner kirchenkritischen Haltung verdanken, die den Geist des Kulturkampfes atmete und im Übrigen durch ihre reiche, Busch-typische Bebilderung als weitere bildlich-künstlerische Antonius-Rezeption gelten kann. Denkbar ist allerdings auch, dass ein norddeutscher Protestant im 19. Jahrhundert schlicht keinen Überblick hatte, welche und wieviele Antonii es im katholischen Heiligenhimmel gab. Wie dem auch sei: Mit dieser karikierenden Aufnahme der Antonius-Gestalt schließt unser Durchgang durch die Wirkungsgeschichte des Eremiten.

SCHLUSS: DIE FASZINATION DES ANTONIUS

«Stern der Wüste», Prediger, Wunderheiler, Wüstenvater, Vorbild für Klostermönche, Nothelfer gegen Mutterkorn-Vergiftung, Sujet für bildende Kunst und Literatur – Antonius hat in über anderthalb Jahrtausenden Wirkungsgeschichte zahlreiche Rollen ausgefüllt. Diese Rollen haben einander nicht einfach abgelöst, sondern teils mit-, teils gegeneinander das Bild des Antonius bestimmt. So sind die Versuchungen schon in der *Vita Antonii* ein Thema, dominieren aber erst in der bildenden Kunst der Neuzeit; und der Ordensheilige mit Mönchshabit und Schwein hatte so lange die Oberhand, wie der Antoniterorden florierte. Flauberts Antoniusbuch zeigt, dass im Rückgriff auf die antiken Quellen eine neuzeitliche Interpretation des Wüstenvaters gefunden werden konnte, während die eingangs genannten zeitgenössischen Bücher jeweils auf ihre Weise illustrieren, dass die kontinuierliche Faszination durch die Gestalt des Antonius sich zu einem guten Teil den *Apophthegmata Patrum* verdankt, die einige Forscher für die ursprünglichste Quelle hielten. Die lakonischen Spruchweisheiten haben aber ihrerseits nicht ohne ihre narrative Grundierung in der Antoniusvita des Athanasius das Bild des heiligen Eremiten bestimmt. Und die Antonius-Briefe – sofern man sie als authentisch akzeptiert – fügen diesem Bild weitere Facetten hinzu, ja modifizieren es nicht unerheblich.

Es konnte und sollte nicht die Aufgabe dieses Buches sein, *das* (definitive) Bild des historischen Antonius zu zeichnen. Wohl aber sollten die antiken Quellen auf ihre Übereinstimmungen und Unterschiede befragt und zu ihrer langen Rezeptionsgeschichte ins Verhältnis gesetzt werden. Das Ziel war (eingedenk der Quellenlage in der Spätantike) nicht eine Biographie im modernen Sinne, die sowohl die Lebensumstände als auch die Gedankenwelt und Handlungsmotivationen des Protagonisten präzise rekonstruiert und diesen in seiner Individualität darstellt. Vielmehr ging es um die «hagiographische Plausibilität» der Gestalt des Antonius: Warum sahen die Zeitgenossen ihn als Vorbild christlichen Lebens und Handelns für ihre Gegenwart an, und weshalb schwand diese Akzeptanz im Wandel der Zeiten nicht, sondern blieb auch unter veränderten sozialen, kulturellen und religiösen Vorzeichen erhalten? Antonius behauptete ja nicht nur da, wo eremitisches und koinobitisches Leben geschätzt wurde, seinen Platz, sondern gehörte auch dort, wo das monastische Leben auf scharfe Kritik stieß, zu den Heiligen, deren Andenken als bewahrenswert galt. Und schließlich startete er in der neuzeitlichen bildenden Kunst und Literatur sogar eine ganz neue Karriere, in der Religion zur Nebensache, teils auch zum Objekt heftiger Polemik wurde.

Vor dieser Folie zeichnen sich vier Gründe für diese «hagiographische Plausibilität» ab. Der *erste* und naheliegendste ist darin zu sehen, dass Antonius *der erste Eremit und Mönch* war. Das gilt zwar weder strikt chronologisch (die *Vita Antonii* setzt voraus, dass es bereits andere Asketen gab, auch wenn diese sich noch nicht in die Wüste vorgewagt hatten) noch alphabetisch (die älteste Sammlung der *Apophthegmata Patrum* setzt Antonius an die Spitze, obwohl ihm eigentlich Abraham, Achilas, Agathon, Aio, Alonius, Ammoes, Ammonas, Ammonatha und Amun sowie Andreas hätten vorangehen müssen). Vielmehr ist es die *geistliche* Bedeutung des Antonius, die ihm seinen Platz verschafft – wobei interessanterweise nicht der souveräne *abbas*, sondern der von der *akédia* bedrohte Zweifler die *Apophthegmata* eröffnet. Wer auch immer diese (Teil-)Sammlung zusammenstellte, er schuf damit ein Spannungsmoment, das noch die reformatorische Sicht auf Antonius prägte: Anfechtung gehört zur Askese, sei es, dass ein Vater selbst vom «Dämon der Gleichgültigkeit gegenüber dem Heil» und von der «Düsternis der Gedanken» angefallen wird, sei es, dass Antonius für andere zum Helfer in Nöten und zum Retter vor Dämonen wird. Die Erfahrungswelt der Antike fand in den Viten und Sprüchen über die Wüstenväter ihren Niederschlag. Beide Quellenarten spiegeln die paradigmatische Bedeutung, die Antonius für diese Welt und ihre Herausforderungen besaß. Für die uns namentlich überwiegend unbekannten Menschen, die die *Apophthegmata* sammelten und verschriftlichten, und für den uns gut bekannten Bischof Athanasius von Alexandria (und ebenso für spätere monastische Autoren wie Palladius und Historiker wie Sozomenus) war Antonius der Prototyp des Wüstenvaters. Das bedeutet: Er war der Inbegriff authentischen christlichen Lebens in einer Welt, in der das Vordringen des Christentums in alle Gesellschaftsbereiche nicht nur als Triumphzug, sondern mindestens ebenso sehr als Anfrage an die «Außerweltlichkeit» der Christen verstanden wurde. Antonius, der aus der Welt auszog, um in Harmonie mit Gott zu leben, und in harten geistlichen Kämpfen diese Seelenruhe erworben hatte, konnte anderen in der Wüste und in der Welt als Orientierungspunkt und als Helfer in konkreten Nöten dienen. Darin war – und blieb – er der erste.

Er blieb aber nicht der einzige. Der *zweite* Grund für den «Erfolg» des Antonius liegt darin, dass er anschlussfähig für Gruppenbildung war – man würde heute sagen: «teamfähig». So stand Antonius schon in den *Apophthegmata* mit vielen anderen, nicht weniger berühmten Wüstenvätern in Kontakt. Der Pachomianergemeinschaft diente er als Zeuge für die Seriosität eines erneuten monastischen Aufbruchs. Und selbst da, wo seine Bedeutung relativiert werden sollte – durch die Mönchsviten des Hieronymus und die Martinsvita des Sulpicius Severus – wurde er bald vom Konkurrenten zum Gefährten, wie die Verschmelzung der Antonius- mit der Paulustradition und die Kombination von Antonius mit anderen Leitfiguren des Mönchtums im Mittelalter zeigen. Antonius, der in die Einsamkeit ging, blieb in der monastischen Tradition der orthodoxen und abendländischen Kirchen kein Solitär.

Literarisch wie ikonographisch trat er regelmäßig in Gruppen auf – der einzige Kontext, in dem er wirklich allein war, ist die moderne Malerei: Kein anderer Heiliger und auf den meisten Bildern auch kein Christus stehen ihm gegen die heranstürmenden Versuchungen bei.

Ein *dritter* Grund ist in der Wüste zu suchen, die Antonius für sich und andere zum Lebensraum machte. Der Asket zivilisiert mit Gottes Beistand einen lebensfeindlichen Raum und macht ihn zum Wohnort, und zwar im Gegensatz zur unübersichtlichen, bedrohlichen, von den falschen Göttern geprägten *polis* zu einer geistlichen Stätte, in der Harmonie mit Gott, Seelenruhe und Bewahrung vor Bedrängnissen möglich sind. In der Wüste wird erkennbar, was wirklich wesentlich ist: In den *Apophthegmata Patrum* werden die einfachen Wahrheiten des christlichen Lebens mit solcher Eindringlichkeit ausgesprochen, dass sie für viele Jahrhunderte die Hauptquelle der Lebensweisheit wurden – auch da, wo die Wüste weit entfernt war. Die *Vita Antonii* setzt Antonius als einen Wüstenbewohner in Szene, der von der Welt getrennt lebt und doch mit ihr in ständiger Interaktion steht – ein Vorbild für zahlreiche Spielarten des Mönchtums im Mittelalter, ein Reizbild für Luther und seine Zeitgenossen, die aber meist nicht an Antonius selbst, der in der Wüste Gott gefunden hatte, Kritik übten, sondern an denen, die daraus Standesunterschiede zwischen Mönchen und Weltchristen ableiten wollten. Dass unter der Wüste nicht nur die in Ägypten befindliche Einöde verstanden werden musste, sondern dass überall physisch und geistlich unwirtliche Lebensräume zu entdecken waren, zeigt die *Vita Martini* ebenso wie der Gründungsmythos der Zisterzienser, die im 12. Jahrhundert mitten im fruchtbaren Burgund einen «wüsten, gottverlassenen Ort» suchten und fanden. Mit Antonius wurde die Wüste konkret und metaphorisch als dauerhaft bewohnbarer Raum etabliert (und nicht nur als Zwischenstation wie bei Jesus!). Diese geistliche Eroberung verband sich bleibend mit seinem Namen.

Viertens und schließlich liegt das Geheimnis der Faszination des Antonius in dem, was er in der Wüste entdeckte: sich selbst. Die Briefe zeigen uns einen Mönch, der über den Menschen als Bild Gottes reflektiert und in der Askese den Weg zur Reinigung und damit zur Wiederherstellung der Gemeinschaft mit Gott fand, die durch die Sünde beeinträchtigt, ja verloren war. Antonius kämpft mit Dämonen und mit sich selbst, er erlebt Anfechtungen und Versuchungen, aber auch göttliche Hilfe in Bedrängnissen. Die *Vita* beschreibt uns einen Märtyrer, Lehrer, Heiler und Visionär, der den Weg des christlichen Lebens zeigt und anderen bei dessen Realisierung tatkräftig hilft. Die *Apophthegmata* präsentieren uns einen Weisen, der im Kellion zur Seelenruhe gefunden hat und nun aus seiner geistlichen Gewissheit heraus für andere zum Wegweiser wird. Wie der Mensch (wieder) zum Bild Gottes werden kann, als das er geschaffen wurde (Gen 1,27), ist eine Frage, die Christen zu allen Zeiten bewegt hat. Antonius gibt darauf keineswegs die einzig mögliche Antwort – aber doch eine, die für viele Zeiten und ihre Konkretisierungen dieser Grundfrage anschlussfähig gewesen ist (und sei es durch pointierte Abgrenzung gegen traditionelle Antworten wie bei Gustave Flaubert oder Félicien Rops). Ob es zum Menschsein in christlicher Sicht gehört, Asket zu sein, oder ob man auch in der Alltagswelt authentisch christlich leben kann, war nicht erst die Frage Luthers, sondern schon eine Frage antiker Theologen. Die Leser der Antoniusvita konnten sich des Beistands des heiligen Asketen gewiss sein bei ihrem Versuch, in der Welt – so gut es eben möglich war – zu realisieren, was Antonius in der Wüste vollständig sichtbar machte: den Menschen als von Gott geschaffenes, begabtes und erlöstes Wesen.

War Antonius der erste Mönch? Nein – und ja. Ob wirklich im letzten Drittel des dritten Jahrhunderts nach Christus ein junger Ägypter in die Wüste auswanderte, dort siebzig Jahre lang lebte, Dämonen vertrieb, mit Philosophen disputierte und vielleicht sogar den noch älteren Paulus traf – das können wir mit historischer Faktengenauigkeit nicht sagen. Sicher ist, dass es Asketen im frühen Christentum in großer Zahl gab und dass Antonius selbst bei ihnen in die Schule ging. Dennoch ist es kein Zufall, dass sich der Ursprung des Mönchtums mit seinem Namen verbindet. Geschichte ist ja mehr, als sich auf Zeitleisten eintragen lässt. Geschichte umfasst darüber hinaus das Handeln und Reden, das Erleben und Reflektieren von Menschen – und ebenso die Wirkungen und Spiegelungen all dessen, was Menschen getan und gesagt, erlebt und reflektiert haben. In dieser Hinsicht wissen wir von Antonius mehr als von den meisten antiken Christen; und darum fällt sein Name unweigerlich, wo nach den Ursprüngen des Mönchtums, mehr noch: nach einem Leben ganz in Hingabe an Gott gefragt wird. Dass ein Leben mit Gott nur so möglich sei – das soll damit keineswegs behauptet werden. Aber auch da, wo in Anknüpfung und Abgrenzung gegenüber Antonius nach anderen Wegen christlicher Existenz gesucht wird, gilt: Die Faszination seines Lebens, seiner Lehre und seiner Legende hält bis heute an.

DANK

Das vorliegende Buch ist im Zusammenhang mit einem von der Deutschen Forschungsgemeinschaft geförderten Forschungsprojekt über spätantike Hagiographie entstanden. Die Quellen zu Antonius und das werdende Manuskript haben meine Mitarbeiterinnen und Mitarbeiter in diesem Projekt, Dr. Katharina Heyden, Wiebke Gernhöfer, Yorick Schulz-Wackerbarth und Jan Höffker, intensiv mit mir diskutiert, wofür ich ihnen sehr herzlich danke. Die Kollegen Samuel Rubenson (Lund), Andreas Müller (Kiel) und Dmitrij Bumazhnov (Göttingen), allesamt Kenner des ägyptischen Mönchtums, haben das Manuskript gelesen und kommentiert; auch ihnen gilt mein herzlicher Dank. Schließlich sei Henning Meinecke und Insa Sternhagen gedankt, die sich als studentische Hilfskräfte um die Endredaktion und um das Korrekturlesen verdient gemacht haben.

Die Niederschrift des Manuskripts fiel weitgehend mit dem ersten Lebensjahr unseres jüngsten Sohnes Jakob (geb. am 24. Juni 2011) zusammen. Ihm sei dieses Buch gewidmet.

Göttingen, im Juni 2012 *Peter Gemeinhardt*

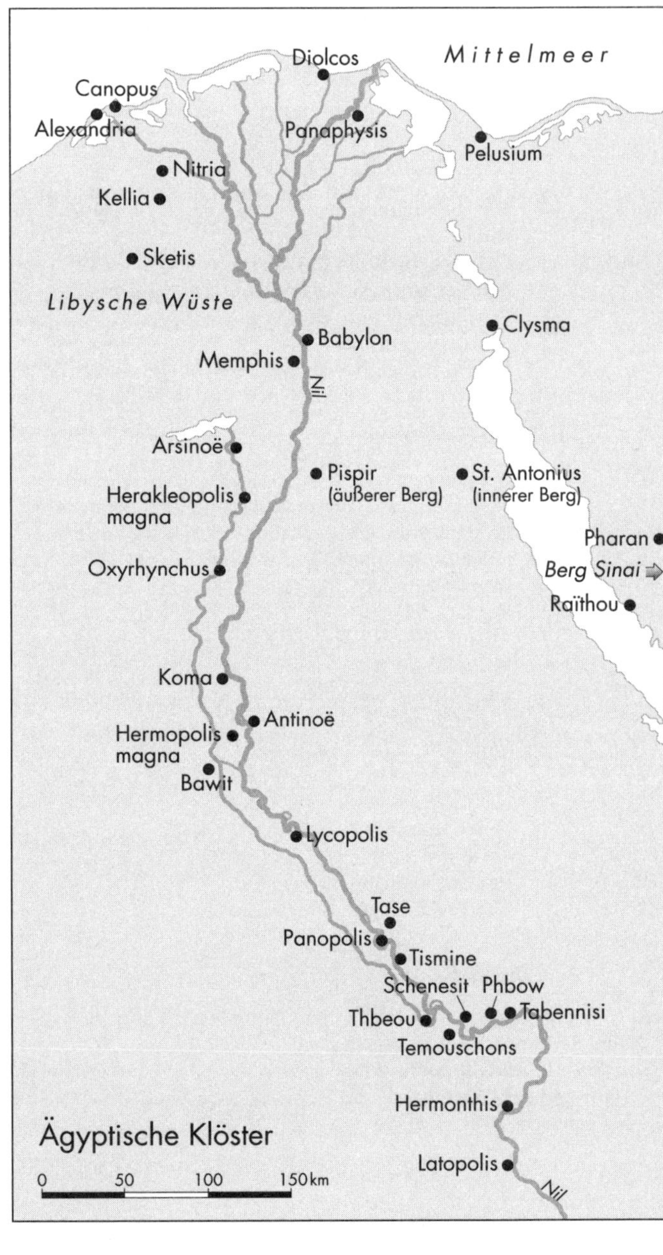
Mittelmeer
Diolcos
Canopus
Alexandria
Panaphysis
Pelusium
Nitria
Kellia
Sketis
Libysche Wüste
Clysma
Babylon
Memphis
Nil
Arsinoë
Pispir
(äußerer Berg)
St. Antonius
(innerer Berg)
Herakleopolis
magna
Pharan
Berg Sinai
Oxyrhynchus
Raïthou
Koma
Antinoë
Hermopolis
magna
Bawit
Lycopolis
Tase
Panopolis
Tismine
Schenesit
Phbow
Thbeou
Tabennisi
Temouschons
Hermonthis
Ägyptische Klöster
Latopolis
0
50
100
150 km
Nil

ABKÜRZUNGEN

Editionen und Reihen

BSLK	Die Bekenntnisschriften der evangelisch-lutherischen Kirche
CSCO	Corpus Scriptorum Christianorum Orientalium
PG	Patrologiae Cursus Completus. Series Graeca
PL	Patrologiae Cursus Completus. Series Latina
SC	Sources chrétiennes
WA	Martin Luther. Werke, Weimarer Ausgabe

Quellen zur Geschichte des spätantiken Mönchtums

AP/G	Apophthegmata Patrum. Collectio alphabetica graeca
AP/S	Apophthegmata Patrum. Collectio systematica graeca
Ep. Amm.	Epistula Ammonis
Ep. Ant.	Epistulae Antonii
RB	Regula Benedicti
RP	Regula Pachomii
VA	Athanasius, Vita Antonii
VA/A	Vita Antonii. Anonyme lateinische Übersetzung
VA/E	Vita Antonii. Lateinische Übersetzung des Evagrius
VHil	Hieronymus, Vita Hilarionis
VHyp	Callinicus, Vita Hypatii
VM	Sulpicius Severus, Vita Martini
VP	Hieronymus, Vita Pauli
VS	Verba Seniorum (= Vitae Patrum, Buch 3–6)
VSab	Kyrill von Scythopolis, Vita Sabae
VP/G	Vita Pachomii graeca prima
VP/Ga	Vita Pachomii graeca altera

Zitierweise der Apophthegmata Patrum:

«AP/G Serapion 2/876» = Alphabetische Sammlung, 2. Spruch des Serapion, 876. Spruch des Gesamtwerkes.

Ausnahme: In AP/G Antonius sind die Ordnungszahlen bezogen auf den Autor und das Gesamtwerk identisch, daher wird hier nur *eine* Nummer genannt («AP/G Ant. 19»).

Weitere antike Quellenschriften

Ambrosius von Mailand	virg.	De virginibus
Anonymus	Hist. mon.	Historia monachorum in Aegypto
Apostelakten	ActJoh	Acta Johannis
	ActPaul	Acta Pauli (et Theclae)
Apostolische Väter	Barn.	Barnabasbrief
Athanasius	apol. Const.	Apologia ad Constantium
	apol. sec.	Apologia secunda contra Arianos
	Ar.	Contra Arianos Orationes
	ep. Drac.	Epistula ad Dracontium
	ep. encycl.	Epistula encyclica
	fug.	Apologia de fuga sua
	gent.	Contra gentes
	h. Ar.	Historia Arianorum
	inc.	De incarnatione Verbi
	morb. et val.	De morbo et valetudine
Augustin	conf.	Confessiones
	doct. christ.	De doctrina christiana
Cassiodor	hist.	Historia tripartita
Clemens von Alexandria	paed.	Paedagogus
	str.	Stromateis
Cyprian von Karthago	ep.	Epistulae
	hab. virg.	De habitu virginum
Epiphanius von Salamis	pan.	Panarium omnium haresium
Euseb von Caesarea	h. e.	Historia ecclesiastica
Evagrius Ponticus	pract.	Practicus
	mal. cog.	De diversis malignis cogitationibus
Gregor von Nazianz	or.	Orationes
Hieronymus	chron.	Chronicon
	comm. Is.	Commentarius in Isaiam prophetam
	ep.	Epistulae
	vir. ill.	De viris illustribus
Hippolyt	ref.	Refutatio omnium haeresium
Irenäus von Lyon	haer.	Adversus haereses
Isidor von Sevilla	off.	De officiis clericorum
Jamblich	v. Pyth.	De vita pythagorica
Johannes Cassian	conl.	Conlationes
	inst.	De institutis coenobiorum

Johannes Chrysostomus	hom. Matth.	Homiliae in evangelium secundum Matthaeum
Justin	1 apol.	Apologia prima
Nag Hammadi Codices	Silvanus	Die Lehren des Silvanus (NHC VII,4)
Origenes	hom. Num.	Homiliae in librum Numerorum
	princ.	De principiis
Palladius von Helenopolis	h. Laus.	Historia Lausiaca
Paulinus von Mailand	v. Ambr.	Vita Ambrosii Mediolanensis
Porphyrius	v. Pyth.	Vita Pythagorae
Prudentius	perist.	Peristephanon
Rufin von Aquileia	h. e.	Historia ecclesiastica
	hist. mon.	Historia monachorum in Aegypto (versio latina)
Serapion von Thmuis	ep. Ant. disc.	Epistula ad Antonii discipulos
Sokrates	h. e.	Historia ecclesiastica
Sozomenus	h. e.	Historia ecclesiastica
Sulpicius Severus	ep.	Epistulae
Tertullian	anim.	De anima
	bapt.	De baptismo
Theophilus von Antiochia	Autol.	Ad Autolycum

ANMERKUNGEN

Einleitung: Annäherungen an Antonius

1 AP/G Hilarion –/425.
2 Zit. nach dem byzantinischen liturgischen Kalender (Menaion) für den 17. Januar, den Gedenktag des hl. Antonius (gedruckt Athen 1970), in eigener Übersetzung. Die Textgrundlage hat mir Andreas Müller übermittelt, wofür ich ihm herzlich danke.
3 Zander 2011, 280.
4 Zander 2011, 54.72 (letzteres bezieht sich auf VA 44,4).
5 Zander 2011, 9.
6 Schulz/Ziemer 2010, 15.
7 Schulz/Ziemer 2010, 17.
8 Schulz/Ziemer 2010, 297.
9 Eindrucksvoll dokumentiert in der Ausstellung «Schrecken und Lust: Die Versuchung des heiligen Antonius» (Bucerius Kunst Forum, Hamburg, 9.2.–18.5.2008; Katalog: Philipp 2008a).
10 Die nach wie vor beste Einführung (in mittlerweile 6. Auflage) bietet Frank 2010.
11 Hier sind besonders Trebbin 1994 sowie Philipp 2008a zu nennen.
12 Von Hertling 1929.
13 Hierzu vgl. Rubenson 1995, 141–145.158–162.
14 Zur biblischen Begründung von Heiligkeit vgl. Gemeinhardt 2010, 12–15.
15 Vgl. dazu Angenendt 1997, 33–122.
16 Van Uytfanghe 1988, 155–159.
17 Z. B. die Christenverfolgung in Ägypten unter Maximinus Daja (305–313 n.Chr.).
18 Die in VA 60 beschriebene Flussüberquerung des Mönches Amun begegnet auch in weiteren Quellen, siehe S. 217 Anm. 25.
19 Harnack 1913, 81 Anm. 2; der VA wird hier Pontius' *Vita et Passio S. Cypriani* (geschrieben um 265) gegenübergestellt, die als «ein Typus von durchsichtiger und eindrucksvoller Rationalität» zu gelten habe.
20 Dass ein solcher positivistischer Zugriff bei hagiographischen Texten in die Irre führt, zeigt die Unterscheidung von «fact» und «fiction» in Barnes 2010, denn die Rezipienten der Texte hatten offensichtlich Gründe, historiographische Defizite gar nicht erst zu bemerken oder jedenfalls nicht als Problem anzusehen.
21 Gerade in der Verbindung von Lebens- und Wirkungsgeschichte geht

dieses Buch über die Darstellungen von Dörries 1966 und Rubenson 1995 hinaus.

22 Die Möglichkeit und Notwendigkeit einer solchen Synthese stellt Brottier 1997, 15 heraus («Je voudrais ensuite montrer comment toutes les sources convergent pour mettre en évidence une personnalité apparue comme proprement magistrale et qui a joué un rôle… au sein de toutes les tendances du monachisme ancien»); sie kommt nach einem kursorischen Durchgang durch die drei Quellensorten zu dem schon im Untertitel ihres Beitrags («des regards divers sur un modèle unique») angedeuteten Ergebnis: «Les idéalisations mêmes dont il [sc. Antoine] a été l'objet sont un signe patent de son rayonnement» (aaO. 39). Im vorliegenden Buch wird ein ähnliches Programm verfolgt und – anders als von Brottier – auch durchgeführt.

23 «Legende» wird nicht als literaturwissenschaftlicher Gattungsbegriff verwendet, sondern bezeichnet die kontinuierliche Fortschreibung und Reinterpretation der in den Quellen aus dem 4. Jahrhundert angelegten Antoniusbilder.

24 Augustin, conf. 8,6,15. Vgl. dazu S. 152 f.

25 Vgl. Larsen 2006; Rapp 2010. Zur *Vita Antonii* im Rahmen des spätantiken hagiographischen Diskurses vgl. ausführlich van Uytfanghe 2001, 1181–1187.

26 Anders als der von Bernard de Montfaucon 1698 publizierte *textus receptus* (PG 26, 837–976), der auf die Vereinheitlichung der byzantinischen hagiographischen Tradition durch Symeon Metaphrastes im 10. Jahrhundert zurückgeht, legt die Edition von Bartelink in SC 400 die ältesten, «vormetaphrastischen» Handschriften zugrunde. Eine *editio critica maior* steht noch aus.

27 Draguet 1980, 100*–113*, bes. 102* f.

28 Einen Überblick über die Diskussion gibt Bumazhnov 2011, 255 f. Zuletzt hat Perczel 1999, 209 f. die Priorität der syrischen Fassung vertreten.

29 VA/E praef.; Gregor von Nazianz, or. 21,5.

30 Bartelink 1994, 46.

31 Hieronymus, ep. 127,5.

32 S. u. S. 144–148.

33 Martin 1996, 483 f.

34 Der Begriff «Arianer» verweist auf den Presbyter Arius von Alexandria (gest. 336), dessen Lehre von einer Unterordnung des göttlichen Logos-Sohnes unter Gott den Vater einen Klärungsprozess bezüglich Gottes Dreieinigkeit anstieß. In diesem Konflikt bezeichnete Athanasius seine Gegner kollektiv als «Arianer», auch wenn diese selbst gar nicht Arius' Lehre vertraten (die Forschung spricht heute eher von «Homöern»). Der Begriff «Arianer» wird hier gemäß der Quellensprache verwendet. Zum «arianischen» Streit vgl. Löhr 2011a.

35 Erst die Edition durch Bartelink trägt dem Befund in den ältesten

Handschriften Rechnung, dass nicht Athanasius selbst hiermit gemeint ist (SC 400, 129 Anm. 2), wie jahrhundertelang angenommen wurde (vgl. bereits Tetz 1982, 8 und schon von Hertling 1929, 7–9 sowie Heussi 1936, 82 f.).

36 S. u. S. 80.

37 Tetz 1982.

38 Die sogenannten «Geistbekämpfer» teilten zwar mit Athanasius die Lehre von der vollen Göttlichkeit des Logos-Sohnes, ordneten diesem aber den Heiligen Geist unter und begingen damit in Athanasius' Augen einen vergleichbaren Denkfehler wie die Arianer. 381 wurden die Pneumatomachen zu Häretikern erklärt.

39 Vgl. Fitschen 1992, 106–116. Barnes 2010, 163–170 folgt nach wie vor Tetz.

40 Z. B. ist das dort erkennbar, wo ein Bericht über eine Wunderheilung damit beginnt, dass «wir Antonius aus der Stadt geleiteten» (VA 71,1), was mehrere Erzähler und damit eine andere Erzählsituation voraussetzt; vgl. Tetz 1982, 23 f.

41 Heussi 1936, 87 f. Vgl. auch die Übersicht bei Brottier 1997, 21.

42 Heussi nennt außerdem kleinere Partien (VA 44 f., 47, 55 f., 62, 69 f., 81, 83 f. 87 f.), die im Gesamtwerk durch für sich stehende Perikopen (s. u.) unterbrochen würden.

43 Roldanus 1983; Brakke 1995, 201–265. Überzogen urteilt freilich Dörries 1966, 151 f. Anm. 29: «In der Vita sagt Antonius kein Wort, das nicht den Stempel der Theologie des Athanasius trüge.»

44 Nach Hägg 2011, 19 hätte Athanasius kaum offensichtlich falsche Behauptungen über leicht verifizierbare Sachverhalte aufgestellt.

45 Reitzenstein 1914. Zum Forschungsstand vgl. den Überblick bei Gemeinhardt 2012, 83–88.

46 Porphyrius, v. Pyth. 34 f.

47 Jamblich, v. Pyth., bes. 11–20.196.

48 Rubenson 2006, 31: «Athanasius uses a biography of Antony in order to rewrite the narrative of the ideal philosopher.»

49 Vgl. dazu ausführlich Gemeinhardt 2012, 88–99.

50 Zur Bedeutung biblischer Vorbilder vgl. besonders Bartelink 1982.

51 AP/G Antonius 3.

52 Vgl. das berühmte Diktum des Johannes Cassian, inst. 11,18: «Vor allen Dingen muss der Mönch den Bischof und die Frau fliehen!»

53 Z. B. AP/G Arsenius 9/47; AP/G Euprepius 7/224; AP/G Macarius 25/478 u. v. a. m. AP/G Antonius 19 mit einem sich aus der einfachen Bitte entspinnenden Dialog ist dagegen eher untypisch.

54 Vgl. z. B. AP/G Antonius 6, wo der *abbas* Pambo sich an Antonius wendet.

55 Zur Überlieferung und Überarbeitung der verschiedenen Sammlungen vgl. die Einführung bei Schulz/Ziemer 2010, 310–324.

56 Codex Vaticanus Graecus 2592. Die kritische Edition dieses Manu-

skripts wird an der Patristischen Arbeitsstelle der Göttinger Akademie der Wissenschaften von Frau Chiara Farragiana di Sarzana vorbereitet.

57 Vgl. Dörries 1966, 216 f. zur syrischen Tradition, die weitgehend mit Codex Vaticanus Graecus 2592 übereinstimmt, was dessen Quellenwert bestätigt. Zur Antoniustradition in den *Apophthegmata Patrum* vgl. auch A. Müller 2006, 347–349.

58 So Schulz/Ziemer 2010, 314. Das Wortfeld *phylattein* ist allerdings in der VA durchaus prominent vertreten, z. B. in VA 55,2 ganz analog zu den AP. Gemäß der VA wird das Bildwort bei Sozomenus, h. e. 1,13,10, paraphrasiert.

59 So schon Heussi 1936, 107 Anm. 1 und auch Rubenson 1995, 161 f.

60 Dörries 1966, 151.

61 Dörries 1966, 178; vgl. 198: «Athanasius hat gleichsam den in der Stille wirkenden Geron aus seiner Zelle geholt, auf ein Postament gestellt und ihn der Welt gezeigt: ‹Seht, so ist der vollkommene Christ.›»

62 Vgl. Dörries 1966, 218–221.

63 Hieronymus, vir. ill. 88. Khosroyev 1995, 158–166 will zeigen, dass die Briefe ursprünglich auf Griechisch abgefasst waren und daher nicht von Antonius stammen können; für ein koptisches Original votieren hingegen übereinstimmend – und m. E. überzeugend – Rubenson 1995 und Bumazhnov 2009.

64 Einen Überblick gibt Bumazhnov 2009, 6–15; vgl. auch Frank 1998, 67–71.

65 Die folgende Auflistung nach Rubenson 1995, 15–22.

66 Zum Folgenden vgl. Rubenson 1995 (eine um die Übersetzung der Briefe ins Englische erweiterte Neuauflage seiner 1990 publizierten Dissertation), 35–42. Hiernach geht die arabische Fassung direkt auf das koptische Original zurück, das wiederum ins Griechische übersetzt und in zwei Fassungen überliefert worden sei, zunächst in der Form, auf der die lateinische Version basiere (wenn Hieronymus sich auf diese Fassung bezieht, wäre sie vor 393 zu datieren), dann in der Form, die später ins Syrische und Georgische übersetzt worden sei.

67 Index zu den Osterfestbriefen 337/338; vgl. Rubenson 1995, 42–45.

68 H. Ar. 14 (an Gregor); VA 86,2 (berichtet wird dieselbe Episode, doch ist der Brief hier an den Heerführer Balacius gerichtet); VA 81,5 (an die Kaiser); vgl. Frank 1998, 70.

69 Epistula Ammonis 29; vgl. Goehring 1986, 151 f. Goehring (aaO. 278) bezweifelt die Authentizität auf der Grundlage von Antonius' Unbildung gemäß der VA, was, wie gesehen, nicht zwingend ist. Der Brief wurde möglicherweise erst auf Koptisch verfasst und dann (wenig kunstgerecht) ins Griechische übersetzt (Rubenson 1995, 171 Anm. 1), was für die Authentizität spräche.

70 Z. B. Ep. Ant. 6,5 u. ö.: *ousia noera*; vgl. Rubenson 1995, 47.

71 Dazu Bumazhnov 2009, 83–88: Ep. Ant. 1 und 2–7 böten eine grund-

verschiedene Schöpfungslehre und könnten daher nicht vom selben Verfasser stammen. Weiterhin widerspreche die Behauptung: «Niemand von uns hat je einen Dämon gegen uns kämpfen sehen» (Ep. Ant. 6,55) dem zweifelsfrei «antonianischen» Gut in der VA, so dass höchstens ep. Ant. 1 authentisch sein könne (aaO. 155 f.). M. E. setzen diese Unterscheidungen allzu präzise voraus, wie «die» Lehre des Antonius aussah, und rechnen zu wenig mit individuellen Akzentsetzungen innerhalb konkreter Briefe, die durchaus in Spannung (nicht im Widerspruch!) zueinander stehen können (vgl. auch unten S. 220 Anm. 34).

1. Ein Dorf in Mittelägypten

1 Sozomenus, h. e. 1,13,2.

2 VA 72,3; 74,2; 77,1; nach Palladius, h. Laus. 21,5 hieß der Übersetzer Cronius.

3 VA 89,3; Hieronymus, chron. a. 356; vir. ill. 88. Von Athanasius unabhängige Quellen, die die Altersangabe bestätigen würden, existieren allerdings nicht.

4 Vgl. z. B. Hieronymus, VP 2–4; dazu siehe S. 145.

5 Die Taufe wird weder hier noch später genannt, jedoch in VA 65,4 vorausgesetzt (Gott habe die Schuld seit der Geburt ausgelöscht). Antonius dürfte daher als Kind oder Heranwachsender getauft worden sein; dass er ungetauft zum Leitbild des Mönchtums avancierte, ist nicht auszuschließen, aber doch sehr unwahrscheinlich!

6 AP/G Arsenius 42/80. Noch «im Palast» befahl ihm Gott: «Arsenius, fliehe die Menschen, und du wirst gerettet werden» (AP/G Arsenius 1/39).

7 Palladius, h. Laus. 19.

8 Zum Ideal der Sesshaftigkeit Jakobs nach Num 24,5 f. vgl. VA 44,4.

9 Vgl. Rousseau 2000, 89–92.

10 Die «Nachahmung des Lebens der Heiligen» ist schon ein wichtiges Thema in Athanasius' Frühschrift *De incarnatione* (inc. 57).

11 Zum antiken Bildungssystem vgl. Vössing 2003.

12 Vgl. Bumazhnov 2010, 24 f. mit Verweis auf Ps.-Athanasius, De patientia 7 (um 311) und den Papyrus Youtie 77 (324) sowie mit dem Hinweis, dass bereits hier Elia, Elisa und Johannes der Täufer als biblische Vorbilder gelten (siehe S. 49).

13 Vgl. Gnilka 1984, 102–133. Das Motiv begegnet auch bei Jamblich, v. Pyth. 13,6–8 (und damit in einem möglichen Intertext der VA, siehe S. 25), in monastischem Kontext z. B. bei Johannes Cassian, inst. 5,4.

14 Vivian 2004, 108. Für diesen Hinweis danke ich Dmitrij Bumazhnov.

15 Vgl. AP/G Ant. 9; AP/G Johannes Eunuchus 2/402 u. a.

16 Zum Folgenden vgl. Valantasis 2009; Frank 2010, 1–19 und Brown 1994.

17 Vgl. Hadot 1991.
18 Einen Überblick über Askese im hellenistischen und rabbinischen Judentum gibt Finn 2009, 34–57. Sozomenus, h. e. 1,12,9–11 übernimmt den Bericht des Euseb von Caesarea (h. e. 2,4,3) über frühjüdische Asketen in Ägypten und fügt hinzu, Gleiches könne man jetzt auch «bei den ägyptischen Mönchen» beobachten.
19 Hierzu vgl. Hunter 2009.
20 Vgl. Clemens von Alexandria, str. 3,7,59 (mit scharfer Kritik an Christen, die diese Bibelstelle wörtlich verstanden, str. 3,6,50).
21 Justin, 1 apol. 29,2 f.
22 Euseb von Caesarea, h. e. 6,8,2.
23 Vgl. Hippolyt, ref. 8,20,1–4; Irenäus von Lyon, haer. 1,28,1.
24 So der Syrer Tatian (nach Clemens von Alexandria, paed. 2,2,33; Epiphanius, pan. 46,1).
25 So der Enkratit Julius Cassianus (nach Clemens, str. 3,91,1–102,2).
26 ActPaul 5; vgl. Frank 2010, 9.
27 Cyprian, hab. virg. 21.
28 Frank 2010, 12.
29 Die Entwicklung der Gehorsamsforderung im pachomianischen Mönchtum (in seinen unterschiedlichen Ausprägungen) diskutiert A. Müller 2006, 299–313, bes. 300.

2. *Der Weg in die Wüste*

1 Vgl. Frank 1964, 70 f.
2 Gemeinhardt 2010, 31 f.; vgl. bereits Tetz 1982, 26 f.
3 Barn. 4,10.
4 Vgl. dazu Brakke 2006, 159–162.
5 Dem «Knaben» (*pais*, VA 6,1.4), als der sich der Teufel entpuppt, steht der «Mann» (*anēr*) gegenüber: Antonius ist durch seine asketische Praxis (geistlich) erwachsen geworden.
6 Vgl. Schneemelcher 1980, 387.
7 Im Text der Septuaginta fehlt *sēmeron* («heute») an der Stelle, wo es Athanasius zitiert, es findet sich allerdings am Ende von 1 Kön 18,15. Die präsentische Pointe ist also ein Akzent des Hagiographen.
8 Zu Elia als Vorbild vgl. Ohst 2004, 19.
9 Sozomenus, h. e. 1,13,3.
10 Vgl. Hägg 2011, 21: «The biographer of Antony has chosen to lay out his hero's mental progress geographically.»
11 So schon Origenes, hom. Num. 27,10: «Die Zeit des Fortschritts ist die Zeit der (zunehmenden) Gefahr»; vgl. dazu Roldanus 1993, 406.
12 Vgl. Schneemelcher 1980, 382; zu Evagrius Ponticus vgl. Brakke 2006, 48–77.
13 Einer alten Tradition nach wird das Grab in Deir-al-Maimun verehrt. Historisch ist das nicht nachweisbar; vermutlich projizierte Athana-

sius eine Gedenkpraxis aus der Abfassungszeit der *Vita* auf Antonius' Anfänge (Wipszycka 2004, 136 f.).

14 Hier – und auch in der Erwähnung von Aspisschlangen, Skorpionen, Löwen und anderen Tieren (VA 9,4.7 f.) – wird die altägyptische Mythologie als dämonisches Personal aufgeboten, womit Athanasius auch «eine Urszene für die Phantasien der Maler ein gutes Jahrtausend später» liefert (Gendolla 1991, 60).

15 Zum frühchristlichen Martyriumsverständnis vgl. Gemeinhardt 2009, 291–305.

16 Zur Geographie des asketischen Lebens des Antonius vgl. Wipszycka 2004.

17 Vgl. z. B. die vor dem Apostel Johannes fliehenden Wanzen in den enkratitisch gefärbten ActJoh 60 f.

18 Athanasius, inc. 47; 48; 53; VA 23,4; 35,3; 80,4; vgl. Schneemelcher 1980, 390–392.

19 Hieronymus berichtet, dass Hilarion sich von seinem Lehrer Antonius zurückgezogen habe, weil es diesem nicht gelungen sei, der Menschenmassen Herr zu werden (VHil 2,6); s. u. S. 149.

20 Vgl. die in VA 7,5 beschriebene «gute Verfassung» (*hexis agathē*).

21 Mit *agymnastos* wird auf die antike Tradition der Körperertüchtigung angespielt.

22 Oder: «mit sich selbst im Reinen».

23 *Monastērion* ist hier noch nicht der technische Begriff für «Kloster», sondern die Bezeichnung für den Ort, an dem ein *monachos*, ein «Vereinzelter», oder Anachoret («Auswanderer») lebt, ggf. in Gesellschaft; man spricht dann von «Semianachorese». Von einem *koinobion* ist nicht die Rede, obwohl zur Zeit der Abfassung der *Vita Antonii* schon seit mehreren Jahrzehnten pachomianische Klöster existierten.

24 *Epolisthē:* Die Wüste wird eine zivilisierte *Polis* mit einer ihr eigenen *politeia.*

25 Ein derart überspitztes Bild zeichnet Zander 2011, 56.

26 Die *koinobia* in AP/G Antonius 21 und 29 scheinen Ansammlungen von Zellen in geringer Distanz zum *kellion* eines *abbas* zu sein.

3. *Abbas Antonius*

1 Athanasius' gelassener Kommentar, die Bedrohung durch Julian werde «wie ein Wölkchen» vorübergehen (überliefert bei Rufin, h. e. 10,35, danach bei Sokrates, h. e. 3,14,1; Sozomenus, h. e. 5,15,3), ist zweifellos ein *vaticinum ex eventu.*

2 Vgl. hierzu ausführlich Baumeister 2009.

3 Vgl. hierzu Butterweck 1995.

4 Vgl. Tilley 1991, 471–474.

5 Zur Martyriumsthematik in der VA vgl. Butterweck 1995, 79–82; zu Athanasius' Beweggründen, um 360 eine solche Verhältnisbestim-

mung von Martyrium und Askese vorzunehmen, vgl. Gemeinhardt 2012, 99–101. Zum Verhältnis von Märtyrern und Asketen insgesamt vgl. Malone 1950.

6 Zum «täglichen» bzw. «unblutigen» Martyrium als hagiographischem Topos vgl. z. B. Sulpicius Severus, ep. 2,12 (über Martin von Tours); Hieronymus, ep. 108,31,1 (über die römische Asketin Paula) sowie schon Clemens von Alexandria, str. 4,15,3.

7 AP/G Antonius 10 = VA 85,3 f.; zum Verhältnis der Texte s. o. S. 28 f.

8 S. u. S. 92 zur Gabe der *diakrisis*.

9 Die Stelle ist handschriftlich einheitlich bezeugt, aber vom Sinn her unklar: Während Antonius doch auf dem Weg nach Süden ist, wird ihm hier vorgeworfen, nach Norden ins Nildelta ziehen zu wollen (SC 400, 269 Anm. 2). Gemeint könnte sein: Weder der Weg nach Süden noch der nach Norden führt Antonius ans Ziel; er muss sich vom Nil und d. h. von «Ägypten» insgesamt verabschieden (s. u. Anm. 19), um die Einsamkeit zu finden.

10 Die damalige Bezeichnung für die Araberstämme, die an den Wüstengrenzen des Imperiums zwischen Nil und Euphrat umherzogen (SC 400, 433, Anm. z. St.).

11 VA 57,2; 82,1; 91,1.

12 VA 61,1; 72,2; 73,1; 84,2.5; 89,2; 91,1.

13 S. u. S. 126–128.

14 Vgl. AP/G Macarius 4/457; 26/479; zu ihm vgl. Schulz/Ziemer 2010, 69–74.

15 AP/G Sisoes 28/831; zu seiner Flucht vgl. Schulz/Ziemer 2010, 104 f.

16 Palladius, h. Laus. 21,8 f.; vgl. Frank 1998, 76 Anm. 52.

17 Zur Bedeutung der Heiligen Schrift in den AP vgl. Burton-Christie 1993.

18 AP/G Antonius 38.

19 Die Wüste, an deren Rand Antonius lebte, zählte nicht zu *«Aegyptus»* als einer Kulturlandschaft und römischen Provinz.

20 Vgl. auch S. 88 f. zu VA 31–34.

21 AP/G Antonius 12.

22 Vgl. Graf 2006, 296.

23 Siehe S. 147 zu Antonius' Vision von der Himmelfahrt der Seele des Paulus in Hieronymus' *Vita Pauli*.

24 Über Amun berichten weiterhin AP/G 135–137; Hist. mon. 22,1–9; Palladius, h. Laus. 8; Rufin, hist. mon. 30,2; Sokrates, h. e. 4,23,15 f.; Sozomenus, h. e. 1,14,1–8.

25 Das dazu erzählte Wunder – Amun will den Fluss Lykos überschreiten und wird von göttlicher Hand an das andere Ufer versetzt, damit er sich nicht nackt ausziehen muss (VA 60,5–9) – berichten auch Palladius, h. Laus. 8,6; Sozomenus, h. e. 1,14,5; Hist. mon. 22,7; VP/Ga 4. Weitere Begegnungen beider Asketen werden in AP/G Antonius 34 und Hist. mon. 22,8 erwähnt.

26 Vgl. z. B. Tertullian, bapt. 16,1 f.
27 Der *locus classicus* ist Tertullian, anim. 55,1–5.
28 Die Szene wird auch von Palladius, h. Laus. 21,16 f. überliefert.
29 AP/G Ant. 12. In der VA werden Erscheinungen von Dämonen ebenfalls mit *phantasia* («Trugbild») bezeichnet, die Erscheinung der Heiligen bzw. die von Gott gegebene Schau dagegen mit *optasia* («Schauung»; VA 35,4.7; 82,3 u. ö.).
30 Löhr 2011b, 118 f.
31 Athanasius, fug. 6,1–7,5; 24,1–25,3; h. Ar. 55,1–56,3. Sozomenus, h. e. 6,5,6 bezieht die Vision des Antonius auf die unter Kaiser Valens (364–378) erfolgten Zerstörungen von Kirchen der Nizäner. Die Vision erwähnt auch Johannes Chrysostomus, hom. Matth. 8,5. Martin 1996, 406 Anm. 57; 488 Anm. 135 (sowie dies., Appendix zu SC 400, ^{2}2004, 437 f.) bezieht die Vision auf die Konflikte zu Beginn des zweiten Exils des Athanasius im Jahr 339; dem widerspricht aber das *nyn* («jetzt»). Allerdings berichtet auch Athanasius, ep. encycl. 3, von Gräueltaten der Arianer im Jahr 339; daher bleibt die Zuordnung letztlich uneindeutig.
32 Athanasius, h. Ar. 65,3.
33 Zu *alogos* verweist Bartelink (SC 400, 350 f. Anm. 1) auf inc. 19;26.
34 Vgl. Rubenson 1995, 44 f. und 66 Anm. 5; Bunge 2010, 288-291.
35 Dörries 1966, 178 f.
36 Die Melitianer hatten während der Verfolgung unter Maximinus Daja nach 306 in Opposition zu Athanasius' Vorvorgänger Petrus eine «Kirche der Märtyrer» gebildet und erwiesen sich als erstaunlich langlebig. Vgl. dazu A. Müller 2011.
37 Gregor von Nazianz, or. 21,19 f. rühmte Athanasius, da ihm die Versöhnung von kirchlichem und asketischem Leben gelungen sei.
38 Sozomenus notiert gleich dreimal, dass Athanasius und Antonius gemeinsam gegen die Arianer vorgegangen seien (2,17,11; 2,31,2 f.; 3,13,6).
39 AP/G Sisoes 25/828. Natürlich könnte es sich beim «Buch des Athanasius» auch um dessen «Arianerreden» oder andere polemische Traktate handeln; der Kontext legt jedoch nahe, dass auf die *Vita Antonii* Bezug genommen wird.
40 Vgl. Brakke 1995, 254; Rousseau 2000, 94. Ein solcher Konflikt scheint hingegen durch, wo Athanasius den früheren Mönch Dracontius zum Verbleib im Bischofsamt drängt, um auf diese Weise Christusnachfolge zu üben (ep. Drac. 5), während Dracontius diese Möglichkeit nur im Mönchtum gegeben sieht und sein Amt aufgeben will.
41 Rubenson 2011, 142; vgl. schon Tetz 1982, 23 f.
42 Paulus («der Einfältige») spielt in der VA keine Rolle. Antonius wollte ihn nach Palladius, h. Laus. 22 zunächst mit allen Mitteln von der Askese abhalten, überließ aber später gerade ihm die besonders schwer auszutreibenden Dämonen.

43 Sozomenus, h. e. 2,31,2 f.; ebenso die koptische Übersetzung der *Vita Pachomii* (Rubenson 2011, 143).

44 Ebenso Rufin, h. e. 10,8. Vgl. Heussi 1936, 90–94.

45 Einen Parallelbericht bietet Athanasius, h. Ar. 14, wo allerdings der Gegenbischof Gregor die treibende Kraft ist, die Balacius zur Besudelung des Antonius-Briefes veranlasst, was zum baldigen Tod des *dux* führt.

46 Vgl. Brottier 1997, 33: «S'il est un point d'accord parfait entre la *Vie*, les *Lettres* et les *Apophtegmes*, c'est bien la reconnaissance d'Antoine comme maître spirituel.»

4. *«Damit die Seele ihren Rhythmus findet»*

1 RP 140; RB 48,15 f.23; weitere Belege bei Gemeinhardt 2007, 315.

2 Manche Mönche wurden sogar wegen ihrer überbordenden Bibliotheken getadelt (AP/G Serapion 2/876; VS 5,10,114)!

3 Dazu Gemeinhardt 2007, 27–61.

4 Roldanus 1993, 400 sieht in VA 20 Parallelen zu den Antonius-Briefen («le *noeron* comme point de contact avec la monde divin, l'âme comme lieu du libre arbitre, ayant le choix entre conserver intacte son intelligence ou en fausser la nature, et l'appel à retourner à l'état de la création première»).

5 Vgl. auch die leicht abweichende Liste in VA 30,2.

6 Gemeint ist der spätantike Bildungstourismus, den nichtchristliche Zeitgenossen wie der Antiochener Rhetor Libanius ebenso kritisch sahen. Vgl. Gemeinhardt 2007, 257 f. mit Anm. 446.

7 Vgl. VA 5,5; 45,2; 74,4; dazu auch Perczel 1999, 202–204.

8 Zum Folgenden vgl. Brakke 2006, 23–47.

9 Ähnlich VA 28,5; 65,6 f.; 66,3–8; dazu Daniélou 1956; Munnich 1996.

10 In der Rede an die Mönche spielt das Wortfeld *peiraō/peirazō* «in Versuchung führen», anders als in den anderen Teilen der *Vita*, eine wichtige Rolle: VA 22,4; 23,1; 24,8; 28,10; 29,1.

11 Vgl. die scharfe Kritik an den Orakeln bei Athanasius, inc. 47 u. ö.

12 Angespielt wird auf 2 Tim 4,7 (Glaube) und 1 Tim 6,14 (Gebote).

13 Vgl. Origenes, princ. 3,2,4; hom. Num. 27,11 f.; dazu Roldanus 1993, 410.

14 Interessanterweise wird an diesen Stellen der stoische Begriff der *ataraxia* benutzt, nicht *hēsychia* wie in den AP und der späteren monastischen Tradition.

15 Vgl. Apg 8,10, wo Simon Magus als *dynamis theou* bezeichnet wird.

16 Erwähnt in VA 22,3; 38,5; 44,1 sowie – im Rahmen des abschließenden Summariums über Antonius' Askese – 88,1. Vgl. Bright 2009, 550–552.

17 Die Briefe sind fast ausschließlich in orientalischen Sprachen erhalten (siehe S. 29 f.) Eine Rekonstruktion der möglichen Urfassung und deren Übersetzung ins Englische bietet Rubenson 1995, 197–231. Ich übertrage diesen Text ins Deutsche. Die Nummerierung richtet sich nach der koptisch-arabischen Fassung. Verglichen wurde die Übersetzung der georgischen Fassung ins Lateinische durch Garitte.

18 Frank 1998, 72; Kannengiesser 2009, 558. Ep. 6,1 wendet sich an Mönche «in Arsinoë», aber es ist unklar, ob die anderen Briefe an dieselben Adressaten gerichtet sind.- Die Briefe werden in diesem Kapitel nur mit «ep.» (statt «ep. Ant.») zitiert.

19 Nach Klejna 1938, 340 und Rubenson 1995, 52 ist ep. 1 eine Katechese für neue Asketen, während sich die anderen Briefe an erfahrene Brüder richteten.

20 Fast wortgleich: ep. 3,4.41; 5,2; 6,79; 7,16.

21 Vgl. Rubenson 1995, 59–88; ders. 1999, 320–324; Perczel 1999.

22 Zur naturgegebenen Gutheit der Seele vgl. VA 14,4; 20,6; dazu Frank 1998, 74.

23 Vgl. auch ep. 3,9; 4,8 zur heilsamen und orientierenden Wirkung des Gesetzes.

24 Diese *diakrisis* verbindet die Briefe mit der VA; vgl. Bright 2009. Zur Gabe der Unterscheidung vgl. ep. 2,25; 3,44; 6,29; 7,32.63 u. ö.

25 Vgl. Athanasius, gent. 3; Silvanus (NHC VII,4) 92 f.

26 Der griechische Begriff wird im Koptischen als Lehnwort benutzt (Rubenson 1995, 61 f. Anm. 7); er begegnet auch bei Athanasius, morb. et valet. 7,27 f.: *hē noera tēs psychēs ousia*; dazu Perczel 1999, 205.

27 Dieser «spiritual protrepticos» (Kannengiesser 2009, 559) kommt ohne explizite Christologie aus, hat aber dennoch signifikante Parallelen in Athanasius' Traktat *De incarnatione.*

28 Übers. nach Miller (modifiziert). Die «Bewegungen der Seele» werden auch in VA 55,9 erwähnt, treten aber gegenüber den Dämonen ganz in den Hintergrund; vgl. Roldanus 1993, 405, der auf Origenes, princ. 3,3,2–4 als Quelle hinweist.

29 Vgl. ep. 1,56: «Wenn die (menschliche) Geisteskraft durch den (göttlichen) Geist gestärkt wird, wird sie erst selbst gereinigt, prüft dann die Worte und leitet sie an die Zunge weiter, damit sie von Heuchelei und Selbstsucht frei sind»; vgl. VA 73,2 f.

30 Hierzu Bright 2003.

31 Jesus erscheint hier also als Arzt (ep. 2,15 mit folgendem Zitat von Jer 8,22 und 28,9 LXX); vgl. auch ep. 3,21 und VA 87,3.

32 Fast wortgleich ep. 3,24 f.; 5,27 f.; 6,91; 7,30. Kirchliche Institutionen oder Ämter spielen in den Briefen neben der geistlichen Gemeinschaft keine Rolle.

33 «Heilige Israeliten»: ep. 6,78.93; 7,5.

34 Bumazhnov 2009, 83–88 sieht in ep. 1 und 2–7 unterschiedliche Autoren am Werk, da in ep. 1 eine Erlösung von Seele *und* Leib ge-

lehrt werde, während die anderen Briefe nur eine Erlösung der Seele kennen. Das ist m. E. überpointiert (vgl. oben S. 214 Anm. 71).

35 VA 2,4; vgl. auch ep. 6,16.

36 Roldanus 1993, 411 f.: «La *Vie* se caractérise par une extériorisation. Par contre, les *Lettres* montrent une intériorisation.» Vgl. Rubenson 1995, 139 f.; Brakke 2006, 16; Bumazhnov 2009, 153–168.

37 Vgl. Origenes, princ. 1,5,2; 1,8,4; 4,4,9; VA 22,2; dazu Roldanus 1993, 405.

38 Rubenson 1995, 66 und Brakke 2006, 17 verweisen auf Origenes, princ. 1,5,2 f.; 1,8,2–4 als Hintergrund für diese Ableitung himmlischer und dämonischer Pluralität aus der uranfänglichen göttlichen Einheit.

39 Bumazhnov 2009, 77–80 sieht in ep. 6,72–77 (und analog in ep. 5,33–36) «Hass auf den Leib», verkennt aber m. E., dass die Metapher des Bekleidet-Werdens durch den Leib gut paulinisch ist (vgl. 1 Kor 15,53 f.; 2 Kor 5,4).

40 Vgl. den Vergleich der Briefe mit den Schriften in Nag Hammadi-Codex I durch Jenott/Pagels 2010. Die 1945 in Nag Hammadi gefundenen Papyruscodices bieten gnostische Texte in koptischer Sprache. Dass sie die Mönche des nahe gelegenen Klosters lasen und vergruben, ist eine durchaus plausible Vermutung.

41 So Brakke 1995, 213; vgl. Frank 1998, 82; Bunge 2010, 346-350.

42 Im Folgenden werden die Antonius-Apophthegmen nach dem Alphabetikon nur mit «Ant.» und Nummer zitiert. Die Übersetzungen folgen Miller (teils modifiziert). Dabei bleibt *abbas* als Titel unübersetzt; für *gerōn*, das eine mit Lebenserfahrung verbundene Qualität bezeichnet, steht «Greis». Hingegen ist *patēr* als weiterer Titel (Ant. 18, 19, 28) zu verstehen. In der VA wird Antonius zwar als *gerōn* (54,6; 59,4; 64,3.5; 73,4; 82,5.9; 93,2 u. ö.) und *patēr* (15,3; 16,2; 50,4; 54,6; 66,7; 81,1.6; 88,3; 91,6), jedoch nie als *abbas* angeredet.

43 Hist. mon. 15,1 f.; aaO. 20,13 wird der hundertjährige Kronides als «einer der ersten Gefährten des Antonius» erwähnt.

44 Hist. mon. 21,2.

45 Hist. mon. 21,3. Die Listen der Schüler des Antonius variieren, allein Rufin nennt zwei Gruppen: einmal der o. g. Macarius, Isidor, ein weiterer Macarius, Heraclides und Pambo (h. e. 11,4), andernorts Poimen und Joseph, die er selbst am (äußerem)«Antoniusberg», dem Pispir, getroffen habe (h. e. 11,8).

46 Während in Ant. 4 – historisch unplausibel – ein Wort direkt an Poimen ergeht, wird dies in AP/G Poimen 125/699 korrekt als Traditionszitat ausgewiesen (weitere Antoniuszitate aaO. 75/649; 87/661).

47 AP/G Amun 1/135.

48 Vgl. Ant. 29 über den *abbas* Paphnutius: «Sehet, das ist ein rechter Mensch, der Seelen heilen und retten kann!»

49 Palladius, h. Laus. 4.

50 Hieronymus, ep. 68,2 an den blinden Mönch Castricianus; Rufin, h. e. 11,7; vgl. Sozomenus, h. e. III 15,5; vgl. Bunge 2010, 311-314.
51 Vgl. Evagrius, pract. 12; weitere Belege bei Brakke 2006, 65–67. Vgl. VA 36,2.
52 Vgl. weitere Auditionen in Ant. 2; 7; 24; 26.
53 Deshalb enden z. B. die Berichte in Hist. mon. 14 über herausragende Christen «in der Welt» regelmäßig damit, dass der Asket Paphnutius sie von der Notwendigkeit einer Konversion zur Askese überzeugt (aaO. 14,9.15.21 f.).
54 AP/G Nisteroos 2/557.
55 In den Handschriften des Alphabetikons ist überwiegend vom «Kampf gegen die Unzucht» *(porneia)* die Rede, mit AP/S 2,2 und der lateinischen Überlieferung ist aber der «Kampf des Herzens» *(tés kardias)* als ursprüngliche Lesart anzusehen, wobei entsprechend AP/S 12,21 auch der Kampf gegen die *akēdia* gemeint sein könnte (vgl. Schulz/Ziemer 2010, 53).
56 Vgl. Dodel 1997, 135 zu Ant. 11 im Vergleich mit VA 30,2; 35,4.
57 Ein analoger Gedanke begegnet in ep. Ant. 6,53: «Die Dämonen wissen, dass unser Untergang der unseres Nächsten ist, und ebenso unser Leben das unseres Nächsten.» Auch hier ist das Miteinander der Asketen ein Ansatzpunkt für dämonische Attacken (ep. 6,105), denen die Asketen gemäß dem Gebot der Gottes- und Nächstenliebe widerstehen sollen (ep. 6,63.92). Die Bruderliebe wird in der Tradition des Antonius hervorgehoben in Hist. mon. 8,55 (Apollo).
58 Hierzu A. Müller 2006, 349, dem zufolge AP/G Antonius 36–38 sekundär sein könnten, und zwar aufgrund einer ganz anderen Gehorsamskonzeption als in Ant. 1–35.
59 Vgl. Brakke 2006, 16.

5. Weltliche und geistliche Bildung

1 Kannengiesser 2009, 563 sieht in dieser Szene den «culminating point of Antony's oratorical career».
2 Zu Streit und Konsens in Sachen Bildung vgl. Gemeinhardt 2007.
3 Zum Folgenden vgl. Rousseau 2000, 96–98; Urbano 2008, 906–912; zum Kontext Rubenson 2000.
4 Vgl. Gemeinhardt 2011b.
5 Evagrius, pract. 92; überliefert nicht in AP/G, aber in der lateinischen (VS 6,4,16) und in der koptischen Antonius-Tradition (vgl. Rubenson 1995, 159). Bunge 2010, 297f. hält dieses Apophthegma für authentisch.
6 Evagrius Ponticus, Antirrheticus 5,47.
7 Palladius, h. Laus. 21.
8 *Thaumazein*: VA 72,5; 73,3; 75,3; 76,3; 80,5.6.7; *thaumastos*: VA 72,1; 79,3.

9 Zum naturgemäßen Zustand der menschlichen Seele vgl. VA 14,4; 20,5.7; 34,3; das ist aber auch ein wichtiges Thema in den Antonius-Briefen (s. o. S. 96).

10 *Syllogizesthai* ist terminus technicus kunstgerechten Argumentierens, hier negativ i. S. von «Sophisterei» (vgl. VA 77,6 sowie 78,3: *syllogizomenoi kai sophizomenoi*).

11 Athanasius, inc. 54,3; vgl. Ar. 2,70; hierzu Frost 2011, bes. 331 f.

12 Platon, Theaetet 176b: *hōmoiōsis theō*.

13 Der Begriff *theopoiēsai* («vergöttlichen») wird hier kritisch gegen die «Heiden» gewendet.

14 Vgl. Athanasius, inc. 11,3.

15 Ähnlich Athanasius, inc. 38,6; 46,1–4.

16 Zu den Apologien vgl. einführend Heil 2011.

17 Theophilus von Antiochia, Autol. 2,9.

18 Gregor von Nazianz, or. 21,6; vgl. Bunge 2010, 278f.

19 Augustin, doct. christ. prol. 4,8 (Übers. K. Pollmann).

20 Sozomenus, h. e. 1,12,1; 1,13,1.

21 Urbano 2008 spricht daher von einer «Dislozierung» des Philosophen mit dem Ziel, den Wettstreit der Philosophien von der Wüstenerfahrung her zu gewinnen.

22 Bereits bei Johannes Cassian, conl. 8,18 und Sozomenus, h. e. 1,13,5 f. – wenige Jahrzehnte nach dem Tod des Athanasius – ist Antonius' Unbildung nach weltlichen Maßstäben feste Tradition.

6. *Tod und Vermächtnis*

1 Gleiches verlautet von Isaak (Gen 35,29), den Königen David (1 Chr 23,1; 29,28) und Jojada (2 Chr 24,15) sowie von Hiob (Hi 42,17).

2 Hieronymus, ep. 130,5,2; Prudentius, perist. 14,7–9; vgl. Ambrosius, virg. 1,2,9.

3 Oder: «Ziel», «Vervollkommnung».

4 *Spoudaioi* sind «die, die eine Sache ernst nehmen», übertragen «die Frommen».

5 Nach Baumeister 2009, 269 ist *thaptein* («bestatten») terminus technicus für den Mumifizierungsvorgang und wird in der koptischen VA auch genau so übersetzt.

6 Palladius, h. Laus. 33.

7 Vgl. Baumeister 2009, 273.

8 Athanasius, ep. fest. 41; Übers. Baumeister 2009, 270 f.

9 VA 68,1; 89,4; 91,4; vgl. oben S. 217 Anm. 36.

10 Diese Hoffnung drückt Antonius selbst aus (VA 91,8).

11 Vgl. Volp 2002, 191, der VA 90,6 als antikes Zeugnis für die Ansicht aufführt, erst das Christentum habe die Erdbestattung populär gemacht.

12 Palladius, h. Laus. 21 identifiziert die beiden Mönche als Macarius und Amatas; ebenso Hieronymus, chron. a. 361; anders ders., VHil 20,13: Isaak und Pelusianus.
13 Dazu siehe S. 154. Hägg 2011, 25 f. weist darauf hin, dass nur der «innere» und «äußere» Berg zu Gedenkstätten wurden, nicht aber Antonius' Heimatdorf, das Grab und die alte Festung, und erklärt dies damit, dass schon zu Athanasius' Zeiten keine verlässlichen Informationen mehr darüber zu erlangen waren; vgl. Wipszycka 2004.
14 Vgl. Baumeister 2009, 264–268.
15 Zu Petrus' Leben, Sterben und Verehrung vgl. Vivian 1988.
16 Athanasius, apol. Const. 27.
17 Hieronymus, VHil 21,10 erwähnt zusätzlich, ein reicher Mann namens Pergamius habe Antonius' Leichnam auf sein Landgut holen und einen Kult einrichten wollen, weshalb größte Geheimhaltung geboten gewesen sei.
18 Vgl. Roldanus 1983, bes. 208 f.
19 Zum Folgenden vgl. Gemeinhardt 2012, 113 f.; zur Bedeutung der Wüste in der VA Jung 2011 und Schulz-Wackerbarth 2012, 115–133.
20 Vgl. Brakke 1995, 245.
21 Dass dieser Wettstreit um 400 in Ägypten noch (oder wieder?) in vollem Gange war, zeigt die *Historia monachorum in Aegypto* (prol. 11).
22 Athanasius berichtet selbst, bei seiner Bischofswahl im Jahr 328 habe sein Ruf als «Asket» eine Rolle gespielt (apol. sec. 6,5), doch lässt sich daraus keine vorausgehende monastische Lebensphase ableiten.
23 Vgl. Fitschen 2011, 147.
24 Vgl. Dihle 1979; Tetz 1982, 8 f. sowie die «note complémentaire» von Annick Martin in SC 400, ^{2}2004, 439.
25 VP/G 136, zit. u. S. 139; vgl. Rubenson 1995, 166.
26 Gregor von Nazianz, or. 21,19 f.
27 Vgl. VA 10,3.

7. Nachleben in der Spätantike

1 Evagrius Ponticus, mal. cog. 25; vgl. Bunge 2010, 293f.
2 Einen Überblick über die griechischen und orientalischen Quellen gibt Brottier 1997, 16–18.
3 AP/G Isidor 6/362.
4 Nach Palladius, h. Laus. 21 geschah dies sogar schon zu seinen Lebzeiten.
5 Palladius, h. Laus. 10.
6 AP/G Sisoes 14/817; vgl. Schulz/Ziemer 2010, 108. Eine ähnliche Vision wird von dem Priesterabt Hypatius (s. u.) berichtet (Callinicus, VHyp 53,6).

7 VP/G 136.
8 VP/G 2. Die Überlieferungsgeschichte der Pachomiusviten ist kompliziert (vgl. Rubenson 1995, 165 f.). Die schon im späten 4. Jahrhundert bezeugten koptischen und die griechischen Versionen scheinen auf einen gemeinsamen Urtext zurückzugehen, der möglicherweise bis an Antonius' Lebenszeit heranreicht.
9 VP/G 22.
10 Im Folgenden wird VP/G 120 paraphrasiert; vgl. Rubenson 2011, 142.
11 In späteren Traditionen werden Antonius weitere Schriften zugeschrieben, unter denen die sogenannte Antonius-Regel (vielleicht als Alternative zur Pachomius-Regel gedacht) den größten Einfluss ausübte. Die pseudantonianischen Schriften, deren Erforschung noch ganz am Anfang steht, müssen hier außer Betracht bleiben.
12 Ep. Amm. 29; s. Dörries 1966, 221; Goehring 1986, 278; Rubenson 1995, 170 f.
13 Ep. Amm. 34; eine andere Lesart nennt Athanasius anstatt von Ammon, was VA prol. 5 entspricht, aber wohl sekundär ist (vgl. Goehring 1986, 45 f.289).
14 Vgl. Rubenson 1995, 182; ob deren Neigung zu den umstrittenen Lehren des Origenes auf Antonius zurückzuführen ist, wie ebd. angedeutet, muss offen bleiben.
15 Serapion, ep. Ant. disc.; hiernach die Kapitelangaben im Text. Vgl. Fitschen 1992, 57–64; Rubenson 1995, 164 f. Der Brief war ursprünglich griechisch geschrieben, ist aber nur syrisch und armenisch überliefert; eine Edition beider Versionen samt deren Übersetzung ins Lateinische bietet Draguet 1951.
16 VP/G 120.
17 Vgl. Fitschen 1992, 62, mit Belegen aus Antonius' Briefen zum Thema Fürbitte.
18 Ebenso wird Antonius in VA 87,3 bezeichnet (s. o. S. 68).
19 Ausführlich dazu Wölfle 1986.
20 VHyp. prol. 6–8; vgl. Wölfle 1986, 21 sowie Bartelink 1971, 33–38.
21 Vgl. zu weiteren Beispielen Wölfle 1986, 23–26.
22 Vgl. Wölfle 1986, 81 f.
23 In den palästinischen Mönchsviten des Kyrill von Skythopolis aus dem 6. Jahrhundert begegnet Antonius dagegen seltener (vgl. Garitte 1957). Doch erscheint Antonius immerhin dem Sabas als Beistand im Kampf gegen die Dämonen und ermutigt ihn, «auf die Macht des Kreuzes zu vertrauen» (VSab 27).
24 Zum Folgenden vgl. Ch. Müller 2011, 381–383.
25 VA/A, Epilog; vgl. Gemeinhardt 2007, 254.
26 Zu VA/A und VA/E vgl. Berschin 1986, 121–128; Gemeinhardt 2007, 254–258.
27 VA/E praefatio; Übersetzung: Berschin 1986, 121.

28 Hieronymus, ep. 57,6,1 f.
29 VA/E 73,2. VA/A übersetzt *mens* statt *sensus*, bleibt also näher beim Original.
30 Cassiodor, hist. 8,1,92.
31 Ch. Müller 2011, 383.
32 Zu biographischen Daten vgl. Fürst 2003, 145–147.
33 Vgl. Fuhrmann 1977, bes. 71–83; Rebenich 2000; Gemeinhardt 2007, 258–262.
34 Vgl. hierzu Gemeinhardt 2007, 260 mit Anm. 458.
35 Zum Tod des Antonius und zu den Namen seiner letzten Begleiter s. o. S. 126 und 223 Anm. 12.
36 Hieronymus folgt hier Cyprian von Karthago (ep. 57,4; 81,4), dem zufolge man sich nicht nur nicht selbst ausliefern darf, sondern auch die Verhaftung vermeiden soll.
37 Meier 2010, 66–68.
38 Nach der Edition Montfaucons (1698) habe sich Antonius für den *besten*, nicht für den einzigen Einsiedler gehalten – eine unasketische Selbstüberhebung, die zudem die Pointe verdeckt: das *Nicht*-Wissen des «gottgelehrten» Visionärs Antonius.
39 VP 9,6: «Also sprach er, verharrte dabei und blieb unbeweglich» (wie Aeneas, der in Aeneis 2,650 seinen Vater davon überzeugen will, Troja zu verlassen); «ihm erwiderte also der Held mit wenigen Worten» (nämlich dass die Seelen im Hades keine bleibende Wohnstatt haben, wie Aeneas am Ende seiner Fahrt in die Unterwelt erfahren muss, so Aeneis 6,672).
40 Vgl. Rebenich 2000, 38.
41 Hieronymus, ep. 22,36,1.
42 VHil 2,2; er benötigte keinen Dolmetscher, sondern sprach – wenn nötig, sogar mit einem Dämon – Griechisch und Syrisch (VHil 13,8). Vgl. Gemeinhardt 2007, 263–266.
43 Hieronymus reagierte mit versteckten Sticheleien: Man solle nicht einen Mantel teilen und die Hälfte behalten, sondern (nach Lk 3,11) von zwei Gewändern eines ganz verschenken (comm. Is. 16,58,6). Vgl. Fürst 2003, 215.
44 Vgl. Berschin 1986, 195; Gemeinhardt 2007, 266–270. Die Übersetzungen folgen Frank 1975, 20–52. Tornau 2001 hat gezeigt, dass Sulpicius Severus die VA nicht nur motivgeschichtlich, sondern auch literarisch rezipiert und zugleich transformiert.
45 Die anderen Bischöfe Galliens werden sehr kritisch gesehen, weil sie entweder Häretiker sind (VM 6,4) oder sich gegen einen schmutzstarrenden Einsiedler als Kollegen wehren (9,3; 27,3) und sich lieber beim Kaiser einschmeicheln (20,1).
46 Sulpicius Severus, ep. 2,12 f.
47 Vgl. Gemeinhardt 2010, 29–36.
48 So nach Paulinus, v. Ambr. 1,1. Nach Berschin 1986, 213 ist dies

«das früheste Zeugnis für Kanonbildung in der christlich-biographischen Literatur der Lateiner.»

49 Augustin, conf. 8,6,15.

50 Augustin, conf. 8,8,19; Übers. J. Bernhart.

51 Augustin, conf. 8,12,29.

8. Antonius-Bilder in Mittelalter und früher Neuzeit

1 Mischlewski 1976, 19 f.

2 Mischlewski 1976, 26; vgl. Trebbin 1994, 30–33; Meiffret 2004, 34–38.

3 Bartelink 1994, 75; vgl. VA/E 1,1.

4 Mischlewski 1976, 31 f.

5 Mischlewski 1976, 351.

6 Mischlewski 1976, 66: «In dem neuen Gebilde vereinigten sich Charakterzüge der Chorherrenorden mit der Betonung von Konventamt und Chorgebet, der Spitalorden mit der Übung der Krankenpflege und der Bettelorden mit ihren regelmäßigen Sammlungen... Es nimmt nicht wunder, daß im Laufe der Zeit bei den eigentlichen Ordensprofessen die Spital- und Sammeltätigkeit mehr und mehr zurücktrat und einzig der Lebensstil eines Chorherren übrigblieb.»

7 Trebbin 1994, 38–40.

8 Außerdem: Kornelimünster in der Eifel, St. Hubert in den Ardennen sowie St. Quirinus in Neuss.

9 Vgl. Mischlewski 1976, 36–38; Meiffret 2004, 51–53.

10 Zum Folgenden vgl. Leclercq 1956.

11 Cassian, conl. 18,5.

12 Isidor, off. 2,16,1.

13 Vgl. Berschin 1986, 188–191.

14 RB 42,3.

15 Vgl. Leclercq 1956, 233.

16 Petrus Damiani, ep. 152 (Reindel IV, 10,23 f.); vgl. Leclercq 1956, 235 f.

17 Petrus Damiani, De sancta simplicitate (= ep. 117; Reindel III, 322,1 f.).

18 Odilo von Cluny, Vita Maioli (PL 142, 948A–949A).

19 Zum Folgenden vgl. Leclercq 1956, 236–240 mit zahlreichen Belegen.

20 Petrus von Blois, ep. 86 (PL 207, 266A–267A).

21 Wilhelm von St. Thierry, Ep. ad fratres de Monte Dei 1,1.4 (PL 184, 309A.310D).

22 Bernhard von Clairvaux, Apologia ad Guilelmum 9,19 (SW II, 96,27–29).

23 Honorius Augustodunensis, De vita vere apostolica 3,4 (PL 170, 635D).

24 Anselm von Havelberg, Epistola apologetica pro canonicis regularibus (PL 188, 1121C). Genannt werden Paulus, Antonius, Hilarius (i. e. Hilarion) und Macarius.
25 Zur Datierung auf die Zeit zwischen 1251 und 1260 vgl. Rhein 1995, 7 f.
26 Rhein 1995, 16 zur Gattung der *Legenda nova* oder *Legenda abbreviata*. AaO. 29 f. wird gezeigt, dass Jacobus als Quelle die *Abbreviatio in gestis et miraculis sanctorum* Jean de Maillys (1225/30) heranzog, aber auch selbständig auf die *Vitae Patrum* zurückgriff und so eine eigene Antoniuslegende schuf.
27 Teilweise handelt es sich dabei um Paraphrasen längerer Abschnitte.
28 Die Texte wurden oben (S. 100–109) besprochen, so dass hier Stichworte genügen.
29 Übers. R. Benz. Nach Rhein 1995, 33 f. stellen diese Etymologien eine der hagiographischen Eigenleistungen des Jacobus dar.
30 So aber Rhein 1995, 26.
31 Rhein 1995, 33.
32 Zu den «neuen Heiligen» des Hochmittelalters vgl. Gemeinhardt 2010, 60–70.
33 Vgl. Rhein 1995, 14 f.
34 Rhein 1995, 19 f.
35 CA 21 (BSLK 83b,2–8.14–16).
36 ApolCA 27 (BSLK 389,10–24).
37 VS 3,130 (Ps.-Rufin) bzw. 7,15,2 (Paschasius; PL 73, 785CD und 1038BC).
38 Zu Luthers Antonius-Kenntnis vgl. Schäfer 1897, 424–427. Ich verzichte aus Platzgründen auf Beispiele aus anderen reformatorischen Strömungen, um anhand von Luthers Schriften *ein* Antonius-Bild der Reformation in seinen vielfältigen Schattierungen nachzeichnen zu können.
39 Zitate folgen der «Weimarer Ausgabe», die Übersetzungen aus dem Lateinischen und Übertragungen in modernes Deutsch stammen von mir. Zu Luthers Auffassung der Heiligenverehrung allgemein vgl. Riehm 2010 sowie Gemeinhardt 2010, 91–96.
40 S. Iohannis sermo (1514; WA 1, 41,40–42,2); vgl. Tischrede Nr. 4321 (1539; WA.TR 4, 222,26–29).
41 Predigt über Joh 21,1 ff. (1530; WA 32, 68a,1–13).
42 Predigt über Mt 24,25 f. (1539; WA 47, 599,25–31; 600,6 f.).
43 Ebd. (WA 47, 596,19–31).
44 Predigt über Joh 21,1 ff. (WA 32, 68b,32–34). Die Quelle ist die Übersetzung des Johannes subdiaconus (VS 6,3,17; PL 73, 1013D–1014B).
45 Von den Konziliis und Kirchen (1539; WA 50, 609,6 f.).
46 Genesisvorlesung (1535–1545; WA 43, 15,15–17).
47 Ebd. (WA 43, 30,5–12).

48 Ebd. (WA 43, 130,30–33).
49 Ebd. (WA 43, 437,9–18).
50 Ebd. (WA 44, 527,14–19).
51 Ebd. (WA 43, 175,27); vgl. De votis monasticis (1521; WA 8, 578,16 f.).
52 Genesisvorlesung (WA 44, 530,29–33).
53 AP/G Ant. 3 = AP/S 1,1; überliefert in VS 3,108 (Ps.-Rufin; PL 73, 781A) und in der Übersetzung von AP/S durch Pelagius (PL 73, 781A).
54 Belege u. a.: Weihnachtspostille (Lk 2,33–40 1522; WA 10,I,1, 431,17–432,2); De votis monasticis (WA 8, 578,16–18).
55 De abroganda missa privata (1521; WA 8, 449,17 f.).
56 Die Belege sind zahlreich. Stellen mit Bezug zu Antonius sind u. a.: Predigt über Mt 24,23 ff. (1531; WA 34,II, 440a,12–441a,2); Annotationes in aliquot capita Matthaei (1538; WA 38, 528,8–14); Genesisvorlesung (WA 42, 515,39–516,5; WA 43, 213,31–35; 431,10–20); Predigt zu Joh 3,29 (1539; WA 47, 161,8–22); Von den Konziliis und Kirchen (WA 50, 535,11–536,34).
57 De votis monasticis (WA 8, 578,18–23).
58 Genesisvorlesung (WA 42, 641,31–35).
59 AP/G Ant. 7 = VS 3,129 (Ps.-Rufin; PL 73, 785); zit. in der Weihnachtspostille (WA 10,I,1, 138,5–9), in einer Predigt über Joh 8,16–19 (1531; WA 33, 565b,27–31) sowie bereits in den Scholien zur Römerbriefvorlesung (1515/16; WA 56, 363,14 f.).
60 Predigt über Mt 24,25 (WA 47, 599,15–17).
61 Mit Bezug auf Antonius: Predigt über Num 30 (1528; WA 25, 510,33–511,4); Annotationes in aliquot capita Matthaei (WA 38, 620b,26–36); Katechismuspredigt über das erste Gebot (1529; WA 30,I, 3,1–14).
62 Decem praecepta Wittenbergensi praedicata populo (1518; WA 1, 412,8–17); zum Antoniusfeuer als Beispiel für die völlig falsche Anrufung der Heiligen vgl. auch einen Entwurf, der wohl dem «Sendbrief zum Dolmetschen» (1530) zugrunde lag (WA 30,II, 694,9–12); dazu vgl. Riehm 2010, 152 f.
63 Sermo de S. Antonio (1522; WA 10,III, 82,23–27; 84,19–21; 85,11 f.16–20).
64 Predigt zum Fest Johannes des Täufers (1529; WA 29, 418a,16–18); vgl. Annotationes in priorem epistolam ad Timotheum (1528; WA 26, 77,20–25).
65 Erwähnt wird außerdem noch AP/G Ant. 14, wonach die Selbstüberhebung als Wundertäter einem jungen Mönch den Tod einbringt (Annotationes in priorem epistolam ad Timotheum; WA 26, 57,7–9); ebenso wird Paphnutius als Seelenretter (AP/G Ant. 29) in der Fastenpostille (1525; WA 17,II, 112,13–16) und in der Jesajavorlesung (1527; WA 31,II, 311,24–29) erwähnt.
66 Vgl. den Verweis auf VA/E 42,8 im Sermo de S. Antonio (WA 10,III, 81,26–32).

67 Roths Festpostille (1527; WA 17,II, 274,9–11).
68 Vgl. Klaiber 1979, 69 f.73 f.
69 Schmalkaldische Artikel 2,9 (BSLK 425,17–25).
70 Hermann Bonnus, Farrago praecipuorum exemplorum..., Schwäbisch Hall 1539; vgl. Schäufele 2006, 298 f. sowie Klaiber 1979, bes. 67–71.
71 Georg Major, Vitae Patrum, in usu ministrorum verbi, quo ad eius fieri potuit repurgatae..., Wittenberg 1544; vgl. Schäufele 2006, 300–311.
72 Tischrede Nr. 5321 (WA.TR 5, 58,10 f.); vgl. Nr. 5674 (WA.TR 5, 314,5 f.20).
73 Gottfried Arnold, Unparteiische Kirchen- und Ketzerhistorie, zitierte Ausgabe: Frankfurt 1729, Teil I, Buch III, Kap. 5,22.
74 AaO., Teil I, Buch IV, Kap. 4,21.
75 Ebd.
76 Philipp 2008b, 20: «In den Koordinaten seiner Antonius-Biographie – Wüste, Dämonen und Versuchung – lag ein Potential, dessen Bedeutung nicht an einen geographischen oder zeitlichen, ebenso wenig an den religiösen Kontext geknüpft war.» Vgl. aaO. 64–81 die «Chronik der Antonius-Rezeption».
77 Einen Überblick für die Bildnisse bis 1500 bietet Trebbin 1994, 41–54.- Für die Recherche mittelalterlicher und byzantinischer Bilder des Antonius danke ich sehr herzlich meiner Mitarbeiterin Frau Wiebke Gernhöfer, M. A.
78 Der Legende nach sandte Jesus Christus an König Abgar von Edessa einen Brief und – wie im 6. Jahrhundert Evagrius Scholasticus, h. e. 4,27 sowie etwas später die «Akten des Thaddäus» berichten – auf einem Tuch einen Abdruck seines Gesichts, der sich als wundertätig erwies. Dieses Tuch wurde zum Vorbild für weitere «Acheiropoieta» («nicht von Hand gemachte» Bilder des Erlösers) und auch für im Westen verehrte Reliquien wie das «Schweißtuch der Veronika» oder das «Turiner Grabtuch».
79 Vgl. hierzu Starke 2005 sowie Uhrig 1998, 21–23.
80 Abbildungen in: Il menologio di Basilio II. Codices e Vaticanis selecti phototypice expressi VIII, Turin 1907, 90.321.327.
81 Abbildungen in Uhrig 1998, Abb. 3 bzw. Trebbin 1994, 133 Abb. 2.
82 Vgl. Starke 2005, 14–17; Abdruck des Bilderzyklus in Kiermeier-Debre 2002, gemeinsam mit dem nur in einer Handschrift aus dem Jahr 1503 erhaltenen, in okzitanischer Sprache verfassten Mysterienspiel *Le mystère de Sant Anthoni de Viennès*, auf das hier nicht näher eingegangen werden kann.
83 Vgl. Kiermeier-Debre 2002, 313–315.
84 Vgl. Leclercq 1956, 241. Motivisch vorgebildet ist der Ansturm von Dämonen und Fabelwesen auf Antonius in VA 9 (siehe S. 51). Den Gründen für die Verselbständigung der Versuchungsthematik spürt

Uhrig 1998 nach und kommt zu dem Schluss, dass sich hierin eine Grundstimmung des 15. Jahrhunderts spiegelte, die bei Bosch und Grünewald ihren deutlichsten Ausdruck gefunden habe.

85 Vgl. Uhrig 1998, 75–79; Meiffret 2004, 197–203.

86 Dazu Uhrig 1998, 125–132; Starke 2005, 18 f.

87 So Uhrig 1998, 132.

88 Philipp 2008a, 106–119; Kat.-Nr. 13–19 dokumentiert zeitnahe Kopien des Lissabonner Altars sowie eng verwandte Bilder von mehreren Bosch-Nachfolgern. Vgl. auch Gendolla 1991, 97–109; Trebbin 1994, 57–60; Uhrig 1998, 81–109.

9. Die Versuchung als Sujet der Moderne

1 Abbildung: Philipp 2008a, 181; Kat. 50.

2 Das Titelblatt des Buches – *De continentia Josephi* – macht das deutlich.

3 Philipp 2008a, 164.

4 http://www.youtube.com/watch?v=NhEb11XRiCM (Zugriff am 20.02.2012)

5 Zu den anlässlich dieses Wettbewerbs entstandenen Kunstwerken vgl. Gendolla 1991, 160–205; Schmidt 2008.

6 Philipp 2008a, 176.

7 Schmidt 2008, 58.

8 Ivanović 2003, 114.

9 Schmidt 2008, 60.

10 AP/G Macarius 3/456.

11 Vgl. Gendolla 1991, 119; Harter 1998, 35–37.

12 Philipp 2008a, 195; Kat. 67.

13 Zit. nach Foucault 1996, 219.

14 Foucault 1996, 222.

15 Erstmals wurde eine Inszenierung 1967 am Théâtre de France unter Leitung von Maurice Béjart versucht – allerdings ohne Erfolg beim Publikum.

16 Die Seitenzahlen im Text folgen der Ausgabe: Flaubert 1996.

17 Zu dieser Szene vgl. ausführlich Gendolla 1991, 133–149 (im Vergleich mit Goethes «Faust»).

18 Dass er auch das Schwein als Antonius-Attribut überging, brachte ihm in der ohnehin wenig gnädigen Presse besondere Häme ein (vgl. Harter 1998, 53).

19 Harter 1998, 41.

20 Harter 1998, 51. «Ultramontane» nannte man die Katholiken, die sich an Rom (= *ultra montes*, jenseits der Alpen) orientierten und als von dort gegen den französischen (und respektive gegen den deutschen) Staat beeinflusst, ja «ferngesteuert» galten.

21 Zu Flauberts Einfluss auf Moreau und Redon vgl. Harter 1998, der

zufolge letzterer die antikatholische Doppelcodierung der Antonius-Gestalt weiterführte, während Moreau Flauberts Antonius als französisch-katholischen Patrioten begriff!

22 Max Beckmann, Triptychon: Versuchung, 1937 (Philipp 2008a, 81; Abb. 23).

23 Wilhelm Busch, Der heilige Antonius von Padua, Lahr i.Br. 1870 (zit. nach: http://www.payer.de/religionskritik/karikaturen7.htm; Zugriff am 20.02.2012).

BILDNACHWEIS

1: Aus: Jean Clédat, Le monastère et la nécropole de Baouit. Institut Français d'archéologie orientale, Kairo 1999, Abb. 137 | *2:* Aus: Max Hasse, Die Marienkirche zu Lübeck, München/Berlin 1983, Abb. 77 | *3:* Aus: Philipp 2008a, 91, Kat. 4 | *4:* Aus: Ebd., 183, Kat. 51 | *5:* Aus: Ebd., 131; Kat. 24 | *6:* Aus: Eberhard König, Die Belles Heures des Duc de Berry. Sternstunden der Buchkunst, Darmstadt 2004, 118 | *7:* Aus: Roland Halfen, Chartres. Schöpfungsbau und Ideenwelt im Herzen Europas, Bd. III: Architektur und Glasmalerei, Stuttgart 2007, Abb. 261 | *8:* Aus: Kurt Weitzmann, The Monastery of Saint Catherine at Mount Sinai. The Icons, Bd. I: From the Sixth to the Tenth Century, Princeton 1976, Taf. 36 | *9:* Aus: Peter Harbison, The High Crosses of Ireland. An Iconographical and Photographic Survey, Bd. II, Bonn 1992, Abb. 518 | *10:* Aus: Philipp 2008a, 23, Abb. 12 | *11:* Aus: Ebd., 19, Abb. 9 | *12:* Aus: Michael F. Zimmermann, Industrialisierung der Phantasie. Der Aufbau des modernen Italien und das Mediensystem der Künste 1875–1900, Berlin 2006, Abb. IV | *13:* Aus: Philipp 2008a, 163; Kat. 39 | *14:* Aus: Ebd., 161; Kat. 38 | *15:* Aus: Ebd., 177; Kat. 45 | *16:* Aus: Ebd., 189; Kat. 59 | *17:* Musées Royaux des Beaux Arts de Belgique | *18–20:* Aus: Das neue Wilhelm Busch Album in Farbe, Wiesbaden 1980, 26

QUELLEN

1. *Vita Antonii*

Griechischer Text

Bartelink, Gérard J. M. (Hg.): Athanase d'Alexandrie, Vie d'Antoine, SC 400, Paris 1994 (^{2}2004, ^{3}2011).

Anonyme lateinische Übersetzung

Vita di Antonio, introduzione di Christine Mohrmann, testo critico e commento a cura di Gérard J. M. Bartelink, traduzione di Pietro Citati e Salvatore Lilla, Vite dei Santi 1, Milano ^{4}1987.

Lateinische Übersetzung des Evagrius von Antiochia

Bertrand, Pascal: Die Evagrius-Übersetzung der Vita Antonii: Rezeption – Überlieferung – Edition, Diss. Utrecht 2005.

2. *Apophthegmata Patrum*

Apophthegmata Patrum. Collectio Alphabetica, in: PG 65, 71–440.

Miller, Bonifaz (Hg.): Weisung der Väter. Apophthegmata Patrum, auch Geronticum oder Alphabeticum genannt, Freiburg 1965.

Schweitzer, Erich (Hg.), Apophthegma Patrum (Teil I). Das Alphabetikon – Die alphabetisch-anonyme Reihe, Weisungen der Väter 14, Beuron 2012.

Guy, Jean-Claude (Hg.): Les apophthègmes des Pères. Collection systématique, 3 Bde., SC 387, 474, 498, Paris 1993/2003/2005.

Vitae Patrum, in: PL 73–74.

3. *Briefe*

Chitty, Derwas J. (Hg.): The Letters of St. Antony the Great, Fairacres 1974.

Garitte, Gérard (Hg.): Lettres de saint Antoine. Version géorgienne et fragments coptes, 2 Bde., CSCO 148/149, Leuven 1955.

Rubenson, Samuel: The Letters of St. Antony. Monasticism and the Making of a Saint, Minneapolis ^{2}1995, 197–231 (engl. Übers.).

4. *Weitere Quellen*

Die Editionen der patristischen Quellenschriften sind verzeichnet in: Siegmar Döpp/Wilhelm Geerlings (Hgg.), Lexikon der antiken christlichen Literatur, Freiburg u. a. ³2002.

Mittelalterliche Quellen werden nach PL oder PG zitiert, mit den folgenden Ausnahmen:

Bernhard von Clairvaux: Sämtliche Werke, hg. von Gerhard B. Winkler, 10 Bde., Innsbruck 1990–1999.
Die Briefe des Petrus Damiani, hg. von Kurt Reindel, 4 Bde., Hannover 1983–1993.
Jacobus de Voragine: Die Legenda aurea, übers. von Richard Benz, Berlin 1963.

LITERATUR

Angenendt, Arnold: Heilige und Reliquien. Die Geschichte ihres Kultes vom frühen Christentum bis zur Gegenwart, München ²1997.
Barnes, Timothy D.: Early Christian Hagiography and Roman History, Tübingen 2010.
Bartelink, Gérard J. M.: Introduction, in: ders. (Hg.), Callinicos, Vie d'Hypatios, Paris 1971, 9–55.
–: Die literarische Gattung der Vita Antonii. Struktur und Motive, Vigiliae Christianae 36, 1982, 38–62.
–: Introduction, in: ders. (Hg.), Athanase d'Alexandrie, Vie d'Antoine, Paris 1994, 25–108.
Baumeister, Theofried: Martyrium, Hagiographie und Heiligenverehrung im christlichen Altertum, Rom u. a. 2009.
Berschin, Walter: Biographie und Epochenstil im lateinischen Mittelalter, Bd. I: Von der Passio Perpetuae zu den Dialogi Gregors des Großen, Stuttgart 1986.
Brakke, David: Athanasius and the Politics of Asceticism, Oxford 1995.
–: Demons and the Making of the Monk. Spiritual Combat in Early Christianity, Cambridge MA 2006.
Bright, Pamela: The Church as «The House of Truth» in the Letters of Antony of Egypt, in: Lorenzo Perrone (Hg.), Origeniana Octava. Ori-

gen and the Alexandrian Tradition, Bd. II, Leuven u. a. 2003, 977–986.
–: Antony of Egypt and the Discernment of Spirits: The Vita of Athanasius and the Letters of Antony, in: Heidl/Somos 2009, 549–556.
Brottier, Laurence: Antoine l'ermite à travers les sources anciennes: des regards divers sur un modèle unique, Revue des Études Augustiniennes 43, 1997, 15–39.
Brown, Peter: Die Keuschheit der Engel. Sexuelle Entsagung, Askese und Körperlichkeit im frühen Christentum, Frankfurt 1994.
Bumazhnov, Dmitrij: *Visio mystica* im Spannungsfeld frühchristlicher Überlieferungen. Die Lehre der sogenannten Antoniusbriefe von der Gottes- und Engelschau und das Problem unterschiedlicher spiritueller Traditionen im frühen ägyptischen Mönchtum, Tübingen 2009.
–: Some Further Observations Concerning the Early History of the Term ΜΟΝΑΧΟΣ (Monk), Studia Patristica 45, 2010, 21–26.
–: Monastische Schriften, in: Gemeinhardt 2011a, 255–265.
Bunge, Gabriel: «In Geist und Wahrheit». Studien zu den 153 Kapiteln *Über das Gebet* des Evagrios Pontikos, Bonn 2010.
Burton-Christie, Douglas: The Word in the Desert. Scripture and the Quest for Holiness in Early Christian Monasticism, New York 1993.
Butterweck, Christel: «Martyriumssucht» in der Alten Kirche? Studien zur Darstellung und Deutung frühchristlicher Martyrien, Tübingen 1995.
Daniélou, Jean: Les démons de l'air dans la «Vie d'Antoine», in: Steidle 1956, 136–147.
Dihle, Albrecht: Das Gewand des Einsiedlers Antonius, Jahrbuch für Antike und Christentum 22, 1979, 22–29.
Dodel, Franz: Das Sitzen der Wüstenväter. Eine Untersuchung anhand der Apophthegmata Patrum, Fribourg 1997.
Dörries, Hermann: Die Vita Antonii als Geschichtsquelle, in: ders., Wort und Stunde, Bd I, Göttingen 1966, 145–224.
Draguet, René: Une lettre de Sérapion de Thmuis aux disciples d'Antoine, Le Muséon 64, 1951, 1–25.
–: Introduction, in: Ders. (Hg.), La Vie primitive de s. Antoine conservée en Syriaque. Discussion et traduction, Louvain 1980, 11*–113*.
Finn, Richard: Asceticism in the Graeco-Roman World, Cambridge 2009.
Fitschen, Klaus: Athanasius und Serapion von Thmuis, in: Gemeinhardt 2011a, 145–147.
Flaubert, Gustave: Die Versuchung des heiligen Antonius, übers. von Barbara und Robert Picht, Frankfurt/Leipzig 1996.
Foucault, Michel: Nachwort, in: Flaubert 1996, 215–251.
Frank, Karl Suso: *Angelikos Bios*. Begriffsanalytische und begriffsgeschichtliche Untersuchung zum ‹engelgleichen Leben› im frühen Mönchtum, Münster 1964.
–: Frühes Mönchtum im Abendland, Bd. II: Lebensgeschichten, Zürich/München 1975.

–: Antonius von Ägypten und seine Briefe, in: Margot Schmidt (Hg.), Von der Suche nach Gott. FS Helmut Riedlinger, Stuttgart/Bad Cannstatt 1998, 65–82.
–: Geschichte des christlichen Mönchtums, Darmstadt [6]2010.
Frost, Stefanie: Erlösung, in: Gemeinhardt 2011a, 327–335.
Fürst, Alfons: Hieronymus. Askese und Wissenschaft in der Spätantike, Freiburg u. a. 2003.
Fuhrmann, Manfred: Die Mönchsgeschichten des Hieronymus. Formexperimente in erzählender Literatur, in: ders. (Hg.), Christianisme et formes littéraires de l'antiquité tardive en Occident, Genf 1977, 41–89.
Garitte, Gérard: Reminiscences de la vie d'Antoine dans Cyrille de Scythopolis, Studi Bizantini e Neohellenici 9, 1957, 117–122.
Gemeinhardt, Peter: Das lateinische Christentum und die antike pagane Bildung, Tübingen 2007.
–: Märtyrer und Martyriumsdeutungen von der Antike bis zur Reformation, Zeitschrift für Kirchengeschichte 120, 2009, 289–322.
–: Die Heiligen. Von den frühchristlichen Märtyrern bis zur Gegenwart, München 2010.
– (Hg.): Athanasius Handbuch, Tübingen 2011 (= 2011a).
–: Schola animarum. Bildung und Religion in der Schule des Origenes, in: Reinhard Feldmeier u. a. (Hgg.), Alexandria – Stadt der Bildung und der Religion, Bd. II, Freiburg u. a. 2011, 113–123 (= 2011b).
–: *Vita Antonii* oder *Passio Antonii*? Biographisches Genre und martyrologische Topik in der ersten Asketenvita, in: Peter Gemeinhardt/Johan Leemans (Hgg.), Christian Martyrdom in Late Antiquity (300–450 AD). History and Discourse, Tradition and Religious Identity, Berlin/Boston 2012, 79–114.
Gendolla, Peter: Phantasien der Askese. Über die Entstehung innerer Bilder am Beispiel der «Versuchung des heiligen Antonius», Heidelberg 1991.
Gnilka, Christian: Chrêsis. Die Methode der Kirchenväter im Umgang mit der antiken Kultur, Bd. I: Der Begriff des «rechten Gebrauchs», Basel/Stuttgart 1984.
Goehring, James: The Letter of Ammon and Pachomian Monasticism, Berlin/New York 1986.
Graf, Fritz: Saint Antony: Deconstructing a Visionary, Theologische Zeitschrift 62, 2006, 293–300.
Hadot, Pierre: Philosophie als Lebensform. Geistige Übungen in der Antike, Berlin 1991.
Hägg, Thomas: The Life of St. Antony between Hagiography and Biography, in: Stephanos Efthymiadis (Hg.), The Ashgate Research Companion to Byzantine Hagiography, Bd. I, Farnham 2011, 17–34.
– /Rousseau, Philip (Hgg.): Greek Biography and Panegyric in Late Antiquity, Berkeley u. a. 2000.
Harnack, Adolf: Das Leben Cyprians von Pontius. Die erste christliche Biographie, Leipzig 1913.

Harter, Ursula: Die Versuchung des heiligen Antonius. Zwischen Religion und Wissenschaft. Flaubert, Moreau, Redon, Berlin 1998.

Heidl, György/Somos, Robert (Hgg.): Origeniana Nona. Origen and the Religious Practice of his Time, Leuven u. a. 2009.

Heil, Uta: Das apologetische Doppelwerk, in: Gemeinhardt 2011a, 166–175.

Hertling, Ludwig von: Antonius der Einsiedler, Innsbruck 1929.

Heussi, Karl: Der Ursprung des Mönchtums, Tübingen 1936.

Hunter, David G.: Ascetics, Asceticism V. Christianity. A. Greek and Latin Patristics and Orthodox Churches, Encyclopedia of the Bible and Its Reception 2, 2009, 947–951.

Ivanović, Christine: Sprache und Sprachlosigkeit der Bilder. «Die Versuchung des Heiligen Antonius» im medienüberschreitenden Diskurs der Phantastik, in: Dies. u. a. (Hgg.), Phantastik – Kunst oder Kultur? Aspekte eines Phänomens in Kunst, Literatur und Film, Stuttgart 2003, 95–123.

Jenott, Lance/Pagels, Elaine: Antony's Letters and Nag Hammadi Codex I: Sources of Religious Conflict in Fourth-Century Egypt, Journal of Early Christian Studies 18, 2010, 557–589.

Jung, Martin H.: Die Bedeutung der Wüste in der Vita Antonii und in den Apophthegmata Patrum, in: Albrecht Beutel/Reinhold Rieger (Hgg.), Religiöse Erfahrung und wissenschaftliche Theologie. FS Ulrich Köpf, Tübingen 2011, 157-187.

Kannengiesser, Charles: The «Smiling» Antony, in: Heidl/Somos 2009, 557–563.

Khosroyev, Aleksandr: Die Bibliothek von Nag Hammadi. Einige Probleme des Christentums in Ägypten während der ersten Jahrhunderte, Altenberge 1995.

Kiermeier-Debre, Joseph (Hg.): Das Mysterienspiel vom heiligen Antonius aus dem Viennois, München 2002.

Klaiber, Wilbirgis: Zur Wirkung von Theologie auf Hagiographie – im frühesten Versuch einer reformatorischen Bearbeitung der Antoniusvita bei Hermann Bonnus, in: Klaus Welker (Hg.), Heilige in Geschichte, Legende, Kult. FS Wolfgang Müller, Karlsruhe 1979, 63–75.

Klejna, Franz: Antonius und Ammonas. Eine Untersuchung über Herkunft und Eigenart der ältesten Mönchsbriefe, Zeitschrift für Katholische Theologie 62, 1938, 309–348.

Larsen, Lillian: The *Apophthegmata Patrum* and the Classical Rhetorical Tradition, Studia Patristica 39, 2006, 409–415.

Leclercq, Jean: Saint Antoine dans la tradition monastique mediévale, in: Steidle 1956, 229–247.

Löhr, Winrich: Der «arianische» Streit, in: Gemeinhardt 2011a, 56–73 (= 2011a).

–: Athanasius und Alexandrien, in: Gemeinhardt 2011a, 113–122 (= 2011b).

Malone, Edward E.: The Monk and the Martyr: The Monk as Successor of the Martyr, Washington D. C. 1950.

Martin, Annick: Athanase d'Alexandrie et l'église d'Égypte au IVe siècle (328–373), Rom 1996.

Meier, Esther: Handbuch der Heiligen, Darmstadt 2010.

Meiffret, Laurence: Saint Antoine Ermite en Italie (1340–1540). Programmes picturaux et dévotion, Rom 2004.

Mischlewski, Adalbert: Grundzüge der Geschichte des Antoniterordens bis zum Ausgang des 15. Jahrhunderts, Köln u. a. 1976.

Müller, Andreas: Das Konzept des geistlichen Gehorsams bei Johannes Sinaites. Zur Entwicklungsgeschichte eines Elements orthodoxer Konfessionskultur, Tübingen 2006.

–: Athanasius und die Melitianer, in: Gemeinhardt 2011a, 122–126.

Müller, Christian: Lateinische Übersetzungen, in: Gemeinhardt 2011a, 378–384.

Munnich, Olivier: Les démons d'Antoine dans la Vie d'Antoine, in: Philippe Walter (Hg.), Saint Antoine entre mythe et légende, Grenoble 1996, 95–110.

Ohst, Martin: Beobachtungen zu den Anfängen des christlichen Heiligenkultes, in: Johannes Laudage (Hg.), Frömmigkeitsformen in Mittelalter und Renaissance, Düsseldorf 2004, 1–28.

Perczel, Istvan: Mankind's Common Intellectual Substance. A Study in the Letters of Saint Antony and his Life by Saint Athanasius, in: Balász Nagy/Marcell Sebök (Hgg.), ... The Man of Many Devices, Who Wandered Full Many Ways... FS Janós M. Bak, Budapest 1999, 197–213.

Philipp, Michael (Hg.): Schrecken und Lust. Die Versuchung des heiligen Antonius von Hieronymus Bosch bis Max Ernst. Eine Ausstellung des Bucerius Kunst Forums Hamburg, 9. Februar bis 18. Mai 2008, München 2008 (= Philipp 2008a).

–: Der versuchte Antonius. Künstlerische Wandlungen einer legendären Figur, in: Philipp 2008a, 14–29 (= Philipp 2008b).

Rapp, Claudia: The Origins of Hagiography and the Literature of Early Monasticism: Purpose and Genre between Tradition and Innovation, in: Christopher Kelly u. a. (Hgg.), Unclassical Traditions. Alternatives to the Classical Past in Late Antiquity, Cambridge 2010, 119–130.

Rebenich, Stefan: Der Kirchenvater Hieronymus als Hagiograph: Die Vita Sancti Pauli primi eremitae, in: Kaspar Elm (Hg.), Beiträge zur Geschichte des Paulinerordens, Berlin 2000, 23–40.

Reitzenstein, Richard: Des Athanasius Werk über das Leben des Antonius. Ein philologischer Beitrag zur Geschichte des Mönchtums, Heidelberg 1914.

Rhein, Reglinde: Die Legenda Aurea des Jacobus de Voragine. Die Entfaltung von Heiligkeit in «Historia» und «Doctrina», Köln u. a. 1995.

Riehm, Heidrun: Sternbilder des Glaubens oder Abgötter? Martin Luthers Stellung zur Heiligenverehrung, Marburg 2010.

Roldanus, Johannes: Die Vita Antonii als Spiegel der Theologie des Athanasius und ihr Weiterwirken bis ins 5. Jahrhundert, Theologie und Philosophie 58, 1983, 194–216.

–: Origène, Antoine et Athanase: leur interconnexion dans la *Vie* et les *Lettres*, Studia Patristica 26, 1993, 389–414.

Rousseau, Philip: Antony as Teacher in the Greek *Life*, in: Hägg/Rousseau 2000, 89–109.

Rubenson, Samuel: The Letters of St. Antony. Monasticism and the Making of a Saint, Minneapolis [2]1995.

–: Origen in the Egyptian monastic tradition of the fourth century, in: Wolfgang A. Bienert/Uwe Kühneweg (Hgg.), Origeniana Septima. Origenes in den Auseinandersetzungen des 4. Jahrhunderts, Leuven 1999, 319–337.

–: Philosophy and Simplicity. The Problem of Classical Education in Early Christian Biography, in: Hägg/Rousseau 2000, 110–139.

–: Athanasius und Antonius, in: Gemeinhardt 2011a, 141–145.

Schäfer, Ernst: Luther als Kirchenhistoriker. Ein Beitrag zur Geschichte der Wissenschaft, Gütersloh 1897.

Schäufele, Wolf-Friedrich: Evangelische Wüstenheilige. Georg Major (1502–1574) und die «Vitae Patrum», Blätter für Pfälzische Kirchengeschichte 73, 2006, 289–314.

Schmidt, Sabine Maria: Projektion und Phantasma. Max Ernsts *Versuchung des heiligen Antonius* im Kontext seiner Entstehungsgeschichte, in: Philipp 2008a, 52–61.

Schneemelcher, Wilhelm: Das Kreuz Christi und die Dämonen. Bemerkungen zur Vita Antonii des Athanasius, in: Ernst Dassmann/Karl Suso Frank (Hgg.), Pietas. FS Bernhard Kötting, Münster 1980, 381–392.

Schulz, Günter/Ziemer, Jürgen: Mit Wüstenvätern und Wüstenmüttern im Gespräch. Zugänge zur Welt des frühen Mönchtums in Ägypten, Göttingen 2010.

Schulz-Wackerbarth, Yorick: Die Wüste: Ort der Heiligung – heiliger Ort? Stimmen aus dem christlichen Eremitentum, in: Peter Gemeinhardt/Katharina Heyden (Hgg.), Heilige, Heiliges und Heiligkeit in spätantiken Religionskulturen, Berlin/Boston 2012, 111–142.

Starke, Klaus: Die Begegnung von Antonius und Paulus in elfhundert Jahren bildender Kunst, Antoniter-Forum 13, 2005, 7–25.

Steidle, Basilius (Hg.): Antonius Magnus Eremita. Studia ad antiquum monachismum spectantia, Rom 1956.

Tetz, Martin: Athanasius und die Vita Antonii. Literarische und theologische Relationen, Zeitschrift für die Neutestamentliche Wissenschaft und die Kunde der älteren Kirche 73, 1982, 1–30.

Tilley, Maureen A.: The Ascetic Body and the (Un)Making of the World of the Martyr, Journal of the American Academy of Religion 59, 1991, 467–480.

Tornau, Christian: Intertextuality in Early Latin Hagiography: Sulpicius Severus and the Vita Antonii, Studia Patristica 35, 2001, 158–166.

Trebbin, Heinrich: Sankt Antonius. Geschichte, Kult und Kunst, Frankfurt 1994.

Uhrig, Sandra: Die Versuchung des heiligen Antonius. Eine Vision des ausgehenden Mittelalters, Diss. München 1998.

Urbano, Arthur jr.: «Read It Also to the Gentiles»: The Displacement and Recasting of the Philosopher in the *Vita Antonii*, Church History 77, 2008, 877–914.

Uytfanghe, Marc van: Heiligenverehrung II (Hagiographie), Reallexikon für Antike und Christentum 14, 1988, 150–183.

–: Biographie II (spirituelle), Reallexikon für Antike und Christentum. Supplementum 1, 2001, 1088–1364.

Valantasis, Richard: Ascetics, Asceticism III. New Testament; IV. Greco-Roman Antiquity, Encyclopedia of the Bible and Its Reception 2, 2009, 941–947.

Vivian, Tim: St. Peter of Alexandria. Bishop and Martyr, Philadelphia 1988.

–: Saint Macarius the Spiritbearer. Coptic Texts Relating to Saint Macarius the Great, Crestwood NY 2004.

Vössing, Konrad: Die Geschichte der römischen Schule – ein Abriß vor dem Hintergrund der neueren Forschung, Gymnasium 110, 2003, 455–497.

Volp, Ulrich: Tod und Ritual in den christlichen Gemeinden der Antike, Leiden/Boston 2002.

Wipszycka, Ewa: La *Vita Antonii* confrontée avec la réalité géographique, in: Ugo Zanetti/Enzo Lucchesi (Hgg.), Aegyptus christiana. Mélanges d'hagiographie égyptienne et orientale dédiés à la memoire du P. Paul Devos bollandiste, Genf 2004, 135–148.

Wölfle, Eugen: Hypatius. Leben und Bedeutung des Abtes von Rufiniane, Bern u. a. 1986.

Zander, Hans Conrad: Als die Religion noch nicht langweilig war. Die Geschichte der Wüstenväter, Gütersloh 2011.

PERSONENREGISTER